8° Y². 23390

GUY DE MAUPASSANT

Fort comme la Mort

TREIZIÈME ÉDITION

PARIS

PAUL OLLENDORFF, ÉDITEUR

28 bis, RUE DE RICHELIEU, 28 bis

1889

Tous droits réservés.

DU MÊME AUTEUR

Les Sœurs Rondoli.
Monsieur Parent.
Le Horla.
Pierre et Jean.
Clair de Lune.
La Main Gauche.

Tous droits de reproduction et de traduction réservés pour tous les pays y compris la Suède et la Norwège.

S'adresser, pour traiter, à M. Paul Ollendorff, Éditeur, 28 bis, rue de Richelieu, Paris.

GUY DE MAUPASSANT

Fort comme la Mort

TREIZIÈME ÉDITION

PARIS

PAUL OLLENDORFF, ÉDITEUR

28 *bis*, RUE DE RICHELIEU, 28 *bis*

1889

IL A ÉTÉ TIRÉ A PART

Cent cinq exemplaires de luxe, numérotés à la presse, savoir :

Cinq exemplaires sur papier du Japon (n°s 1 à 5).
Cent exemplaires sur papier de Hollande (n°s 6 à 105).

FORT COMME LA MORT

PREMIÈRE PARTIE

I

Le jour tombait dans le vaste atelier par la baie ouverte du plafond. C'était un grand carré de lumière éclatante et bleue, un trou clair sur un infini lointain d'azur, où passaient, rapides, des vols d'oiseaux.

Mais à peine entrée dans la haute pièce sévère et drapée, la clarté joyeuse du ciel s'atténuait, devenait douce, s'endormait sur les étoffes, allait mourir dans les portières, éclairait à peine les coins sombres où, seuls, les cadres d'or s'allumaient comme des feux. La paix et le sommeil semblaient emprisonnés là dedans, la paix des maisons d'artistes où l'âme humaine a travaillé. En ces murs que la pensée habite, où la pensée s'agite, s'épuise en des efforts violents, il semble que tout soit las, accablé, dès qu'elle s'apaise. Tout semble mort après ces crises de vie ; et tout repose, les meubles, les étoffes, les grands personnages inachevés sur les toiles, comme si le logis entier avait souffert de la fatigue du maître, avait peiné avec lui, prenant part, tous les jours, à sa lutte recommencée. Une vague odeur engourdissante de peinture, de térébenthine et de tabac flottait, captée par les tapis et les sièges ; et aucun autre bruit ne troublait le lourd silence que les cris vifs et courts des hirondelles qui passaient sur le châssis ouvert, et la longue rumeur confuse de Paris à peine entendue par-dessus les toits. Rien ne remuait que la montée intermittente d'un petit nuage de fumée bleue s'élevant vers le plafond à chaque bouffée de cigarette qu'Olivier Bertin, allongé sur son divan, soufflait lentement entre ses lèvres.

Le regard perdu dans le ciel lointain, il cherchait le sujet d'un nouveau tableau. Qu'allait-il faire ? Il n'en savait rien encore. Ce n'était point d'ailleurs un artiste résolu et sûr de lui, mais un inquiet dont l'inspiration indécise hésitait sans cesse entre toutes les manifestations de l'art. Riche, illustre, ayant conquis tous les honneurs, il demeurait, vers la fin de sa vie, l'homme qui ne sait pas encore au juste vers quel idéal il a marché. Il avait été prix de Rome, défenseur des traditions, évocateur, après tant d'autres, des grandes scènes de l'histoire; puis, modernisant ses tendances, il avait peint des hommes vivants avec des souvenirs classiques. Intelligent, enthousiaste, travailleur tenace au rêve changeant, épris de son art qu'il connaissait à merveille, il avait acquis, grâce à la finesse de son esprit, des qualités d'exécution remarquables et une grande souplesse de talent née en partie de ses hésitations et de ses tentatives dans tous les genres. Peut-être aussi l'engouement brusque du monde pour ses œuvres élégantes, distinguées et correctes, avait-il influencé sa nature en l'empêchant d'être ce qu'il serait normalement devenu. Depuis le triomphe du début, le désir de plaire toujours le troublait sans qu'il s'en rendît compte, modifiait secrètement sa voie, atténuait ses convictions. Ce désir de plaire, d'ailleurs, apparaissait chez lui sous toutes les formes et avait contribué beaucoup à sa gloire.

L'aménité de ses manières, toutes les habitudes de sa vie, le soin qu'il prenait de sa personne, son ancienne réputation de force et d'adresse, d'homme d'épée et de cheval, avaient fait un cortège de petites notoriétés à sa célébrité croissante. Après *Cléopâtre*, la première toile qui l'illustra jadis, Paris brusquement s'était épris de lui, l'avait adopté, fêté, et il était devenu soudain un de ces brillants artistes mondains qu'on rencontre au bois, que les salons se disputent, que l'Institut accueille dès leur jeunesse. Il y était entré en conquérant avec l'approbation de la ville entière.

La fortune l'avait conduit ainsi jusqu'aux approches de la vieillesse, en le choyant et le caressant.

Donc, sous l'influence de la belle journée qu'il sentait épanouie au dehors, il cherchait un sujet poétique. Un peu engourdi d'ailleurs par sa cigarette et son déjeuner, il rêvassait, le regard en l'air, esquissant dans l'azur des figures rapides, des femmes gracieuses dans une allée du bois ou sur le trottoir d'une rue, des amoureux au bord de l'eau, toutes les fantaisies galantes où se complaisait sa pensée. Les images changeantes se dessinaient au ciel, vagues et mobiles dans l'hallucination colorée de son œil ; et les hirondelles qui rayaient l'espace d'un vol incessant de flèches lancées semblaient vouloir les effacer en les biffant comme des traits de plume.

Il ne trouvait rien ! Toutes les figures entrevues ressemblaient à quelque chose qu'il avait fait déjà, toutes les femmes apparues étaient les filles ou les sœurs de celles qu'avait enfantées son caprice d'artiste ; et la crainte encore confuse, dont il était obsédé depuis un an, d'être vidé, d'avoir fait le tour de ses sujets, d'avoir tari son inspiration, se précisait devant cette revue de son œuvre, devant cette impuissance à rêver du nouveau, à découvrir de l'inconnu.

Il se leva mollement pour chercher dans ses cartons parmi ses projets délaissés s'il ne trouverait point quelque chose qui éveillerait une idée en lui.

Tout en soufflant sa fumée, il se mit à feuilleter les esquisses, les croquis, les dessins qu'il gardait enfermés en une grande armoire ancienne; puis, vite dégoûté de ces vaines recherches, l'esprit meurtri par une courbature, il rejeta sa cigarette, siffla un air qui courait les rues et, se baissant, ramassa sous une chaise un pesant haltère qui traînait.

Ayant relevé de l'autre main une draperie voilant la glace qui lui servait à contrôler la justesse des poses, à vérifier les perspectives, à mettre à l'épreuve la vérité, et s'étant placé juste en face, il jongla en se regardant.

Il avait été célèbre dans les ateliers pour sa force, puis dans le monde pour sa beauté. L'âge, maintenant, pesait sur lui, l'alourdissait. Grand, les épaules larges, la poitrine pleine, il avait pris du ventre comme un ancien lutteur, bien qu'il continuât à faire des armes tous les jours et à monter à cheval avec assiduité. La tête était restée remarquable, aussi belle qu'autrefois, bien que différente. Les cheveux blancs, drus et courts, avivaient son œil noir sous d'épais sourcils gris. Sa moustache forte, une moustache de vieux soldat, était demeurée presque brune et donnait à sa figure un rare caractère d'énergie et de fierté.

Debout devant la glace, les talons unis, le corps droit, il faisait décrire aux deux boules de fonte tous les mouvements ordonnés, au bout de son bras musculeux, dont il suivait d'un regard complaisant l'effort tranquille et puissant.

Mais soudain, au fond du miroir où se reflétait l'atelier tout entier, il vit remuer une portière, puis une tête de femme parut, rien qu'une tête qui regardait. Une voix, derrière lui, demanda :

— On est ici?

Il répondit : — Présent — en se retournant. Puis jetant son haltère sur le tapis, il courut vers la porte avec une souplesse un peu forcée.

Une femme entrait, en toilette claire. Quand ils se furent serré la main :

— Vous vous exerciez, dit-elle.

— Oui, dit-il, je faisais le paon, et je me suis laissé surprendre.

Elle rit et reprit :

— La loge de votre concierge était vide et, comme je vous sais toujours seul à cette heure-ci, je suis entrée sans me faire annoncer.

Il la regardait.

— Bigre! comme vous êtes belle. Quel chic!

— Oui, j'ai une robe neuve. La trouvez-vous jolie?

— Charmante, d'une grande harmonie. Ah! on peut dire qu'aujourd'hui on a le sentiment des nuances.

Il tournait autour d'elle, tapotait l'étoffe, modifiait du bout des doigts l'ordonnance des plis, en homme qui sait la toilette comme un couturier, ayant employé, durant toute sa vie, sa pensée d'artiste et ses muscles d'athlète à raconter, avec la barbe mince des pinceaux, les modes changeantes et délicates, à révéler la grâce féminine enfermée et captive en des armures de velours et de soie ou sous la neige des dentelles.

Il finit par déclarer :

— C'est très réussi. Ça vous va très bien.

Elle se laissait admirer, contente d'être jolie et de lui plaire.

Plus toute jeune, mais encore belle, pas très grande, un peu forte, mais fraîche avec cet éclat qui donne à la chair de quarante ans une saveur de maturité, elle avait l'air d'une de ces roses qui s'épanouissent indéfiniment jusqu'à ce que, trop fleuries, elles tombent en une heure.

Elle gardait sous ses cheveux blonds la grâce alerte et jeune de ces Parisiennes qui ne vieillissent pas, qui portent en elles une force surprenante de vie, une provision inépuisable de résistance, et qui, pendant vingt ans, restent pareilles, indestructibles et triomphantes, soigneuses avant tout de leur corps et économes de leur santé.

Elle leva son voile et murmura :

— Eh bien, on ne m'embrasse pas?

— J'ai fumé, dit-il.

Elle fit : — Pouah. — Puis, tendant ses lèvres :
— Tant pis.

Et leurs bouches se rencontrèrent.

Il enleva son ombrelle et la dévêtit de sa jaquette printanière, avec des mouvements prompts et sûrs, habitués à cette manœuvre familière. Comme elle s'asseyait ensuite sur le divan, il demanda avec intérêt :

— Votre mari va bien?

— Très bien, il doit même parler à la Chambre en ce moment.

— Ah! Sur quoi donc?

— Sans doute sur les betteraves ou les huiles de colza, comme toujours.

Son mari, le comte de Guilleroy, député de l'Eure, s'était fait une spécialité de toutes les questions agricoles.

Mais ayant aperçu dans un coin une esquisse qu'elle ne connaissait pas, elle traversa l'atelier, en demandant :

— Qu'est-ce que cela?

— Un pastel que je commence, le portrait de la princesse de Pontève.

— Vous savez, dit-elle gravement, que si vous vous remettez à faire des portraits de femme, je fermerai votre atelier. Je sais trop où ça mène, ce travail-là.

— Oh! dit-il, on ne fait pas deux fois un portrait d'Any.

— Je l'espère bien.

Elle examinait le pastel commencé en femme qui sait les questions d'art. Elle s'éloigna, se rapprocha, fit un abat-jour de sa main, chercha la place d'où l'esquisse était le mieux en lumière, puis elle se déclara satisfaite.

— Il est fort bon. Vous réussissez très bien le pastel.

Il murmura, flatté :

— Vous trouvez?

— Oui, c'est un art délicat où il faut beaucoup de distinction. Ça n'est pas fait pour les maçons de la peinture.

Depuis douze ans elle accentuait son penchant vers l'art distingué, combattait ses retours vers la simple réalité, et par des considérations d'élégance mondaine, elle le poussait tendrement vers un idéal de grâce un peu maniéré et factice.

Elle demanda :

— Comment est-elle, la princesse?

Il dut lui donner mille détails de toute sorte, ces détails minutieux où se complaît la curiosité jalouse et subtile des femmes, en passant des remarques sur la toilette aux considérations sur l'esprit.

Et soudain :

— Est-elle coquette avec vous ?

Il rit et jura que non.

Alors, posant ses deux mains sur les épaules du peintre, elle le regarda fixement. L'ardeur de l'interrogation faisait frémir la pupille ronde au milieu de l'iris bleu taché d'imperceptibles points noirs comme des éclaboussures d'encre.

Elle murmura de nouveau :

— Bien vrai, elle n'est pas coquette ?

— Oh ! bien vrai.

Elle ajouta :

— Je suis tranquille d'ailleurs. Vous n'aimerez plus que moi maintenant. C'est fini, fini pour d'autres. Il est trop tard, mon pauvre ami.

Il fut effleuré par ce léger frisson pénible qui frôle le cœur des hommes mûrs quand on leur parle de leur âge, et il murmura :

— Aujourd'hui, demain, comme hier, il n'y a eu et il n'y aura que vous en ma vie, Any.

Elle lui prit alors le bras, et retournant vers le divan, le fit asseoir à côté d'elle.

— A quoi pensiez-vous ?

— Je cherche un sujet de tableau.

— Quoi donc ?

— Je ne sais pas, puisque je cherche.

— Qu'avez-vous fait ces jours-ci ?

Il dut lui raconter toutes les visites qu'il avait reçues, les dîners et les soirées, les conversations et les potins. Ils s'intéressaient l'un et l'autre d'ailleurs à toutes ces choses futiles et familières de l'existence mondaine. Les petites rivalités, les liaisons connues ou soupçonnées, les jugements tout faits, mille fois redits, mille fois entendus, sur les mêmes personnes, les mêmes événements et les mêmes opinions, emportaient et noyaient leurs esprits dans ce fleuve trouble et agité qu'on appelle la vie parisienne. Connaissant tout le monde, dans tous les mondes, lui comme artiste devant qui toutes les portes s'étaient ouvertes, elle comme femme élégante d'un député conservateur, ils étaient exercés à ce sport de la causerie française fine, banale, aimablement malveillante, inutilement spirituelle, vulgairement distinguée qui donne une réputation particulière et très enviée à ceux dont la langue s'est assouplie à ce bavardage médisant.

— Quand venez-vous dîner ? demanda-t-elle tout à coup.

— Quand vous voudrez. Dites votre jour.

— Vendredi. J'aurai la duchesse de Mortemain, les Corbelle et Musadieu, pour fêter le retour de ma fillette qui arrive ce soir. Mais ne le dites pas. C'est un secret.

— Oh! mais oui, j'accepte. Je serai ravi de retrouver Annette. Je ne l'ai pas vue depuis trois ans.

— C'est vrai! Depuis trois ans!

Élevée d'abord à Paris chez ses parents, Annette était devenue l'affection dernière et passionnée de sa grand'mère, Mme Paradin, qui, presque aveugle, demeurait toute l'année dans la propriété de son gendre, au château de Roncières, dans l'Eure. Peu à peu, la vieille femme avait gardé de plus en plus l'enfant près d'elle et, comme les Guilleroy passaient presque la moitié de leur vie en ce domaine où les appelaient sans cesse des intérêts de toute sorte, agricoles et électoraux, on avait fini par ne plus amener à Paris que de temps en temps la fillette, qui préférait d'ailleurs la vie libre et remuante de la campagne à la vie cloîtrée de la ville.

Depuis trois ans elle n'y était même pas venue une seule fois, la comtesse préférant l'en tenir tout à fait éloignée, afin de ne point éveiller en elle un goût nouveau avant le jour fixé pour son entrée dans le monde. Mme de Guilleroy lui avait donné là-bas deux institutrices fort diplômées, et elle multipliait ses voyages auprès de sa mère et de sa fille. Le séjour d'Annette au château était d'ailleurs rendu presque nécessaire par la présence de la vieille femme.

Autrefois, Olivier Bertin allait chaque été passer six semaines ou deux mois à Roncières ; mais depuis trois ans des rhumatismes l'avaient entraîné en des villes d'eaux lointaines qui avaient tellement ravivé son amour de Paris, qu'il ne le pouvait plus quitter en y rentrant.

La jeune fille, en principe, n'aurait dû revenir qu'à l'automne, mais son père avait brusquement conçu un projet de mariage pour elle, et il la rappelait afin qu'elle rencontrât immédiatement celui qu'il lui destinait comme fiancé, le marquis de Farandal. Cette combinaison, d'ailleurs, était tenue très secrète, et seul Olivier Bertin en avait reçu la confidence de madame de Guilleroy.

Donc il demanda :

— Alors l'idée de votre mari est bien arrêtée ?

— Oui, je la crois même très heureuse.

Puis ils parlèrent d'autres choses.

Elle revint à la peinture et voulut le décider à faire un Christ. Il résistait, jugeant qu'il y en avait déjà assez par le monde ; mais elle tenait bon, obstinée, et elle s'impatientait.

— Oh ! si je savais dessiner, je vous montrerais ma pensée ; ce serait très nouveau, très hardi. On le descend de la croix et l'homme qui a détaché les mains laisse échapper tout le haut du corps. Il tombe et s'abat sur la foule qui lève les bras pour le recevoir et le soutenir. Comprenez-vous bien ?

Oui, il comprenait; il trouvait même la conception originale, mais il se sentait dans une veine de modernité, et, comme son amie était étendue sur le divan, un pied tombant, chaussé d'un fin soulier, et donnant à l'œil la sensation de la chair à travers le bas presque transparent, il s'écria :

— Tenez, tenez, voilà ce qu'il faut peindre, voilà la vie : un pied de femme au bord d'une robe ! On peut mettre tout là dedans, de la vérité, du désir, de la poésie. Rien n'est plus gracieux, plus joli qu'un pied de femme, et quel mystère ensuite : la jambe cachée, perdue et devinée sous cette étoffe !

S'étant assis par terre, à la turque, il saisit le soulier et l'enleva ; et le pied, sorti de sa gaine de cuir, s'agita comme une petite bête remuante, surprise d'être laissée libre.

Bertin répétait :

— Est-ce fin, et distingué, et matériel, plus matériel que la main. Montrez votre main, Any !

Elle avait de longs gants, montant jusqu'au coude. Pour en ôter un, elle le prit tout en haut par le bord et vivement le fit glisser, en le retournant à la façon d'une peau de serpent qu'on arrache. Le bras apparut, pâle, gras, rond, dévêtu si vite qu'il fit surgir l'idée d'une nudité complète et hardie.

Alors, elle tendit sa main en la laissant pendre au bout du poignet. Les bagues brillaient sur ses doigts blancs ; et les ongles roses, très effilés, semblaient des griffes amoureuses poussées au bout de cette mignonne patte de femme.

Olivier Bertin, doucement, la maniait en l'admirant. Il faisait remuer les doigts comme des joujoux de chair, et il disait :

— Quelle drôle de chose ! Quelle drôle de chose ! Quel gentil petit membre, intelligent et adroit, qui exécute tout ce qu'on veut, des livres, de la dentelle, des maisons, des pyramides, des locomotives, de la pâtisserie, ou des caresses, ce qui est encore sa meilleure besogne.

Il enlevait les bagues une à une ; et comme l'alliance, un fil d'or, tombait à son tour, il murmura en souriant :

— La loi. Saluons.

— Bête ! dit-elle, un peu froissée.

Il avait toujours eu l'esprit gouailleur, cette tendance française qui mêle une apparence d'ironie aux sentiments les plus sérieux, et souvent il la contristait sans le vouloir, sans savoir saisir les distinctions subtiles des femmes, et discerner les limites des départements sacrés, comme il disait. Elle se fâchait surtout chaque fois qu'il parlait avec une nuance de blague familière de leur liaison si longue qu'il affirmait être le plus bel exemple d'amour du dix-neuvième siècle. Elle demanda après un silence :

— Vous nous mènerez au vernissage, Annette et moi ?

— Je crois bien.

Alors, elle l'interrogea sur les meilleures toiles du prochain Salon, dont l'ouverture devait avoir lieu dans quinze jours.

Mais soudain, saisie peut-être par le souvenir d'une course oubliée :

— Allons, donnez-moi mon soulier. Je m'en vais.

Il jouait rêveusement avec la chaussure légère en la tournant et la retournant dans ses mains distraites.

Il se pencha, baisa le pied qui semblait flotter entre la robe et le tapis et qui ne remuait plus, un peu refroidi par l'air, puis il le chaussa ; et Mme de Guilleroy, s'étant levée, alla vers la table où traînaient des papiers, des lettres ouvertes, vieilles et récentes, à côté d'un encrier de peintre où l'encre ancienne était séchée. Elle regardait d'un œil curieux, touchait aux feuilles, les soulevait pour voir dessous.

Il dit en s'approchant d'elle :

— Vous allez déranger mon désordre.

Sans répondre, elle demanda :

— Quel est ce monsieur qui veut acheter vos *Baigneuses ?*

— Un Américain que je ne connais pas.

— Avez-vous consenti pour la *Chanteuse des rues ?*

— Oui. Dix mille.

— Vous avez bien fait. C'était gentil, mais pas exceptionnel. Adieu, cher.

Elle tendit alors sa joue, qu'il effleura d'un calme baiser ; et elle disparut sous la portière, après avoir dit, à mi-voix :

— Vendredi, huit heures. Je ne veux point que vous me reconduisiez. Vous le savez bien. Adieu.

Quand elle fut partie, il ralluma d'abord une cigarette, puis se mit à marcher à pas lents à travers son atelier. Tout le passé de cette liaison se déroulait devant lui. Il se rappelait les détails lointains disparus, les recherchait en les enchaînant l'un à l'autre, s'intéressait tout seul à cette chasse aux souvenirs.

C'était au moment où il venait de se lever comme un astre sur l'horizon du Paris artiste, alors que les peintres avaient accaparé toute la faveur du public et peuplaient un quartier d'hôtels magnifiques gagnés en quelques coups de pinceau.

Bertin, après son retour de Rome, en 1864, était demeuré quelques années sans succès et sans renom ; puis soudain, en 1868, il exposa sa *Cléopâtre* et fut en quelques jours porté aux nues par la critique et le public.

En 1872, après la guerre, après que la mort d'Henri Regnault eut fait à tous ses confrères une sorte de piédestal de gloire, une *Jocaste*, sujet hardi, classa Bertin parmi les audacieux, bien que son exécution sagement originale le fît goûter quand même par les académiques. En 1873, une première médaille le mit hors concours avec sa *Juive d'Alger* qu'il donna au retour d'un voyage en Afrique ; et un portrait de la princesse de Salia, en 1874, le fit considérer, dans le monde élégant, comme le premier portraitiste de son époque. De ce jour, il devint le peintre chéri de la Parisienne et des Parisiennes, l'interprète le plus adroit et le plus ingénieux de leur grâce, de leur tournure, de leur nature. En quelques mois toutes les femmes en vue à Paris sollicitèrent la faveur d'être reproduites par lui. Il se montra difficile et se fit payer fort cher.

Or, comme il était à la mode et faisait des visites à la façon d'un simple homme du monde, il aperçut un jour, chez la duchesse de Mortemain, une jeune femme en grand deuil, sortant alors qu'il entrait, et dont la rencontre sous une porte l'éblouit d'une jolie vision de grâce et d'élégance.

Ayant demandé son nom, il apprit qu'elle s'appelait la comtesse de Guilleroy, femme d'un hobereau normand, agronome et député, qu'elle portait le deuil du père de son mari, qu'elle était spirituelle, très admirée et recherchée.

Il dit aussitôt, encore ému de cette apparition qui avait séduit son œil d'artiste :

— Ah ! en voilà une dont je ferais volontiers le portrait.

Le mot dès le lendemain fut répété à la jeune femme, et il reçut, le soir même, un petit billet teinté de bleu, très vaguement parfumé, d'une écriture régulière et fine, montant un peu de gauche à droite, et qui disait :

« Monsieur,

« La duchesse de Mortemain sort de chez moi et m'assure que vous seriez disposé à faire, avec ma pauvre figure, un de vos chefs-d'œuvre. Je vous la confierais bien volontiers si j'étais certaine que vous n'avez point dit une parole en l'air et que vous voyez en moi quelque chose qui puisse être reproduit et idéalisé par vous.

« Croyez, Monsieur, à mes sentiments très distingués.

« Anne de Guilleroy. »

Il répondit en demandant quand il pourrait se présenter chez la comtesse, et il fut très simplement invité à déjeuner le lundi suivant.

C'était au premier étage, boulevard Malesherbes, dans une grande et luxueuse maison moderne.

Ayant traversé un vaste salon tendu de soie bleue à encadrements de bois, blancs et or, on fit entrer le peintre dans une sorte de boudoir à tapisseries du siècle dernier, claires et coquettes, ces tapisseries à la Watteau, aux nuances tendres, aux sujets gracieux, qui semblent faites, dessinées et exécutées par des ouvriers rêvassant d'amour.

Il venait de s'asseoir quand la comtesse parut. Elle marchait si légèrement qu'il ne l'avait point entendue traverser l'appartement voisin, et il fut surpris en l'apercevant. Elle lui tendit la main d'une façon familière.

— Alors, c'est vrai, dit-elle, que vous voulez bien faire mon portrait.

— J'en serai très heureux, Madame.

Sa robe noire, étroite, la faisait très mince, lui donnait l'air tout jeune, un air grave pourtant que démentait sa tête souriante, toute éclairée par ses cheveux blonds. Le comte entra, tenant par la main une petite fille de six ans.

Mme de Guilleroy présenta :

— Mon mari.

C'était un homme de petite taille, sans moustaches, aux joues creuses, ombrées, sous la peau, par la barbe rasée.

Il avait un peu l'air d'un prêtre ou d'un acteur, les cheveux longs rejetés en arrière, des manières polies, et autour de la bouche deux grands plis circulaires descendant des joues au menton et qu'on eût dit creusés par l'habitude de parler en public.

Il remercia le peintre avec une abondance de phrases qui révélait l'orateur. Depuis longtemps il avait envie de faire faire le portrait de sa femme, et certes, c'est M. Olivier Bertin qu'il aurait choisi, s'il n'avait craint un refus, car il savait combien il était harcelé de demandes.

Il fut donc convenu, avec beaucoup de politesses de part et d'autre, qu'il amènerait dès le lendemain la comtesse à l'atelier. Il se demandait cependant, à cause du grand deuil qu'elle portait, s'il ne vaudrait pas mieux attendre, mais le peintre déclara qu'il voulait traduire la première émotion reçue et ce contraste saisissant de la tête si vive, si fine, lumineuse sous la chevelure dorée, avec le noir austère du vêtement.

Elle vint donc le lendemain avec son mari, et les jours suivants avec sa fille, qu'on asseyait devant une table chargée de livres d'images.

Olivier Bertin, selon sa coutume, se montrait fort réservé. Les femmes du monde l'inquiétaient un peu, car il ne les connaissait guère. Il les supposait en même temps rouées et niaises, hypocrites et dangereuses, futiles et encombrantes. Il avait eu, chez les femmes du demi-monde, des aventures rapides dues à sa renommée, à son esprit amusant, à sa taille d'athlète élégant et à sa figure énergique et brune. Il les préférait donc et aimait avec elles les libres allures et les libres propos, accoutumé aux mœurs faciles, drolatiques et joyeuses des ateliers et des coulisses qu'il fréquentait. Il allait dans le monde pour la gloire et non pour le cœur, s'y plaisait par vanité, y recevait des félicitations et des commandes, y faisait la roue devant les belles dames complimenteuses, sans jamais leur faire la cour. Ne se permettant point près d'elles les plaisanteries hardies et les paroles poivrées, il les jugeait bégueules, et passait pour avoir bon ton. Toutes les fois qu'une d'elles était venue poser chez lui, il avait senti, malgré les avances qu'elle faisait pour lui plaire, cette disparité de race qui empêche de confondre, bien qu'ils se mêlent, les artistes et les mondains. Derrière les sourires et derrière l'admiration, qui chez les femmes est toujours un peu factice, il devinait l'obscure réserve mentale de l'être qui se juge d'essence supérieure. Il en résultait chez lui un petit sursaut d'orgueil, des manières plus respectueuses, presque hautaines, et à côté d'une vanité dissimulée de parvenu traité en égal par des princes et des princesses, une fierté d'homme qui doit à son intelligence une situation analogue à celle donnée aux autres par leur naissance. On disait de lui, avec une légère surprise : « Il est extrêmement bien élevé! » Cette surprise, qui le flattait, le froissait en même temps, car elle indiquait des frontières.

La gravité voulue et cérémonieuse du peintre gênait un peu Mme de Guilleroy, qui ne trouvait rien à dire à cet homme si froid, réputé spirituel.

Après avoir installé sa petite fille, elle venait s'asseoir sur un fauteuil auprès de l'esquisse commencée, et elle s'efforçait, selon la recommandation de l'artiste, de donner de l'expression à sa physionomie.

Vers le milieu de la quatrième séance, il cessa tout à coup de peindre et demanda :

— Qu'est-ce qui vous amuse le plus dans la vie ?

Elle demeura embarrassée.

— Mais je ne sais pas ! Pourquoi cette question ?

— Il me faut une pensée heureuse dans ces yeux-là, et je ne l'ai pas encore vue.

— Eh bien, tâchez de me faire parler, j'aime beaucoup causer.

— Vous êtes gaie ?

— Très gaie.

— Causons, Madame.

Il avait dit « causons, Madame » d'un ton très grave ; puis, se remettant à peindre, il tâta avec elle quelques sujets, cherchant un point sur lequel leurs esprits se rencontreraient. Ils commencèrent par échanger leurs observations sur les gens qu'ils connaissaient, puis ils parlèrent d'eux-mêmes, ce qui est toujours la plus agréable et la plus attachante des causeries.

En se retrouvant le lendemain, ils se sentirent plus à l'aise, et Bertin, voyant qu'il plaisait et qu'il amusait, se mit à raconter des détails de sa vie d'artiste, mit en liberté ses souvenirs avec le tour d'esprit fantaisiste qui lui était particulier.

Accoutumée à l'esprit composé des littérateurs de salon, elle fut surprise par cette verve un peu folle, qui disait les choses franchement en les éclairant d'une ironie, et tout de suite elle répliqua sur le même ton, avec une grâce fine et hardie.

En huit jours elle l'eut conquis et séduit par cette bonne humeur, cette franchise et cette simplicité. Il avait complètement oublié ses préjugés contre les femmes du monde, et aurait volontiers affirmé qu'elles seules ont du charme et de l'entrain. Tout en peignant, debout devant sa toile, avançant et reculant avec des mouvements d'homme qui combat, il laissait couler ses pensées familières, comme s'il eût connu depuis longtemps cette jolie femme blonde et noire, faite de soleil et de deuil, assise devant lui, qui riait en l'écoutant et qui lui répondait gaiement avec tant d'animation qu'elle perdait la pose à tout moment.

Tantôt il s'éloignait d'elle, fermait un œil, se penchait pour bien découvrir tout l'ensemble de son modèle, tantôt il s'approchait tout près pour noter les moindres nuances de son visage, les plus fuyantes expressions, et saisir et rendre ce qu'il y a dans une figure de femme de plus que l'apparence visible, cette émanation d'idéale beauté, ce reflet de quelque chose qu'on ne sait pas, l'intime et redoutable grâce propre à chacune, qui fait que celle-là sera aimée éperdument par l'un et non par l'autre.

Un après-midi, la petite fille vint se planter devant la toile, avec un grand sérieux d'enfant, et demanda :

— C'est maman, dis?

Il la prit dans ses bras pour l'embrasser, flatté de cet hommage naïf à la ressemblance de son œuvre.

Un autre jour, comme elle paraissait très tranquille, on l'entendit tout à coup déclarer d'une petite voix triste :

— Maman, je m'ennuie.

Et le peintre fut tellement ému par cette première plainte, qu'il fit apporter, le lendemain, tout un magasin de jouets à l'atelier.

La petite Annette étonnée, contente et toujours réfléchie, les mit en ordre avec grand soin, pour les prendre l'un après l'autre, suivant le désir du moment. A dater de ce cadeau, elle aima le peintre, comme aiment les enfants, de cette amitié animale et caressante qui les rend si gentils et si capteurs des âmes.

Mme de Guilleroy prenait goût aux séances. Elle était fort désœuvrée, cet hiver-là, se trouvant en deuil ; donc, le monde et les fêtes lui manquant, elle enferma dans cet atelier tout le souci de sa vie.

Fille d'un commerçant parisien fort riche et hospitalier, mort depuis plusieurs années, et d'une femme toujours malade que le soin de sa santé tenait au lit six mois sur douze, elle était devenue, toute jeune, une parfaite maîtresse de maison, sachant recevoir, sourire, causer, discerner les gens, et distinguer ce qu'on devait dire à chacun, tout de suite à l'aise dans la vie, clairvoyante et souple. Quand on lui présenta comme fiancé le comte de Guilleroy, elle comprit aussitôt les avantages que ce mariage lui apporterait, et les admit sans aucune contrainte, en fille réfléchie, qui sait fort bien qu'on ne peut tout avoir, et qu'il faut faire le bilan du bon et du mauvais en chaque situation.

Lancée dans le monde, recherchée surtout parce qu'elle était jolie et spirituelle, elle vit beaucoup d'hommes lui faire la cour sans perdre une seule fois le calme de son cœur, raisonnable comme son esprit.

Elle était coquette, cependant, d'une coquetterie agressive et prudente qui ne s'avançait jamais trop loin. Les compliments lui plaisaient, les désirs éveillés la caressaient, pourvu qu'elle pût paraître les ignorer ; et quand elle s'était sentie tout un soir dans un salon encensée par les hommages, elle dormait bien, en femme qui a accompli sa mission sur terre. Cette existence, qui durait à présent depuis sept ans, sans la fatiguer, sans lui paraître monotone, car elle adorait cette agitation incessante du monde, lui laissait pourtant parfois désirer d'autres choses. Les hommes de son entourage, avocats politiques, financiers ou gens de cercle désœuvrés, l'amusaient un peu comme des acteurs; et elle ne les prenait pas trop au sérieux, bien qu'elle estimât leurs fonctions, leurs places et leurs titres.

Le peintre lui plut d'abord par tout ce qu'il avait en lui de nouveau pour elle. Elle s'amusait beaucoup dans l'atelier, riait de tout son cœur, se sentait spirituelle, et lui savait gré de l'agrément qu'elle prenait aux séances. Il lui plaisait aussi parce qu'il était beau, fort et célèbre; aucune femme, bien qu'elles prétendent, n'étant indifférente à la beauté physique et à la gloire. Flattée d'avoir été remarquée par cet expert, disposée à le juger fort bien à son tour, elle avait découvert chez lui une pensée alerte et cultivée, de la délicatesse, de la fantaisie, un vrai charme d'intelligence et une parole colorée, qui semblait éclairer ce qu'elle exprimait.

Une intimité rapide naquit entre eux, et la poignée de main qu'ils se donnaient quand elle entrait semblait mêler quelque chose de leur cœur un peu plus chaque jour.

Alors, sans aucun calcul, sans aucune détermination réfléchie, elle sentit croître en elle le désir naturel de le séduire, et y céda. Elle n'avait rien prévu, rien combiné; elle fut seulement coquette, avec plus de grâce, comme on l'est par instinct envers un homme qui vous plaît davantage que les autres; et elle mit dans toutes ses manières avec lui, dans ses regards et ses sourires, cette glu de séduction que répand autour d'elle la femme en qui s'éveille le besoin d'être aimée.

Elle lui disait des choses flatteuses qui signifiaient : « Je vous trouve fort bien, Monsieur », et elle le faisait parler longtemps, pour lui montrer, en l'écoutant avec attention, combien il lui inspirait d'intérêt. Il cessait de peindre, s'asseyait près d'elle, et, dans cette surexcitation d'esprit que provoque l'ivresse de plaire, il avait des crises de poésie, de drôlerie ou de philosophie, suivant les jours.

Elle s'amusait quand il était gai; quand il était profond, elle tâchait de le suivre en ses développements, sans y parvenir toujours; et lorsqu'elle pensait à autre chose, elle semblait l'écouter avec des airs d'avoir si bien compris, de tant jouir de cette initiation, qu'il s'exaltait à la regarder l'entendre, ému d'avoir découvert une âme fine, ouverte et docile, en qui la pensée tombait comme une graine.

Le portrait avançait et s'annonçait fort bien, le peintre étant arrivé à l'état d'émotion nécessaire pour découvrir toutes les qualités de son modèle, et les exprimer avec l'ardeur convaincue qui est l'inspiration des vrais artistes.

Penché vers elle, épiant tous les mouvements de sa figure, toutes les colorations de sa chair, toutes les ombres de la peau, toutes les expressions et les transparences des yeux, tous les secrets de sa physionomie, il s'était imprégné d'elle comme une éponge se gonfle d'eau ; et transportant sur sa toile cette émanation de charme troublant que son regard recueillait, et qui coulait, ainsi qu'une onde, de sa pensée à son pinceau, il en demeurait étourdi, grisé comme s'il avait bu de la grâce de femme.

Elle le sentait s'éprendre d'elle, s'amusait à ce jeu, à cette victoire de plus en plus certaine, et s'y animait elle-même.

Quelque chose de nouveau donnait à son existence une saveur nouvelle, éveillait en elle une joie mystérieuse. Quand elle entendait parler de lui, son cœur battait un peu plus vite, et elle avait envie de dire, — une de ces envies qui ne vont jamais jusqu'aux lèvres — : « Il est amoureux de moi. » Elle était contente quand on vantait son talent, et plus encore peut-être quand on le trouvait beau. Quand elle pensait à lui, toute seule, sans indiscrets pour la troubler, elle s'imaginait vraiment s'être fait là un bon ami, qui se contenterait toujours d'une cordiale poignée de mains.

Lui, souvent, au milieu de la séance, posait brusquement la palette sur son escabeau, allait prendre en ses bras la petite Annette, et tendrement l'embrassait sur les yeux ou dans les cheveux, en regardant la mère, comme pour dire : « C'est vous, ce n'est pas l'enfant que j'embrasse ainsi. »

De temps en temps, d'ailleurs, Mme de Guilleroy n'amenait plus sa fille, et venait seule. Ces jours-là on ne travaillait guère, on causait davantage.

Elle fut en retard un après-midi. Il faisait froid. C'était à la fin de février. Olivier était rentré de bonne heure, comme il faisait maintenant, chaque fois qu'elle devait venir, car il espérait toujours qu'elle arriverait en avance. En l'attendant, il marchait de long en large et il fumait, et il se demandait, surpris de se poser cette question pour la centième fois depuis huit jours. « Est-ce que je suis amoureux ? » Il n'en savait rien, ne l'ayant pas encore été vraiment. Il avait eu des caprices très vifs, même assez longs, sans les prendre jamais pour de l'amour. Aujourd'hui il s'étonnait de ce qu'il sentait en lui.

L'aimait-il? Certes, il la désirait à peine, n'ayant pas réfléchi à la possibilité d'une possession. Jusqu'ici, dès qu'une femme lui avait plu, le désir l'avait aussitôt envahi, lui faisant tendre les mains vers elle, comme pour cueillir un fruit, sans que sa pensée intime eût été jamais profondément troublée par son absence ou par sa présence.

Le désir de celle-ci l'avait à peine effleuré, et semblait blotti, caché derrière un autre sentiment plus puissant, encore obscur et à peine éveillé. Olivier avait cru que l'amour commençait par des rêveries, par des exaltations poétiques. Ce qu'il éprouvait, au contraire, lui paraissait provenir d'une émotion indéfinissable, bien plus physique que morale. Il était nerveux, vibrant, inquiet comme lorsqu'une maladie germe en nous. Rien de douloureux cependant ne se mêlait à cette fièvre du sang qui agitait aussi sa pensée, par contagion. Il n'ignorait pas que ce trouble venait de Mme de Guilleroy, du souvenir qu'elle lui laissait et de l'attente de son retour. Il ne se sentait pas jeté vers elle, par un élan de tout son être, mais il la sentait toujours présente en lui, comme si elle ne l'eût pas quitté ; elle lui abandonnait quelque chose d'elle en s'en allant, quelque chose de subtil et d'inexprimable. Quoi? Était-ce de l'amour? Maintenant, il descendait en son propre cœur pour voir et pour comprendre. Il la trouvait charmante, mais elle ne répondait pas au type de la femme idéale, que son espoir aveugle avait créé. Quiconque appelle l'amour, a prévu les qualités morales et les dons physiques de celle qui le séduira; et Mme de Guilleroy, bien qu'elle lui plût infiniment, ne lui paraissait pas être celle-là.

Mais pourquoi l'occupait-elle ainsi, plus que les autres, d'une façon différente, incessante?

Était-il tombé simplement dans le piège tendu de sa coquetterie, qu'il avait flairé et compris depuis longtemps, et, circonvenu par ses manœuvres, subissait-il l'influence de cette fascination spéciale que donne aux femmes la volonté de plaire?

Il marchait, s'asseyait, repartait, allumait des cigarettes et les jetait aussitôt; et il regardait à tout instant l'aiguille de sa pendule, allant vers l'heure ordinaire d'une façon lente et immuable.

Plusieurs fois déjà, il avait hésité à soulever, d'un coup d'ongle, le verre bombé sur les deux flèches d'or qui tournaient, et à pousser la grande du bout du doigt jusqu'au chiffre qu'elle atteignait si paresseusement.

Il lui semblait que cela suffirait pour que la porte s'ouvrît et que l'attendue apparût, trompée et appelée par cette ruse. Puis il s'était mis à sourire de cette envie enfantine obstinée et déraisonnable.

Il se posa enfin cette question : « Pourrai-je devenir son amant? » Cette idée lui parut singulière, peu réalisable, guère poursuivable aussi à cause des complications qu'elle pourrait amener dans sa vie.

Pourtant cette femme lui plaisait beaucoup, et il conclut : « Décidément, je suis dans un drôle d'état. »

La pendule sonna, et le bruit de l'heure le fit tressaillir, ébranlant ses nerfs plus que son âme. Il l'attendit avec cette impatience que le retard accroît de seconde en seconde. Elle était toujours exacte ; donc, avant dix minutes, il la verrait entrer. Quand les dix minutes furent passées, il se sentit tourmenté comme à l'approche d'un chagrin, puis irrité qu'elle lui fît perdre du temps, puis il comprit brusquement que si elle ne venait pas, il allait beaucoup souffrir. Que ferait-il ? Il l'attendrait ! — Non, — il sortirait, afin que si, par hasard, elle arrivait fort en retard, elle trouvât l'atelier vide.

Il sortirait, mais quand ? Quelle latitude lui laisserait-il ? Ne vaudrait-il pas mieux rester et lui faire comprendre, par quelques mots polis et froids, qu'il n'était pas de ceux qu'on fait poser ? Et si elle ne venait pas ? Alors il recevrait une dépêche, une carte, un domestique ou un commissionnaire ? Si elle ne venait pas, qu'allait-il faire ? C'était une journée perdue : il ne pourrait plus travailler. Alors ?... Alors, il irait prendre de ses nouvelles, car il avait besoin de la voir.

C'était vrai, il avait besoin de la voir, un besoin profond, oppressant, harcelant. Qu'était cela? de l'amour? Mais il ne se sentait ni exaltation dans la pensée, ni emportement dans les sens, ni rêverie dans l'âme, en constatant que, si elle ne venait pas ce jour-là, il souffrirait beaucoup.

Le timbre de la rue retentit dans l'escalier du petit hôtel, et Olivier Bertin se sentit tout à coup un peu haletant, puis si joyeux, qu'il fit une pirouette en jetant sa cigarette en l'air.

Elle entra; elle était seule.

Il eut une grande audace, immédiatement.

— Savez-vous ce que je me demandais en vous attendant?

— Mais non, je ne sais pas.

— Je me demandais si je n'étais pas amoureux de vous.

— Amoureux de moi! vous devenez fou!

Mais elle souriait, et son sourire disait : « C'est gentil, je suis très contente. »

Elle reprit :

— Voyons, vous n'êtes pas sérieux; pourquoi faites-vous cette plaisanterie?

Il répondit :

— Je suis très sérieux, au contraire. Je ne vous affirme pas que je suis amoureux de vous, mais je me demande si je ne suis pas en train de le devenir.

— Qu'est-ce qui vous fait penser ainsi?

— Mon émotion quand vous n'êtes pas là, mon bonheur quand vous arrivez.

Elle s'assit :

— Oh! ne vous inquiétez pas pour si peu. Tant que vous dormirez bien et que vous dînerez avec appétit, il n'y aura pas de danger.

Il se mit à rire.

— Et si je perds le sommeil et le manger!

— Prévenez-moi.

— Et alors?

— Je vous laisserai vous guérir en paix.

— Merci bien.

Et sur le thème de cet amour, ils marivaudèrent tout l'après-midi. Il en fut de même les jours suivants. Acceptant cela comme une drôlerie spirituelle et sans importance, elle le questionnait avec bonne humeur en entrant.

— Comment va votre amour aujourd'hui?

Et il lui disait, sur un ton sérieux et léger, tous les progrès de ce mal, tout le travail intime, continu, profond de la tendresse qui naît et grandit. Il s'analysait minutieusement devant elle, heure par heure, depuis la séparation de la veille, avec une façon badine de professeur qui fait un cours; et elle l'écoutait intéressée, un peu émue, troublée aussi par cette histoire qui semblait celle d'un livre dont elle était l'héroïne.

Quand il avait énuméré, avec des airs galants et dégagés, tous les soucis dont il devenait la proie, sa voix, par moments, se faisait tremblante en exprimant par un mot ou seulement par une intonation l'endolorissement de son cœur.

Et toujours elle l'interrogeait, vibrante de curiosité, les yeux fixés sur lui, l'oreille avide de ces choses un peu inquiétantes à entendre, mais si charmantes à écouter.

Quelquefois, en venant près d'elle pour rectifier la pose, il lui prenait la main et essayait de la baiser. D'un mouvement vif elle lui ôtait ses doigts des lèvres et fronçant un peu les sourcils :

— Allons, travaillez, disait-elle.

Il se remettait au travail, mais cinq minutes ne s'étaient pas écoulées sans qu'elle lui posât une question pour le ramener adroitement au seul sujet qui les occupât.

En son cœur maintenant elle sentait naître des craintes. Elle voulait bien être aimée, mais pas trop. Sûre de n'être pas entraînée, elle redoutait de le laisser s'aventurer trop loin, et de le perdre, forcée de le désespérer après avoir paru l'encourager. S'il avait fallu cependant renoncer à cette tendre et marivaudante amitié, à cette causerie qui coulait, roulant des parcelles d'amour comme un ruisseau dont le sable est plein d'or, elle aurait ressenti un gros chagrin, un chagrin pareil à un déchirement.

Quand elle sortait de chez elle pour se rendre à l'atelier du peintre, une joie l'inondait, vive et chaude, la rendait légère et joyeuse. En posant sa main sur la sonnette de l'hôtel d'Olivier, son cœur battait d'impatience, et le tapis de l'escalier était le plus doux que ses pieds eussent jamais pressé.

Cependant Bertin devenait sombre, un peu nerveux, souvent irritable.

Il avait des impatiences aussitôt comprimées, mais fréquentes.

Un jour, comme elle venait d'entrer, il s'assit à côté d'elle, au lieu de se mettre à peindre, et il lui dit :

— Madame, vous ne pouvez ignorer maintenant que ce n'est pas une plaisanterie, et que je vous aime follement.

Troublée par ce début, et voyant venir la crise redoutée, elle essaya de l'arrêter, mais il ne l'écoutait plus. L'émotion débordait de son cœur, et elle dut l'entendre, pâle, tremblante, anxieuse. Il parla longtemps, sans rien demander, avec tendresse, avec tristesse, avec une résignation désolée; et elle se laissa prendre les mains qu'il conserva dans les siennes. Il s'était agenouillé sans qu'elle y prît garde, et avec un regard d'halluciné il la suppliait de ne pas lui faire de mal! Quel mal? Elle ne comprenait pas et n'essayait pas de comprendre, engourdie dans un chagrin cruel de le voir souffrir, et ce chagrin était presque du bonheur. Tout à coup, elle vit des larmes dans ses yeux et fut tellement émue, qu'elle fit : « Oh! » prête à l'embrasser comme on embrasse les enfants qui pleurent. Il répétait d'une voix très douce : « Tenez, tenez, je souffre trop », et tout à coup, gagnée par cette douleur, par la contagion des larmes, elle sanglota, les nerfs affolés, les bras frémissants, prêts à s'ouvrir.

Quand elle se sentit tout à coup enlacée par lui et baisée passionnément sur les lèvres, elle voulut crier, lutter, le repousser, mais elle se jugea perdue tout de suite, car elle consentait en résistant, elle se donnait en se débattant, elle l'étreignait en criant : « Non, non, je ne ne veux pas. »

Elle demeura ensuite bouleversée, la figure sous ses mains, puis tout à coup, elle se leva, ramassa son chapeau tombé sur le tapis, le posa sur sa tête et se sauva, malgré les supplications d'Olivier qui la retenait par sa robe.

Dès qu'elle fut dans la rue, elle eut envie de s'asseoir au bord du trottoir, tant elle se sentait écrasée, les jambes rompues. Un fiacre passait, elle l'appela et dit au cocher : « Allez doucement, promenez-moi où vous voudrez. » Elle se jeta dans la voiture, referma la portière, se blottit au fond, se sentant seule derrière les glaces relevées, seule pour songer.

Pendant quelques minutes, elle n'eut dans la tête que le bruit des roues et les secousses des cahots. Elle regardait les maisons, les gens à pied, les autres en fiacre, les omnibus, avec des yeux vides qui ne voyaient rien ; elle ne pensait à rien non plus, comme si elle se fût donné du temps, accordé un répit avant d'oser réfléchir à ce qui s'était passé.

Puis, comme elle avait l'esprit prompt et nullement lâche, elle se dit : « Voilà, je suis une femme perdue. » Et pendant quelques minutes encore, elle demeura sous l'émotion, sous la certitude du malheur irréparable, épouvantée comme un homme tombé d'un toit et qui ne remue point encore, devinant qu'il a les jambes brisées et ne le voulant point constater.

Mais au lieu de s'affoler sous la douleur qu'elle attendait et dont elle redoutait l'atteinte, son cœur, au sortir de cette catastrophe, restait calme et paisible ; il battait lentement, doucement, après cette chute dont son âme était accablée, et ne semblait point prendre part à l'effarement de son esprit.

Elle répéta, à voix haute, comme pour l'entendre et s'en convaincre : « Voilà, je suis une femme perdue. » Aucun écho de souffrance ne répondit dans sa chair à cette plainte de sa conscience.

Elle se laissa bercer quelque temps par le mouvement du fiacre, remettant à tout à l'heure les raisonnements qu'elle aurait à faire sur cette situation cruelle. Non, elle ne souffrait pas. Elle avait peur de penser, voilà tout, peur de savoir, de comprendre et de réfléchir; mais, au contraire, il lui semblait sentir dans l'être obscur et impénétrable que crée en nous la lutte incessante de nos penchants et de nos volontés, une invraisemblable quiétude.

Après une demi-heure, peut-être, de cet étrange repos, comprenant enfin que le désespoir appelé ne viendrait pas, elle secoua cette torpeur et murmura : « C'est drôle, je n'ai presque pas de chagrin. »

Alors elle commença à se faire des reproches. Une colère s'élevait en elle, contre son aveuglement et sa faiblesse. Comment n'avait-elle pas prévu cela? compris que l'heure de cette lutte devait venir? que cet homme lui plaisait assez pour la rendre lâche? et que dans les cœurs les plus droits le désir souffle parfois comme un coup de vent qui emporte la volonté.

Mais quand elle se fut durement réprimandée et méprisée, elle se demanda avec terreur ce qui allait arriver.

Son premier projet fut de rompre avec le peintre et de ne le plus jamais revoir.

A peine eut-elle pris cette résolution que mille raisons vinrent aussitôt la combattre.

Comment expliquerait-elle cette brouille? Que dirait-elle à son mari? La vérité soupçonnée ne serait-elle pas chuchotée, puis répandue partout?

Ne valait-il pas mieux, pour sauver les apparences, jouer vis-à-vis d'Olivier Bertin lui-même l'hypocrite comédie de l'indifférence et de l'oubli, et lui montrer qu'elle avait effacé cette minute de sa mémoire et de sa vie?

Mais le pourrait-elle? aurait-elle l'audace de paraître ne se rappeler rien, de regarder avec un étonnement indigné en lui disant : « Que me voulez-vous? » l'homme dont vraiment elle avait partagé la rapide et brutale émotion?

Elle réfléchit longtemps et s'y décida néanmoins, aucune autre solution ne lui paraissant possible.

Elle irait chez lui le lendemain, avec courage, et lui ferait comprendre aussitôt ce qu'elle voulait, ce qu'elle exigeait de lui. Il fallait que jamais un mot, une allusion, un regard, ne pût lui rappeler cette honte.

Après avoir souffert, car il souffrirait aussi, il en prendrait assurément son parti, en homme loyal et bien élevé, et demeurerait dans l'avenir ce qu'il avait été jusque-là.

Dès que cette nouvelle résolution fut arrêtée, elle donna au cocher son adresse, et rentra chez elle, en proie à un abattement profond, à un désir de se coucher, de ne voir personne, de dormir, d'oublier. S'étant enfermée dans sa chambre, elle demeura jusqu'au dîner étendue sur sa chaise longue, engourdie, ne voulant plus occuper son âme de cette pensée pleine de dangers.

Elle descendit à l'heure précise, étonnée d'être si calme et d'attendre son mari avec sa figure ordinaire. Il parut, portant dans ses bras leur fille; elle lui serra la main et embrassa l'enfant, sans qu'aucune angoisse l'agitât.

M. de Guilleroy s'informa de ce qu'elle avait fait. Elle répondit avec indifférence, qu'elle avait posé comme tous les jours.

— Et le portrait, est-il beau? dit-il.

— Il vient fort bien.

A son tour, il parla de ses affaires qu'il aimait raconter en mangeant, de la séance de la Chambre et de la discussion du projet de loi sur la falsification des denrées.

Ce bavardage, qu'elle supportait bien d'ordinaire, l'irrita, lui fit regarder avec plus d'attention l'homme vulgaire et phraseur qui s'intéressait à ces choses; mais elle souriait en l'écoutant, et répondait aimablement, plus gracieuse même que de coutume, plus complaisante pour ces banalités. Elle pensait en le regardant : « Je l'ai trompé. C'est mon mari, et je l'ai trompé. Est-ce bizarre? Rien ne peut plus empêcher cela, rien ne peut plus effacer cela! J'ai fermé les yeux. J'ai consenti pendant quelques secondes, pendant quelques secondes seulement, au baiser d'un homme, et je ne suis plus une honnête femme. Quelques secondes dans ma vie, quelques secondes qu'on ne peut supprimer, ont amené pour moi ce petit fait irréparable, si grave, si court, un crime, le plus honteux pour une femme... et je n'éprouve point de désespoir. Si on me l'eût dit hier, je ne l'aurais pas cru. Si on me l'eût affirmé, j'aurais aussitôt songé aux affreux remords dont je devrais être aujourd'hui déchirée. Et je n'en ai pas, presque pas. »

M. de Guilleroy sortit après dîner, comme il faisait presque tous les jours.

Alors elle prit sur ses genoux sa petite fille et pleura en l'embrassant ; elle pleura des larmes sincères, larmes de la conscience, non point larmes du cœur.

Mais elle ne dormit guère.

Dans les ténèbres de sa chambre, elle se tourmenta davantage des dangers que pouvait lui créer l'attitude du peintre ; et la peur lui vint de l'entrevue du lendemain et des choses qu'il lui faudrait dire, en le regardant en face.

Levée tôt, elle demeura sur sa chaise longue durant toute la matinée, s'efforçant de prévoir ce qu'elle avait à craindre, ce qu'elle aurait à répondre, d'être prête pour toutes les surprises.

Elle partit de bonne heure, afin de réfléchir encore en marchant.

Il ne l'attendait guère et se demandait, depuis la veille, ce qu'il devait faire vis-à-vis d'elle.

Après son départ, après cette fuite, à laquelle il n'avait pas osé s'opposer, il était demeuré seul, écoutant encore, bien qu'elle fût loin déjà, le bruit de ses pas, de sa robe, et de la porte retombant, poussée par une main éperdue.

Il restait debout, plein d'une joie ardente, profonde, bouillante. Il l'avait prise, elle! Cela s'était passé entre eux! Était-ce possible? Après la surprise de ce triomphe, il le savourait, et pour le mieux goûter, il s'assit, se coucha presque sur le divan où il l'avait possédée.

Il y resta longtemps, plein de cette pensée qu'elle était sa maîtresse, et qu'entre eux, entre cette femme qu'il avait tant désirée et lui, s'était noué en quelques moments le lien mystérieux qui attache secrètement deux êtres l'un à l'autre. Il gardait en toute sa chair encore frémissante le souvenir aigu de l'instant rapide où leurs lèvres s'étaient rencontrées, où leurs corps s'étaient unis et mêlés pour tressaillir ensemble du grand frisson de la vie.

Il ne sortit point ce soir-là, pour se repaître de cette pensée; il se coucha tôt, tout vibrant de bonheur.

A peine éveillé, le lendemain, il se posa cette question : « Que dois-je faire ? » A une cocotte, à une actrice, il eût envoyé des fleurs ou même un bijou ; mais il demeurait torturé de perplexité devant cette situation nouvelle.

Assurément, il fallait écrire. Quoi ?... Il griffonna, ratura, déchira, recommença vingt lettres, qui toutes lui semblaient blessantes, odieuses, ridicules.

Il aurait voulu exprimer en termes délicats et charmeurs la reconnaissance de son âme, ses élans de tendresse folle, ses offres de dévouement sans fin ; mais il ne découvrait, pour dire ces choses passionnées et pleines de nuances, que des phrases connues, des expressions banales, grossières ou puériles.

Il renonça donc à l'idée d'écrire, et se décida à l'aller voir, dès que l'heure de la séance serait passée, car il pensait bien qu'elle ne viendrait pas.

S'enfermant alors dans l'atelier, il s'exalta devant le portrait, les lèvres chatouillées de l'envie de se poser sur la peinture où quelque chose d'elle était fixé ; et de moment en moment, il regardait dans la rue par la fenêtre. Toutes les robes apparues au loin lui donnaient un battement de cœur. Vingt fois il crut la reconnaître, puis, quand la femme aperçue était passée, il s'asseyait un moment, accablé comme après une déception.

Soudain, il la vit, douta, prit sa jumelle, la reconnut, et bouleversé par une émotion violente, s'assit pour l'attendre.

Quand elle entra, il se précipita sur les genoux et voulut lui prendre les mains ; mais elle les retira brusquement, et comme il demeurait à ses pieds, saisi d'angoisse et les yeux levés vers elle, elle lui dit avec hauteur :

— Que faites-vous donc, Monsieur, je ne comprends pas cette attitude?

Il balbutia :

— Oh! Madame, je vous supplie...

Elle l'interrompit durement.

— Relevez-vous, vous êtes ridicule.

Il se releva, effaré, murmurant :

— Qu'avez-vous? Ne me traitez pas ainsi, je vous aime!...

Alors, en quelques mots rapides et secs, elle lui signifia sa volonté, et régla la situation.

— Je ne comprends pas ce que vous voulez dire! Ne me parlez jamais de votre amour, ou je quitterai cet atelier pour n'y point revenir. Si vous oubliez, une seule fois, cette condition de ma présence ici, vous ne me reverrez plus.

Il la regardait, affolé par cette dureté qu'il n'avait point prévue ; puis il comprit et murmura :

— J'obéirai, Madame.

Elle répondit :

— Très bien, j'attendais cela de vous! Maintenant travaillez, car vous êtes long à finir ce portrait.

Il prit donc sa palette et se mit à peindre ; mais sa main tremblait, ses yeux troublés regardaient sans voir ; il avait envie de pleurer, tant il se sentait le cœur meurtri.

Il essaya de lui parler ; elle répondit à peine. Comme il tentait de lui dire une galanterie sur son teint, elle l'arrêta d'un ton si cassant qu'il eut tout à coup une de ces fureurs d'amoureux qui changent en haine la tendresse. Ce fut, dans son âme et dans son corps, une grande secousse nerveuse, et tout de suite, sans transition, il la détesta. Oui, oui, c'était bien cela, la femme! Elle était pareille aux autres, elle aussi! Pourquoi pas? Elle était fausse, changeante et faible comme toutes. Elle l'avait attiré, séduit par des ruses de fille, cherchant à l'affoler sans rien donner ensuite, le provoquant pour se refuser, employant pour lui toutes les manœuvres des lâches coquettes qui semblent toujours prêtes à se dévêtir, tant que l'homme qu'elles rendent pareil aux chiens des rues n'est pas haletant de désir.

Tant pis pour elle, après tout ; il l'avait eue, il l'avait prise. Elle pouvait éponger son corps et lui répondre insolemment, elle n'effacerait rien, et il l'oublierait, lui. Vraiment, il aurait fait une belle folie en s'embarrassant d'une maîtresse pareille qui aurait mangé sa vie d'artiste avec des dents capricieuses de jolie femme.

Il avait envie de siffler, ainsi qu'il faisait devant ses modèles; mais comme il sentait son énervement grandir et qu'il redoutait de faire quelque sottise, il abrégea la séance, sous prétexte d'un rendez-vous. Quand ils se saluèrent en se séparant, ils se croyaient assurément plus loin l'un de l'autre que le jour où ils s'étaient rencontrés chez la duchesse de Mortemain.

Dès qu'elle fut partie, il prit son chapeau et son pardessus et il sortit. Un soleil froid, dans un ciel bleu ouaté de brume, jetait sur la ville une lumière pâle, un peu fausse et triste.

Lorsqu'il eut marché quelque temps, d'un pas rapide et irrité, en heurtant les passants, pour ne point dévier de la ligne droite, sa grande fureur contre elle s'émietta en désolations et en regrets. Après qu'il se fut répété tous les reproches qu'il lui faisait, il se souvint, en voyant passer d'autres femmes, combien elle était jolie et séduisante. Comme tant d'autres qui ne l'avouent point, il avait toujours attendu l'impossible rencontre, l'affection rare, unique, poétique et passionnée, dont le rêve plane sur nos cœurs. N'avait-il pas failli trouver cela? N'était-ce pas elle qui lui aurait donné ce presque impossible bonheur? Pourquoi donc est-ce que rien ne se réalise? Pourquoi ne peut-on rien saisir de ce qu'on poursuit, ou n'en atteint-on que des parcelles, qui rendent plus douloureuse cette chasse aux déceptions?

Il n'en voulait plus à la jeune femme, mais à la vie elle-même. Maintenant qu'il raisonnait, pourquoi lui en aurait-il voulu à elle? Que pouvait-il lui reprocher, après tout? — d'avoir été aimable, bonne et gracieuse pour lui — tandis qu'elle pouvait lui reprocher, elle, de s'être conduit comme un malfaiteur!

Il rentra plein de tristesse. Il aurait voulu lui demander pardon, se dévouer pour elle, faire oublier, et il chercha ce qu'il pourrait tenter pour qu'elle comprît combien il serait, jusqu'à la mort, docile désormais à toutes ses volontés.

Or, le lendemain, elle arriva accompagnée de sa fille, avec un sourire si morne, avec un air si chagrin, que le peintre crut voir dans ces pauvres yeux bleus, jusque-là si gais, toute la peine, tout le remords, toute la désolation de ce cœur de femme. Il fut remué de pitié, et pour qu'elle oubliât, il eut pour elle, avec une délicate réserve, les plus fines prévenances. Elle y répondit avec douceur, avec bonté, avec l'attitude lasse et brisée d'une femme qui souffre.

Et lui, en la regardant, repris d'une folle idée de l'aimer et d'être aimé, il se demandait comment elle n'était pas plus fâchée, comment elle pouvait revenir encore, l'écouter et lui répondre, avec ce souvenir entre eux.

Du moment qu'elle pouvait le revoir, entendre sa voix et supporter en face de lui la pensée unique qui ne devait pas la quitter, c'est qu'alors cette pensée ne lui était pas devenue odieusement intolérable. Quand une femme hait l'homme qui l'a violée, elle ne peut plus se trouver devant lui sans que cette haine éclate. Mais cet homme ne peut non plus lui demeurer indifférent. Il faut qu'elle le déteste ou qu'elle lui pardonne. Et quand elle pardonne cela, elle n'est pas loin d'aimer.

Tout en peignant avec lenteur, il raisonnait par petits arguments précis, clairs et sûrs; il se sentait lucide, fort, maître à présent des événements.

Il n'avait qu'à être prudent, qu'à être patient, qu'à être dévoué, et il la reprendrait, un jour ou l'autre.

Il sut attendre. Pour la rassurer et la reconquérir, il eut des ruses à son tour, des tendresses dissimulées sous d'apparents remords, des attentions hésitantes et des attitudes indifférentes. Tranquille dans la certitude du bonheur prochain, que lui importait un peu plus tôt, un peu plus tard. Il éprouvait même un plaisir bizarre et raffiné à ne se point presser, à la guetter, à se dire : « Elle a peur » en la voyant venir toujours avec son enfant.

Il sentait qu'entre eux se faisait un lent travail de rapprochement, et que dans les regards de la comtesse quelque chose d'étrange, de contraint, de douloureusement doux, apparaissait, cet appel d'une âme qui lutte, d'une volonté qui défaille et qui semble dire : « Mais, force-moi donc ! »

Au bout de quelque temps, elle revint seule, rassurée par sa réserve. Alors il la traita en amie, en camarade, lui parla de sa vie, de ses projets, de son art, comme à un frère.

Séduite par cet abandon, elle prit avec joie ce rôle de conseillère, flattée qu'il la distinguât ainsi des autres femmes et convaincue que son talent gagnerait de la délicatesse à cette intimité intellectuelle. Mais à force de la consulter et de lui montrer de la déférence, il la fit passer, naturellement, des fonctions de conseillère au sacerdoce d'inspiratrice. Elle trouva charmant d'étendre ainsi son influence sur le grand homme, et consentit à peu près à ce qu'il l'aimât en artiste, puisqu'elle inspirait ses œuvres.

Ce fut un soir, après une longue causerie sur les maîtresses des peintres illustres, qu'elle se laissa glisser dans ses bras. Elle y resta, cette fois, sans essayer de fuir, et lui rendit ses baisers.

Alors, elle n'eut plus de remords, mais le vague sentiment d'une déchéance, et pour répondre aux reproches de sa raison, elle crut à une fatalité.

Entraînée vers lui par son cœur qui était vierge, et par son âme qui était vide, la chair conquise par la lente domination des caresses, elle s'attacha peu à peu, comme s'attache les femmes tendres, qui aiment pour la première fois.

Chez lui, ce fut une crise d'amour aigu, sensuel et poétique. Il lui semblait parfois qu'il s'était envolé, un jour, les mains tendues, et qu'il avait pu étreindre à pleins bras le rêve ailé et magnifique qui plane toujours sur nos espérances.

Il avait fini le portrait de la comtesse, le meilleur, certes, qu'il eût peint, car il avait su voir et fixer ce je ne sais quoi d'inexprimable que presque jamais un peintre ne dévoile, ce reflet, ce mystère, cette physionomie de l'âme qui passe, insaisissable, sur les visages.

Puis des mois s'écoulèrent, et puis des années qui desserrèrent à peine le lien qui unissait l'un à l'autre la comtesse de Guilleroy et le peintre Olivier Bertin. Ce n'était plus chez lui l'exaltation des premiers temps, mais une affection calmée, profonde, une sorte d'amitié amoureuse dont il avait pris l'habitude.

Chez elle, au contraire, grandit sans cesse l'attachement passionné, l'attachement obstiné de certaines femmes qui se donnent à un homme pour tout à fait et pour toujours. Honnêtes et droites dans l'adultère comme elles auraient pu l'être dans le mariage, elles se vouent à une tendresse unique dont rien ne les détournera. Non seulement elles aiment leur amant, mais elles veulent l'aimer, et les yeux uniquement sur lui, elles occupent tellement leur cœur de sa pensée, que rien d'étranger n'y peut plus entrer. Elles ont lié leur vie avec résolution, comme on se lie les mains, avant de sauter à l'eau du haut d'un pont, lorsqu'on sait nager et qu'on veut mourir.

Mais à partir du moment où la comtesse se fut donnée ainsi, elle se sentit assaillie de craintes sur la constance d'Olivier Bertin. Rien ne le tenait que sa volonté d'homme, son caprice, son goût passager pour une femme rencontrée un jour comme il en avait déjà rencontré tant d'autres! Elle le sentait si libre et si facile à tenter, lui qui vivait sans devoirs, sans habitudes et sans scrupules, comme tous les hommes! Il était beau garçon, célèbre, recherché, ayant à la portée de ses désirs vite éveillés toutes les femmes du monde dont la pudeur est si fragile, et toutes les femmes d'alcôve ou de théâtre prodigues de leurs faveurs avec des gens comme lui. Une d'elles, un soir, après souper, pouvait le suivre et lui plaire, le prendre et le garder.

Elle vécut donc dans la terreur de le perdre, épiant ses allures, ses attitudes, bouleversée par un mot, pleine d'angoisse dès qu'il admirait une autre femme, vantait le charme d'un visage, ou la grâce d'une tournure. Tout ce qu'elle ignorait de sa vie la faisait trembler, et tout ce qu'elle en savait l'épouvantait. A chacune de leurs rencontres, elle devenait ingénieuse à l'interroger, sans qu'il s'en aperçût, pour lui faire dire ses opinions sur les gens qu'il avait vus, sur les maisons où il avait dîné, sur les impressions les plus légères de son esprit. Dès qu'elle croyait deviner l'influence possible de quelqu'un, elle la combattait avec une prodigieuse astuce, avec d'innombrables ressources.

Oh! souvent elle pressentit ces courtes intrigues, sans racines profondes, qui durent huit ou ou quinze jours, de temps en temps, dans l'existence de tout artiste en vue.

Elle avait, pour ainsi dire, l'intuition du danger, avant même d'être prévenue de l'éveil d'un désir nouveau chez Olivier, par l'air de fête que prennent les yeux et le visage d'un homme que surexcite une fantaisie galante.

Alors elle commençait à souffrir; elle ne dormait plus que des sommeils troublés par les tortures du doute. Pour le surprendre, elle arrivait chez lui sans l'avoir prévenu, lui jetait des questions qui semblaient naïves, tâtait son cœur, écoutait sa pensée, comme on tâte, comme on écoute, pour connaître le mal caché dans un être.

Et elle pleurait sitôt qu'elle était seule, sûre qu'on allait le lui prendre cette fois, lui voler cet amour à qui elle tenait si fort parce qu'elle y avait mis, avec toute sa volonté, toute sa force d'affection, toutes ses espérances et tous ses rêves.

Aussi, quand elle le sentait revenir à elle, après ces rapides éloignements, elle éprouvait à le reprendre, à le reposséder comme une chose perdue et retrouvée, un bonheur muet et profond qui parfois, quand elle passait devant une église, la jetait dedans pour remercier Dieu.

La préoccupation de lui plaire toujours, plus qu'aucune autre, et de le garder contre toutes, avait fait de sa vie entière un combat ininterrompu de coquetterie. Elle avait lutté pour lui, devant lui, sans cesse, par la grâce, par la beauté, par l'élégance. Elle voulait que partout où il entendrait parler d'elle, on vantât son charme, son goût, son esprit et ses toilettes. Elle voulait plaire aux autres pour lui et les séduire afin qu'il fût fier et jaloux d'elle. Et chaque fois qu'elle le devina jaloux, après l'avoir fait un peu souffrir elle lui ménageait un triomphe qui ravivait son amour en excitant sa vanité.

Puis comprenant qu'un homme pouvait toujours rencontrer, par le monde, une femme dont la séduction physique serait plus puissante, étant nouvelle, elle eut recours à d'autres moyens : elle le flatta et le gâta.

D'une façon discrète et continue, elle fit couler l'éloge sur lui; elle le berça d'admiration et l'enveloppa de compliments, afin que, partout ailleurs, il trouvât l'amitié et même la tendresse un peu froides et incomplètes, afin que si d'autres l'aimaient aussi, il finît par s'apercevoir qu'aucune ne le comprenait comme elle.

Elle fit de sa maison, de ses deux salons où il entrait si souvent, un endroit où son orgueil d'artiste était attiré autant que son cœur d'homme, l'endroit de Paris où il aimait le mieux venir parce que toutes ses convoitises y étaient en même temps satisfaites.

Non seulement, elle apprit à découvrir tous ses goûts, afin de lui donner en les rassasiant chez elle, une impression de bien-être que rien ne remplacerait, mais elle sut en faire naître de nouveaux, lui créer des gourmandises de toute sorte, matérielles ou sentimentales, des habitudes de petits soins, d'affection, d'adoration, de flatterie! Elle s'efforça de séduire ses yeux par des élégances, son odorat par des parfums, son oreille par des compliments et sa bouche par des nourritures.

Mais lorsqu'elle eut mis en son âme et en sa chair de célibataire égoïste et fêté une multitude de petits besoins tyranniques, lorsqu'elle fut bien certaine qu'aucune maîtresse n'aurait comme elle le souci de les surveiller et de les entretenir pour le ligoter par toutes les menues jouissances de la vie, elle eut peur tout à coup, en le voyant se dégoûter de sa propre maison, se plaindre sans cesse de vivre seul, et, ne pouvant venir chez elle qu'avec toutes les réserves imposées par la société, chercher au Cercle, chercher partout les moyens d'adoucir son isolement, elle eut peur qu'il ne songeât au mariage.

En certains jours, elle souffrait tellement de toutes ces inquiétudes, qu'elle désirait la vieillesse pour en avoir fini avec cette angoisse-là, et se reposer dans une affection refroidie et calme.

Les années passèrent, cependant, sans les désunir. La chaîne attachée par elle était solide, et elle en refaisait les anneaux à mesure qu'ils s'usaient. Mais toujours soucieuse, elle surveillait le cœur du peintre comme on surveille un enfant qui traverse une rue pleine de voitures, et chaque jour encore elle redoutait l'événement inconnu, dont la menace est suspendue sur nous.

Le comte, sans soupçons et sans jalousie, trouvait naturelle cette intimité de sa femme et d'un artiste fameux qui était reçu partout avec de grands égards. A force de se voir, les deux hommes, habitués l'un à l'autre, avaient fini par s'aimer.

II

Quand Bertin entra, le vendredi soir, chez son amie, où il devait dîner pour fêter le retour d'Annette de Guilleroy, il ne trouva encore, dans le petit salon Louis XV, que M. de Musadieu, qui venait d'arriver.

C'était un vieil homme d'esprit, qui aurait pu devenir peut-être un homme de valeur, et qui ne se consolait point de ce qu'il n'avait pas été.

Ancien conservateur des musées impériaux, il avait trouvé moyen de se faire renommer inspecteur des Beaux-Arts sous la République, ce qui ne l'empêchait pas d'être, avant tout, l'ami des Princes, de tous les Princes, des Princesses et des Duchesses de l'aristocratie européenne, et le protecteur juré des artistes de toute sorte. Doué d'une intelligence alerte, capable de tout entrevoir, d'une grande facilité de parole qui lui permettait de dire avec agrément les choses les plus ordinaires, d'une souplesse de pensée qui le mettait à l'aise dans tous les milieux, et d'un flair subtil de diplomate qui lui faisait juger les hommes à première vue, il promenait, de salon en salon, le long des jours et des soirs, son activité éclairée, inutile et bavarde.

Apte à tout faire, semblait-il, il parlait de tout avec un semblant de compétence attachant et une clarté de vulgarisateur qui le faisait fort apprécier des femmes du monde, à qui il rendait les services d'un bazar roulant d'érudition. Il savait, en effet, beaucoup de choses, sans avoir jamais lu que les livres indispensables; mais il était au mieux avec les cinq Académies, avec tous les savants, tous les écrivains, tous les érudits spécialistes, qu'il écoutait avec discernement. Il savait oublier aussitôt les explications trop techniques ou inutiles à ses relations, retenait fort bien les autres, et prêtait à ces connaissances ainsi glanées un tour aisé, clair et bon enfant, qui les rendait faciles à comprendre comme des fabliaux scientifiques. Il donnait l'impression d'un entrepôt d'idées, d'un de ces vastes magasins où on ne rencontre jamais les objets rares, mais où tous les autres sont à foison, à bon marché, de toute nature, de toute origine, depuis les ustensiles de ménage jusqu'aux vulgaires instruments de physique amusante ou de chirurgie domestique.

Les peintres, avec qui ses fonctions le laissaient en rapport constant, le blaguaient et le redoutaient. Il leur rendait, d'ailleurs, des services, leur faisait vendre des tableaux, les mettait en relations avec le monde, aimait les présenter, les protéger, les lancer, semblait se vouer à une œuvre mystérieuse de fusion entre les mondains et les artistes, se faisait gloire de connaître intimement ceux-ci, et d'entrer familièrement chez ceux-là, de déjeuner avec le prince de Galles, de passage à Paris, et de dîner, le soir même, avec Paul Adelmans, Olivier Bertin et Amaury Maldant.

Bertin, qui l'aimait assez, le trouvant drôle, disait de lui : « C'est l'encyclopédie de Jules Verne, reliée en peau d'âne ! »

Les deux hommes se serrèrent la main, et se mirent à parler de la situation politique, des bruits de guerre que Musadieu jugeait alarmants, pour des raisons évidentes qu'il exposait fort bien, l'Allemagne ayant tout intérêt à nous écraser et à hâter ce moment attendu depuis dix-huit ans par M. de Bismarck ; tandis qu'Olivier Bertin prouvait, par des arguments irréfutables, que ces craintes étaient chimériques, l'Allemagne ne pouvant être assez folle pour compromettre sa conquête dans une aventure toujours douteuse, et le Chancelier assez imprudent pour risquer, aux derniers jours de sa vie, son œuvre et sa gloire d'un seul coup.

M. de Musadieu, cependant, semblait savoir des choses qu'il ne voulait pas dire. Il avait vu d'ailleurs un ministre dans la journée et rencontré le grand-duc Wladimir, revenu de Cannes, la veille au soir.

L'artiste résistait et, avec une ironie tranquille, contestait la compétence des gens les mieux informés. Derrière toutes ces rumeurs, on préparait des mouvements de bourse! Seul, M. de Bismarck devait avoir là-dessus une opinion arrêtée, peut-être.

M. de Guilleroy entra, serra les mains avec empressement, en s'excusant, par phrases onctueuses, de les avoir laissés seuls.

— Et vous, mon cher député, demanda le peintre, que pensez-vous des bruits de guerre?

M. de Guilleroy se lança dans un discours. Il en savait plus que personne comme membre de la Chambre, et cependant il n'était pas du même avis que la plupart de ses collègues. Non, il ne croyait pas à la probabilité d'un conflit prochain, à moins qu'il ne fût provoqué par la turbulence française et par les rodomontades des soi-disant patriotes de la ligue. Et il fit de M. de Bismarck un portrait à grands traits, un portrait à la Saint-Simon. Cet homme-là, on ne voulait pas le comprendre, parce qu'on prête toujours aux autres sa propre manière de penser, et qu'on les croit prêts à faire ce qu'on aurait fait à leur place. M. de Bismarck n'était pas un diplomate faux et menteur, mais un franc, un brutal, qui criait toujours la vérité, annonçait toujours ses intentions. « Je veux la paix, » dit-il. C'était vrai, il voulait la paix, rien que la paix, et tout le prouvait d'une façon aveuglante depuis dix-huit ans, tout, jusqu'à ses armements, jusqu'à ses alliances, jusqu'à ce faisceau de peuples unis contre notre impétuosité. M. de Guilleroy conclut d'un ton profond, convaincu : « C'est un grand homme, un très grand homme qui désire la tranquillité, mais qui croit seulement aux menaces et aux moyens violents pour l'obtenir. En somme, Messieurs, un grand barbare. »

— Qui veut la fin veut les moyens, reprit M. de Musadieu. Je vous accorde volontiers qu'il adore la paix si vous me concédez qu'il a toujours envie de faire la guerre pour l'obtenir. C'est là d'ailleurs une vérité indiscutable et phénoménale : on ne fait la guerre en ce monde que pour avoir la paix !

Un domestique annonçait : — Madame la duchesse de Mortemain.

Dans les deux battants de la porte ouverte, apparut une grande et forte femme, qui entra avec autorité.

Guilleroy, se précipitant, lui baisa les doigts et demanda :

— Comment allez-vous, Duchesse ?

Les deux autres hommes la saluèrent avec une certaine familiarité distinguée, car la duchesse avait des façons d'être cordiales et brusques.

Veuve du général duc de Mortemain, mère d'une fille unique mariée au prince de Salia, fille du marquis de Farandal, de grande origine et royalement riche, elle recevait dans son hôtel de la rue de Varenne toutes les notoriétés du monde entier, qui se rencontraient et se complimentaient chez elle. Aucune Altesse ne traversait Paris sans dîner à sa table, et aucun homme ne pouvait faire parler de lui sans qu'elle eût aussitôt le désir de le connaître. Il fallait qu'elle le vît, qu'elle le fît causer, qu'elle le jugeât. Et cela l'amusait beaucoup, agitait sa vie, alimentait cette flamme de curiosité hautaine et bienveillante qui brûlait en elle.

Elle s'était à peine assise, quand le même domestique cria : — Monsieur le baron et madame la baronne de Corbelle.

Ils étaient jeunes, le baron chauve et gros, la baronne fluette, élégante, très brune.

Ce couple avait une situation spéciale dans l'aristocratie française, due uniquement au choix scrupuleux de ses relations. De petite noblesse, sans valeur, sans esprit, mû dans tous ses actes par un amour immodéré de ce qui est select, comme il faut et distingué, il était parvenu, à force de hanter uniquement les maisons les plus princières, à force de montrer ses sentiments royalistes, pieux, corrects au suprême degré, à force de respecter tout ce qui doit être respecté, de mépriser tout ce qui doit être méprisé, de ne jamais se tromper sur un point des dogmes mondains, de ne jamais hésiter sur un détail d'étiquette, à passer aux yeux de beaucoup pour la fine fleur du high-life. Son opinion formait une sorte de code du comme il faut, et sa présence dans une maison constituait pour elle un vrai titre d'honorabilité.

Les Corbelle étaient parents du comte de Guilleroy.

— Eh bien, dit la duchesse étonnée, et votre femme ?

— Un instant, un petit instant, demanda le comte. Il y a une surprise, elle va venir.

Quand Mme de Guilleroy, mariée depuis un mois, avait fait son entrée dans le monde, elle fut présentée à la duchesse de Mortemain, qui tout de suite l'aima, l'adopta, la patronna.

Depuis vingt ans, cette amitié ne s'était point démentie, et quand la duchesse disait « ma petite », on entendait encore en sa voix l'émotion de cette toquade subite et persistante. C'est chez elle qu'avait eu lieu la rencontre du peintre et de la comtesse.

Musadieu s'était approché, il demanda :

— La duchesse a-t-elle été voir l'exposition des Intempérants?

— Non, qu'est-ce que c'est?

— Un groupe d'artistes nouveaux, des impressionnistes à l'état d'ivresse. Il y en a deux très forts.

La grande dame murmura avec dédain :

— Je n'aime pas les plaisanteries de ces messieurs.

Autoritaire, brusque, n'admettant guère d'autre opinion que la sienne, fondant la sienne uniquement sur la conscience de sa situation sociale, considérant, sans bien s'en rendre compte, les artistes et les savants comme des mercenaires intelligents chargés par Dieu d'amuser les gens du monde ou de leur rendre des services, elle ne donnait d'autre base à ses jugements que le degré d'étonnement et de plaisir irraisonné que lui procurait la vue d'une chose, la lecture d'un livre ou le récit d'une découverte.

Grande, forte, lourde, rouge, parlant haut, elle passait pour avoir grand air parce que rien ne la troublait, qu'elle osait tout dire et protégeait le monde entier, les princes détrônés par ses réceptions en leur honneur, et même le Tout-Puissant par ses largesses au clergé et ses dons aux églises.

Musadieu reprit :

— La duchesse sait-elle qu'on croit avoir arrêté l'assassin de Marie Lambourg?

4.

Son intérêt s'éveilla brusquement, et elle répondit :

— Non, racontez-moi ça?

Et il narra les détails. Haut, très maigre, portant un gilet blanc, de petits diamants comme boutons de chemise, il parlait sans gestes, avec un air correct qui lui permettait de dire les choses très osées dont il avait la spécialité. Fort myope, il semblait, malgré son pince-nez, ne jamais voir personne, et quand il s'asseyait on eût dit que toute l'ossature de son corps se courbait suivant la forme du fauteuil. Son torse plié devenait tout petit, s'affaissait comme si la colonne vertébrale eût été en caoutchouc; ses jambes croisées l'une sur l'autre semblaient deux rubans enroulés, et ses longs bras retenus par ceux du siège, laissaient pendre des mains pâles, aux doigts interminables. Ses cheveux et sa moustache teints artistement, avec des mèches blanches habilement oubliées, étaient un sujet de plaisanterie fréquent.

Comme il expliquait à la duchesse que les bijoux de la fille publique assassinée avaient été donnés en cadeau par le meurtrier présumé à une autre créature de mœurs légères, la porte du grand salon s'ouvrit de nouveau, toute grande, et deux femmes en toilette de dentelle blanche, blondes, dans une crème de malines, se ressemblant comme

deux sœurs d'âge très différent, l'une un peu trop
mûre, l'autre un peu trop jeune, l'une un peu
trop forte, l'autre un peu trop mince, s'avancèrent
en se tenant par la taille et en souriant.

On cria, on applaudit. Personne, sauf Olivier
Bertin, ne savait le retour d'Annette de Guilleroy,
et l'apparition de la jeune fille à côté de sa mère
qui, d'un peu loin, semblait presque aussi fraîche
et même plus belle, car, fleur trop ouverte, elle
n'avait pas fini d'être éclatante, tandis que l'enfant, à peine épanouie, commençait seulement à
être jolie, les fit trouver charmantes toutes les
deux.

La duchesse ravie, battant des mains, s'exclamait :

— Dieu ! qu'elles sont ravissantes et amusantes
l'une à côté de l'autre ! Regardez donc, Monsieur
de Musadieu, comme elles se ressemblent !

On comparait ; deux opinions se formèrent
aussitôt. D'après Musadieu, les Corbelle et le
comte de Guilleroy, la comtesse et sa fille ne se
ressemblaient que par le teint, les cheveux, et
surtout les yeux, qui étaient tout à fait les mêmes,
également tachetés de points noirs, pareils à des
minuscules gouttes d'encre tombées sur l'iris bleu.
Mais d'ici peu, quand la jeune fille serait devenue
une femme, elles ne se ressembleraient presque
plus.

D'après la duchesse, au contraire, et d'après Olivier Bertin, elles étaient en tout semblables, et seule la différence d'âge les faisait paraître différentes.

Le peintre disait :

— Est-elle changée, depuis trois ans ? Je ne l'aurais pas reconnue, je ne vais plus oser la tutoyer.

La comtesse se mit à rire.

— Ah ! par exemple ! Je voudrais bien vous voir dire « vous » à Annette.

La jeune fille, dont la future crânerie apparaissait sous des airs timidement espiègles, reprit :

— C'est moi qui n'oserai plus dire « tu » à M. Bertin.

Sa mère sourit.

— Garde cette mauvaise habitude, je te la permets. Vous referez vite connaissance.

Mais Annette remuait la tête.

— Non, non. Ça me gênerait.

La duchesse, l'ayant embrassée, l'examinait en connaisseuse intéressée.

— Voyons, petite, regarde-moi bien en face. Oui, tu as tout à fait le même regard que ta mère ; tu seras pas mal dans quelque temps, quand tu auras pris du brillant. Il faut engraisser, pas beaucoup, mais un peu ; tu es maigrichonne.

La comtesse s'écria :

— Oh ! ne lui dites pas cela.

— Et pourquoi?

— C'est si agréable d'être mince! Moi je vais me faire maigrir.

Mais Mme de Mortemain se fâcha, oubliant, dans la vivacité de sa colère, la présence d'une fillette.

— Ah toujours! vous en êtes toujours à la mode des os, parce qu'on les habille mieux que la chair. Moi je suis de la génération des femmes grasses! Aujourd'hui c'est la génération des femmes maigres! Ça me fait penser aux vaches d'Égypte. Je ne comprends pas les hommes, par exemple, qui ont l'air d'admirer vos carcasses. De notre temps, ils demandaient mieux.

Elle se tut au milieu des sourires, puis reprit :

— Regarde ta maman, petite, elle est très bien, juste à point, imite-la.

On passait dans la salle à manger. Lorsqu'on fut assis, Musadieu reprit la discussion.

— Moi, je dis que les hommes doivent être maigres, parce qu'ils sont faits pour des exercices qui réclament de l'adresse et de l'agilité, incompatibles avec le ventre. Le cas des femmes est un peu différent. Est-ce pas votre avis, Corbelle?

Corbelle fut perplexe, la duchesse étant forte, et sa propre femme plus que mince! Mais la baronne vint au secours de son mari, et résolument se prononça pour la sveltesse. L'année d'avant, elle avait dû lutter contre un commencement d'embonpoint, qu'elle domina très vite.

Mme de Guilleroy demanda :

— Dites comment vous avez fait?

Et la baronne expliqua la méthode employée par toutes les femmes élégantes du jour. On ne buvait pas en mangeant. Une heure après le repas seulement, on se permettait une tasse de thé, très chaud, brûlant. Cela réussissait à tout le monde. Elle cita des exemples étonnants de grosses femmes devenues, en trois mois, plus fines que des lames de couteau. La duchesse exaspérée s'écria :

— Dieu! que c'est bête de se torturer ainsi! Vous n'aimez rien, mais rien, pas même le champagne. Voyons, Bertin, vous qui êtes artiste, qu'en pensez-vous?

— Mon Dieu, Madame, je suis peintre, je drape, ça m'est égal! Si j'étais sculpteur, je me plaindrais.

— Mais vous êtes homme, que préférez-vous?

— Moi?... une... élégance un peu nourrie, ce que ma cuisinière appelle un bon petit poulet de grain. Il n'est pas gras, il est plein et fin.

La comparaison fit rire; mais la comtesse incrédule regardait sa fille et murmurait :

— Non, c'est très gentil d'être maigre, les femmes qui restent maigres ne vieillissent pas.

Ce point-là fut encore discuté et partagea la société. Tout le monde, cependant, se trouva à peu près d'accord sur ceci : qu'une personne très grasse ne devait pas maigrir trop vite.

Cette observation donna lieu à une revue des femmes connues dans le monde et à de nouvelles contestations sur leur grâce, leur chic et leur beauté. Musadieu jugeait la blonde marquise de Lochrist incomparablement charmante, tandis que Bertin estimait sans rivale Mme Mandelière, brune, avec son front bas, ses yeux sombres et sa bouche un peu grande, où ses dents semblaient luire.

Il était assis à côté de la jeune fille, et, tout à coup, se tournant vers elle :

— Écoute bien, Nanette. Tout ce que nous disons là, tu l'entendras répéter au moins une fois par semaine, jusqu'à ce que tu sois vieille. En huit jours tu sauras par cœur tout ce qu'on pense dans le monde, sur la politique, les femmes, les pièces de théâtre et le reste. Il n'y aura qu'à changer les noms des gens ou les titres des œuvres de temps en temps. Quand tu nous auras tous entendus exposer et défendre notre opinion, tu choisiras paisiblement la tienne parmi celles qu'on doit avoir, et puis tu n'auras plus besoin de penser à rien, jamais ; tu n'auras qu'à te reposer.

La petite, sans répondre, leva sur lui un œil malin, où vivait une intelligence jeune, alerte, tenue en laisse et prête à partir.

Mais la duchesse et Musadieu, qui jouaient aux

idées comme on joue à la balle, sans s'apercevoir qu'ils se renvoyaient toujours les mêmes, protestèrent au nom de la pensée et de l'activité humaines.

Alors Bertin s'efforça de démontrer combien l'intelligence des gens du monde, même les plus instruits, est sans valeur, sans nourriture et sans portée, combien leurs croyances sont pauvrement fondées, leur attention aux choses de l'esprit faible et indifférente, leurs goûts sautillants et douteux.

Saisi par un de ces accès d'indignation à moitié vrais, à moitié factices, que provoque d'abord le désir d'être éloquent, et qu'échauffe tout à coup un jugement clair, ordinairement obscurci par la bienveillance, il montra comment les gens qui ont pour unique occupation dans la vie de faire des visites et de dîner en ville, se trouvent devenir, par une irrésistible fatalité, des êtres légers et gentils, mais banals, qu'agitent vaguement des soucis, des croyances et des appétits superficiels.

Il montra que rien chez eux n'est profond, ardent, sincère, que leur culture intellectuelle étant nulle, et leur érudition un simple vernis, ils demeurent, en somme, des mannequins qui donnent l'illusion et font les gestes d'êtres d'élite qu'ils ne sont pas. Il prouva que les frêles racines de leurs instincts ayant poussé dans les conventions, et non dans les réalités, ils n'aiment rien véritablement, que le luxe même de leur existence est une satisfaction de vanité et non l'apaisement d'un besoin raffiné de leur corps, car on mange mal chez eux, on y boit de mauvais vins, payés fort cher.

— Ils vivent, disait-il, à côté de tout, sans rien voir et rien pénétrer ; à côté de la science qu'ils ignorent ; à côté de la nature qu'ils ne savent pas regarder ; à côté du bonheur, car ils sont impuissants à jouir ardemment de rien ; à côté de la beauté du monde ou de la beauté de l'art, dont ils parlent sans l'avoir découverte, et même sans y croire, car ils ignorent l'ivresse de goûter aux joies de la vie et de l'intelligence. Ils sont incapables de s'attacher à une chose jusqu'à l'aimer uniquement, de s'intéresser à rien jusqu'à être illuminés par le bonheur de comprendre.

Le baron de Corbelle crut devoir prendre la défense de la bonne compagnie.

Il le fit avec des arguments inconsistants et irréfutables, de ces arguments qui fondent devant la raison comme la neige au feu, et qu'on ne peut saisir, des arguments absurdes et triomphants de curé de campagne qui démontre Dieu. Il compara, pour finir, les gens du monde aux chevaux de course qui ne servent à rien, à vrai dire, mais qui sont la gloire de la race chevaline.

Bertin, gêné devant cet adversaire, gardait maintenant un silence dédaigneux et poli. Mais, soudain, la bêtise du baron l'irrita, et interrompant adroitement son discours, il raconta, du lever jusqu'au coucher, sans rien omettre, la vie d'un homme bien élevé.

Tous les détails finement saisis dessinaient une silhouette irrésistiblement comique. On voyait le monsieur habillé par son valet de chambre, exprimant d'abord au coiffeur qui le venait raser quelques idées générales, puis, au moment de la promenade matinale, interrogeant les palefreniers sur la santé des chevaux, puis trottant par les allées du bois, avec l'unique souci de saluer et d'être salué, puis déjeunant en face de sa femme, sortie en coupé de son côté, et ne lui parlant que pour énumérer le nom des personnes aperçues le matin, puis allant jusqu'au soir, de salon en salon, se retremper l'intelligence dans le commerce de ses semblables, et dînant chez un prince où était discutée l'attitude de l'Europe, pour finir ensuite la soirée au foyer de la danse, à l'Opéra, où ses timides prétentions de viveur étaient satisfaites innocemment par l'apparence d'un mauvais lieu.

Le portrait était si juste, sans que l'ironie en fût blessante pour personne, qu'un rire courait autour de la table.

La duchesse, secouée par une gaîté retenue de

grosse personne, avait dans la poitrine de petites secousses discrètes. Elle dit enfin :

— Non, vraiment, c'est trop drôle, vous me ferez mourir de rire.

Bertin, très excité, riposta :

— Oh! Madame, dans le monde on ne meurt pas de rire. C'est à peine si on rit. On a la complaisance, par bon goût, d'avoir l'air de s'amuser et de faire semblant de rire. On imite assez bien la grimace, on ne fait jamais la chose. Allez dans les théâtres populaires, vous verrez rire. Allez chez les bourgeois qui s'amusent, vous verrez rire jusqu'à la suffocation! Allez dans les chambrées de soldats, vous verrez des hommes étranglés, les yeux pleins de larmes, se tordre sur leur lit devant les farces d'un loustic. Mais dans nos salons on ne rit pas. Je vous dis qu'on fait le simulacre de tout, même du rire.

Musadieu l'arrêta :

— Permettez; vous êtes sévère! Vous-même, mon cher, il me semble pourtant que vous ne dédaignez pas ce monde que vous raillez si bien.

Bertin sourit.

— Moi, je l'aime.

— Mais alors?

— Je me méprise un peu comme un métis de race douteuse.

— Tout cela, c'est de la pose, dit la duchesse.

Et comme il se défendait de poser, elle termina la discussion en déclarant que tous les artistes aimaient à faire prendre aux gens des vessies pour des lanternes.

La conversation, alors, devint générale, effleura tout, banale et douce, amicale et discrète, et, comme le dîner touchait à sa fin, la comtesse, tout à coup, s'écria, en montrant ses verres pleins devant elle :

— Eh bien, je n'ai rien bu, rien, pas une goutte, nous verrons si je maigrirai.

La duchesse, furieuse, voulut la forcer à avaler une gorgée ou deux d'eau minérale ; ce fut en vain, et elle s'écria :

— Oh ! la sotte ! voilà que sa fille va lui tourner la tête. Je vous en prie, Guilleroy, empêchez votre femme de faire cette folie.

Le comte, en train d'expliquer à Musadieu le système d'une batteuse mécanique inventée en Amérique, n'avait pas entendu.

— Quelle folie, duchesse ?

— La folie de vouloir maigrir.

Il jeta sur sa femme un regard bienveillant et indifférent.

— C'est que je n'ai pas pris l'habitude de la contrarier.

La comtesse s'était levée en prenant le bras de son voisin ; le comte offrit le sien à la duchesse, et on passa dans le grand salon, le boudoir du fond étant réservé aux réceptions de la journée.

C'était une pièce très vaste et très claire. Sur les quatre murs, de larges et beaux panneaux de soie bleu pâle à dessins anciens enfermés en des encadrements blancs et or prenaient sous la lumière des lampes et du lustre une teinte lunaire douce et vive. Au milieu du principal, le portrait de la comtesse par Olivier Bertin semblait habiter, animer l'appartement. Il y était chez lui, mêlait à l'air même du salon son sourire de jeune femme, la grâce de son regard, le charme léger de ses cheveux blonds. C'était d'ailleurs presque un usage, une sorte de pratique d'urbanité, comme le signe de croix en entrant dans les églises, de complimenter le modèle sur l'œuvre du peintre chaque fois qu'on s'arrêtait devant.

Musadieu n'y manquait jamais. Son opinion de connaisseur commissionné par l'État ayant une valeur d'expertise légale, il se faisait un devoir d'affirmer souvent, avec conviction, la supériorité de cette peinture.

— Vraiment, dit-il, voilà le plus beau portrait moderne que je connaisse. Il y a là dedans une vie prodigieuse.

Le comte de Guilleroy, chez qui l'habitude d'entendre vanter cette toile avait enraciné la conviction qu'il possédait un chef-d'œuvre, s'approcha pour renchérir, et, pendant une minute ou deux, ils accumulèrent toutes les formules usitées et techniques pour célébrer les qualités apparentes et intentionnelles de ce tableau.

Tous les yeux, levés vers le mur, semblaient ravis d'admiration, et Olivier Bertin, accoutumé à ces éloges, auxquels il ne prêtait guère plus d'attention qu'on ne fait aux questions sur la santé, après une rencontre dans la rue, redressait cependant la lampe à réflecteur placée devant le portrait pour l'éclairer, le domestique l'ayant posée, par négligence, un peu de travers.

Puis on s'assit, et le comte s'étant approché de la duchesse, elle lui dit :

— Je crois que mon neveu va venir me chercher et vous demander une tasse de thé.

Leurs désirs, depuis quelque temps, s'étaient rencontrés et devinés, sans qu'ils se les fussent encore confiés, même par des sous-entendus.

Le frère de la duchesse de Mortemain, le marquis de Farandal, après s'être presque entièrement ruiné au jeu, était mort d'une chute de cheval, en laissant une veuve et un fils. Agé maintenant de vingt-huit ans, ce jeune homme, un des plus convoités meneurs de cotillon d'Europe, car on le faisait venir parfois à Vienne et à Londres pour couronner par des tours de valse des bals princiers, bien qu'à peu près sans fortune, demeurait par sa situation, par sa famille, par son nom, par ses parentés presque royales, un des hommes les plus recherchés et les plus enviés de Paris.

Il fallait affermir cette gloire trop jeune, dansante et sportive, et après un mariage riche, très riche, remplacer les succès mondains par des succès politiques. Dès qu'il serait député, le marquis deviendrait, par ce seul fait, une des colonnes du trône futur, un des conseillers du roi, un des chefs du parti.

La duchesse, bien renseignée, connaissait l'énorme fortune du comte de Guilleroy, thésauriseur prudent logé dans un simple appartement quand il aurait pu vivre en grand seigneur dans un des plus beaux hôtels de Paris. Elle savait ses spéculations toujours heureuses, son flair subtil de financier, sa participation aux affaires les plus fructueuses lancées depuis dix ans, et elle avait eu la pensée de faire épouser à son neveu la fille du député normand à qui ce mariage donnerait une influence prépondérante dans la société aristocratique de l'entourage des princes. Guilleroy, qui avait fait un mariage riche et multiplié par son adresse une belle fortune personnelle, couvait maintenant d'autres ambitions.

Il croyait au retour du roi et voulait, ce jour-là, être en mesure de profiter de cet événement de la façon la plus complète.

Simple député, il ne comptait pas pour grand'-chose. Beau-père du marquis de Farandal, dont les aïeux avaient été les familiers fidèles et préférés de la maison royale de France, il montait au premier rang.

L'amitié de la duchesse pour sa femme prêtait en outre à cette union un caractère d'intimité très précieux, et par crainte qu'une autre jeune fille se rencontrât qui plût subitement au marquis, il avait fait revenir la sienne afin de hâter les événements.

Mme de Mortemain, pressentant ses projets et les devinant, y prêtait une complicité silencieuse, et, ce jour-là même, bien qu'elle n'eût pas été prévenue du brusque retour de la jeune fille, elle avait engagé son neveu à venir chez les Guilleroy, afin de l'habituer, peu à peu, à entrer souvent dans cette maison.

Pour la première fois, le comte et la duchesse parlèrent à mots couverts de leurs désirs, et en se quittant, un traité d'alliance était conclu.

On riait à l'autre bout du salon. M. de Musadieu racontait à la baronne de Corbelle la présentation d'une ambassade nègre au Président de la République, quand le marquis de Farandal fut annoncé.

Il parut sur la porte et s'arrêta. Par un geste du bras rapide et familier, il posa un monocle sur son œil droit, et l'y laissa comme pour reconnaître le salon où il pénétrait, mais pour donner, peut-être, aux gens qui s'y trouvaient, le temps de le voir, et pour marquer son entrée. Puis, par un imperceptible mouvement de la joue et du sourcil, il laissa retomber le morceau de verre au bout d'un cheveu de soie noire, et s'avança vivement vers Mme de Guilleroy dont il baisa la main tendue, en s'inclinant très bas. Il en fit autant pour sa tante, puis il salua en serrant les autres mains, allant de l'un à l'autre avec une élégante aisance.

C'était un grand garçon à moustaches rousses, un peu chauve déjà, taillé en officier, avec des allures anglaises de sportsman. On sentait, à le voir, un de ces hommes dont tous les membres sont plus exercés que la tête, et qui n'ont d'amour que pour les choses où se développent la force et l'activité physiques. Il était instruit pourtant, car il avait appris et il apprenait encore chaque jour, avec une grande tension d'esprit, tout ce qu'il lui serait utile de savoir plus tard : l'histoire, en s'acharnant sur les dates et en se méprenant sur les enseignements des faits, et les notions élémentaires d'économie politique nécessaires à un député, l'A B C de la sociologie à l'usage des classes dirigeantes.

Musadieu l'estimait, disant : « Ce sera un homme

de valeur. » Bertin appréciait son adresse et sa vigueur. Ils allaient à la même salle d'armes, chassaient ensemble souvent, et se rencontraient à cheval dans les allées du bois. Entre eux était donc née une sympathie de goûts communs, cette franc-maçonnerie instinctive que crée entre deux hommes un sujet de conversation tout trouvé, agréable à l'un comme à l'autre.

Quand on présenta le marquis à Annette de Guilleroy, il eut brusquement le soupçon des combinaisons de sa tante, et, après s'être incliné, il la parcourut d'un regard rapide d'amateur.

Il la jugea gentille, et surtout pleine de promesses, car il avait tant conduit de cotillons qu'il s'y connaissait en jeunes filles et pouvait prédire presque à coup sûr l'avenir de leur beauté, comme un expert qui goûte un vin trop vert.

Il échangea seulement avec elle quelques phrases insignifiantes, puis s'assit auprès de la baronne de Corbelle, afin de potiner à mi-voix.

On se retira de bonne heure, et quand tout le monde fut parti, l'enfant couchée, les lampes éteintes, les domestiques remontés en leurs chambres, le comte de Guilleroy, marchant à travers le salon, éclairé seulement par deux bougies, retint longtemps la comtesse ensommeillée sur un fauteuil, pour développer ses espérances, détailler l'attitude à garder, prévoir toutes les combinaisons, les chances et les précautions à prendre.

Il était tard quand il se retira, ravi d'ailleurs de sa soirée, et murmurant :

— Je crois bien que c'est une affaire faite.

III

« *Quand viendrez-vous, mon ami? Je ne vous ai pas aperçu depuis trois jours, et cela me semble long. Ma fille m'occupe beaucoup, mais vous savez que je ne peux plus me passer de vous.* »

Le peintre, qui crayonnait des esquisses, cherchant toujours un sujet nouveau, relut le billet de la comtesse, puis ouvrant le tiroir d'un secrétaire, il l'y déposa sur un amas d'autres lettres entassées là depuis le début de leur liaison.

Ils s'étaient accoutumés, grâce aux facilités de la vie mondaine, à se voir presque chaque jour. De temps en temps, elle venait chez lui, et le laissant travailler, s'asseyait pendant une heure ou deux dans le fauteuil où elle avait posé jadis. Mais comme elle craignait un peu les remarques des domestiques, elle préférait pour ces rencontres quotidiennes, pour cette petite monnaie de l'amour, le recevoir chez elle, ou le retrouver dans un salon.

On arrêtait un peu d'avance ces combinaisons, qui semblaient toujours naturelles à M. de Guilleroy.

Deux fois par semaine au moins le peintre dînait chez la comtesse avec quelques amis; le lundi, il la saluait régulièrement dans sa loge à l'Opéra; puis ils se donnaient rendez-vous dans telle ou telle maison, où le hasard les amenait à la même heure. Il savait les soirs où elle ne sortait pas, et il entrait alors prendre une tasse de thé chez elle, se sentant chez lui près de sa robe, si tendrement et si sûrement logé dans cette affection mûrie, si capturé par l'habitude de la trouver quelque part, de passer à côté d'elle quelques instants, d'échanger quelques paroles, de mêler quelques pensées, qu'il éprouvait, bien que la flamme vive de sa tendresse fût depuis longtemps apaisée, un besoin incessant de la voir.

Le désir de la famille, d'une maison animée, habitée, du repas en commun, des soirées où l'on cause sans fatigue avec des gens depuis longtemps connus, ce désir du contact, du coudoiement, de l'intimité qui sommeille en tout cœur humain, et que tout vieux garçon promène, de porte en porte, chez ses amis où il installe un peu de lui, ajoutait une force d'égoïsme à ses sentiments d'affection.

Dans cette maison où il était aimé, gâté, où il trouvait tout, il pouvait encore reposer et dorloter sa solitude.

Depuis trois jours il n'avait pas revu ses amis, que le retour de leur fille devait agiter beaucoup, et il s'ennuyait déjà, un peu fâché même qu'ils ne l'eussent point appelé plus tôt, et mettant une certaine discrétion à ne les point solliciter le premier.

La lettre de la comtesse le souleva comme un coup de fouet. Il était trois heures de l'après-midi. Il se décida immédiatement à se rendre chez elle pour la trouver avant qu'elle sortît.

Le valet de chambre parut, appelé par un coup de sonnette.

— Quel temps, Joseph ?

— Très beau, Monsieur.

— Chaud.

— Oui, Monsieur.

— Gilet blanc, jaquette bleue, chapeau gris.

Il avait toujours une tenue très élégante ; mais bien qu'il fût habillé par un tailleur au style correct, la façon seule dont il portait ses vêtements, dont il marchait, le ventre sanglé dans un gilet blanc, le chapeau de feutre gris, haut de forme, un peu rejeté en arrière, semblait révéler tout de suite qu'il était artiste et célibataire.

Quand il arriva chez la comtesse, on lui dit

qu'elle se préparait à faire une promenade au bois. Il fut mécontent et attendit.

Selon son habitude, il se mit à marcher à travers le salon, allant d'un siège à l'autre ou des fenêtres aux murs, dans la grande pièce assombrie par les rideaux. Sur les tables légères, aux pieds dorés, des bibelots de toutes sortes, inutiles, jolis et coûteux, traînaient dans un désordre cherché. C'étaient de petites boîtes anciennes en or travaillé, des tabatières à miniatures, des statuettes d'ivoire, puis des objets en argent mat tout à fait modernes, d'une drôlerie sévère, où apparaissait le goût anglais : un minuscule poêle de cuisine, et dessus, un chat buvant dans une casserole, un étui à cigarettes, simulant un gros pain, une cafetière pour mettre des allumettes, et puis dans un écrin toute une parure de poupée, colliers, bracelets, bagues, broches, boucles d'oreilles avec des brillants, des saphirs, des rubis, des émeraudes, microscopique fantaisie qui semblait exécutée par des bijoutiers de Lilliput.

De temps en temps, il touchait un objet, donné par lui, à quelque anniversaire, le prenait, le maniait, l'examinait avec une indifférence rêvassante, puis le remettait à sa place.

Dans un coin, quelques livres rarement ouverts, reliés avec luxe, s'offraient à la main sur un guéridon porté par un seul pied, devant un petit canapé de forme ronde. On voyait aussi sur ce meuble la *Revue des Deux Mondes*, un peu fripée, fatiguée, avec des pages cornées, comme si on l'avait lue et relue, puis d'autres publications non coupées, les *Arts modernes*, qu'on doit recevoir uniquement à cause du prix, l'abonnement coûtant quatre cents francs par an, et la *Feuille libre*, mince plaquette à couverture bleue, où se répandent les poètes les plus récents qu'on appelle les « Énervés ».

Entre les fenêtres, le bureau de la comtesse, meuble coquet du dernier siècle, sur lequel elle écrivait les réponses aux questions pressées apportées pendant les réceptions. Quelques ouvrages encore sur ce bureau, les livres familiers, enseigne de l'esprit et du cœur de la femme : *Musset, Manon Lescaut, Werther;* et, pour montrer qu'on n'était pas étranger aux sensations compliquées et aux mystères de la psychologie, *les Fleurs du mal, le Rouge et le Noir, la Femme au* xviiie *siècle, Adolphe*.

A côté des volumes, un charmant miroir à main, chef-d'œuvre d'orfèvrerie, dont la glace était retournée sur un carré de velours brodé, afin qu'on pût admirer sur le dos un curieux travail d'or et d'argent.

Bertin le prit et se regarda dedans. Depuis quelques années il vieillissait terriblement, et bien qu'il jugeât son visage plus original qu'autrefois, il commençait à s'attrister du poids de ses joues et des plissures de sa peau.

Une porte s'ouvrit derrière lui.

— Bonjour, Monsieur Bertin, disait Annette.

— Bonjour, petite, tu vas bien?

— Très bien, et vous?

— Comment, tu ne me tutoies pas, décidément.

— Non, vrai, ça me gêne.

— Allons donc!

— Oui, ça me gêne. Vous m'intimidez.

— Pourquoi ça?

— Parce que... parce que vous n'êtes ni assez jeune ni assez vieux!...

Le peintre se mit à rire.

— Devant cette raison, je n'insiste point.

Elle rougit tout à coup, jusqu'à la peau blanche où poussent les premiers cheveux, et reprit, confuse :

— Maman m'a chargée de vous dire qu'elle descendait tout de suite, et de vous demander si vous vouliez venir au bois de Boulogne avec nous.

— Oui, certainement. Vous êtes seules?

— Non, avec la duchesse de Mortemain.

— Très bien, j'en suis.

— Alors, vous permettez que j'aille mettre mon chapeau?

— Va, mon enfant!

Comme elle sortait, la comtesse entra, voilée, prête à partir. Elle tendit ses mains.

— On ne vous voit plus? Qu'est-ce que vous faites?

— Je ne voulais pas vous gêner en ce moment.

Dans la façon dont elle prononça « Olivier », elle mit tous ses reproches et tout son attachement.

— Vous êtes la meilleure femme du monde, dit-il, ému par l'intonation de son nom.

Cette petite querelle de cœur finie et arrangée, elle reprit sur le ton des causeries mondaines :

— Nous allons aller chercher la duchesse à son hôtel, et puis, nous ferons un tour de bois. Il va falloir montrer tout ça à Nanette.

Le landau attendait sous la porte cochère.

Bertin s'assit en face des deux femmes, et la voiture partit au milieu du bruit des chevaux piaffant sous la voûte sonore.

Le long du grand boulevard descendant vers la Madeleine toute la gaîté du printemps nouveau semblait tombée du ciel sur les vivants.

L'air tiède et le soleil donnaient aux hommes des airs de fête, aux femmes des airs d'amour, faisaient cabrioler les gamins et les marmitons blancs qui avaient déposé leurs corbeilles sur les bancs pour courir et jouer avec leurs frères, les jeunes voyous. Les chiens semblaient pressés; les serins des concierges s'égosillaient; seules les vieilles rosses attelées aux fiacres allaient toujours de leur allure accablée, de leur trot de moribonds.

La comtesse murmura :

— Oh ! le beau jour, qu'il fait bon vivre !

Le peintre, sous la grande lumière, les contemplait l'une auprès de l'autre, la mère et la fille. Certes, elles étaient différentes, mais si pareilles en même temps que celle-ci était bien la continuation de celle-là, faite du même sang, de la même chair, animée de la même vie. Leurs yeux surtout, ces yeux bleus éclaboussés de gouttelettes noires, d'un bleu si frais chez la fille, un peu décoloré chez la mère, fixaient si bien sur lui le même regard, quand il leur parlait, qu'il s'attendait à les entendre lui répondre les mêmes choses. Et il était un peu surpris de constater, en les faisant rire et bavarder, qu'il y avait devant lui deux femmes très distinctes, une qui avait vécu et une qui allait vivre. Non, il ne prévoyait pas ce que deviendrait cette enfant, quand sa jeune intelligence, influencée par des goûts et des instincts encore endormis, aurait poussé, se serait ouverte au milieu des événements du monde. C'était une jolie petite personne nouvelle, prête aux hasards et à l'amour, ignorée et ignorante, qui sortait du port comme un navire, tandis que sa mère y revenait, ayant traversé l'existence et aimé !

Il fut attendri à la pensée que c'était lui qu'elle

avait choisi et qu'elle préférait encore, cette femme toujours jolie, bercée en ce landau, dans l'air tiède du printemps.

Comme il lui jetait sa reconnaissance dans un regard, elle le devina, et il crut sentir un remerciement dans un frôlement de sa robe.

A son tour, il murmura :

— Oh ! oui, quel beau jour !

Quand on eut pris la duchesse, rue de Varenne, ils filèrent vers les Invalides, traversèrent la Seine et gagnèrent l'avenue des Champs-Élysées, en montant vers l'Arc de Triomphe de l'Étoile, au milieu d'un flot de voitures.

La jeune fille s'était assise près d'Olivier, à reculons, et elle ouvrait, sur ce fleuve d'équipages, des yeux avides et naïfs. De temps en temps, quand la duchesse et la comtesse accueillaient un salut d'un court mouvement de tête, elle demandait : « Qui est-ce ? » Il nommait « les Pontaiglin », ou « les Puicelci », ou « la comtesse de Lochrist », ou « la belle Mme Mandelière ».

On suivait à présent l'avenue du Bois de Boulogne, au milieu du bruit et de l'agitation des roues. Les équipages, un peu moins serrés qu'avant l'Arc de Triomphe, semblaient lutter dans une course sans fin. Les fiacres, les landaus lourds, les huit-ressorts solennels se dépassaient tour à tour, distancés soudain par une victoria rapide, attelée d'un seul trotteur, emportant avec une vitesse folle, à travers toute cette foule roulante, bourgeoise ou aristocrate, à travers tous les mondes, toutes les classes, toutes les hiérarchies, une femme jeune, indolente, dont la toilette claire et hardie jetait aux voitures qu'elle frôlait un étrange parfum de fleur inconnue.

— Cette dame-là, qui est-ce? demandait Annette.

— Je ne sais pas, répondait Bertin, tandis que la duchesse et la comtesse échangeaient un sourire.

Les feuilles poussaient, les rossignols familiers de ce jardin parisien chantaient déjà dans la jeune verdure, et quand on eut pris la file au pas, en approchant du lac, ce fut de voiture à voiture un échange incessant de saluts, de sourires et de paroles aimables, lorsque les roues se touchaient. Cela, maintenant, avait l'air du glissement d'une flotte de barques où étaient assis des dames et des messieurs très sages. La duchesse, dont la tête à tout instant se penchait devant les chapeaux levés ou les fronts inclinés, paraissait passer une revue et se remémorer ce qu'elle savait, ce qu'elle pensait et ce qu'elle supposait des gens, à mesure qu'ils défilaient devant elle.

— Tiens, petite, revoici la belle Mme Mandelière, la beauté de la République.

Dans une voiture légère et coquette, la beauté

de la République laissait admirer, sous une apparente indifférence pour cette gloire indiscutée, ses grands yeux sombres, son front bas sous un casque de cheveux noirs, et sa bouche volontaire, un peu trop forte.

— Très belle tout de même, dit Bertin.

La comtesse n'aimait pas l'entendre vanter d'autres femmes. Elle haussa doucement les épaules et ne répondit rien.

Mais la jeune fille, chez qui s'éveilla soudain l'instinct des rivalités, osa dire :

— Moi, je ne trouve point.

Le peintre se retourna.

— Quoi, tu ne la trouves point belle?

— Non, elle a l'air trempée dans l'encre.

La duchesse riait, ravie.

— Bravo, petite, voilà six ans que la moitié des hommes de Paris se pâme devant cette négresse ! Je crois qu'ils se moquent de nous. Tiens, regarde plutôt la comtesse de Lochrist.

Seule dans un landau avec un caniche blanc, la comtesse, fine comme une miniature, une blonde aux yeux bruns, dont les lignes délicates, depuis cinq ou six ans également, servaient de thème aux exclamations de ses partisans, saluait, un sourire fixé sur la lèvre.

Mais Nanette ne se montra pas encore enthousiaste.

— Oh! fit-elle, elle n'est plus bien fraîche.

Bertin, qui d'ordinaire dans les discussions quotidiennement revenues sur ces deux rivales, ne soutenait point la comtesse, se fâcha soudain de cette intolérance de gamine.

— Bigre, dit-il, qu'on l'aime plus ou moins, elle est charmante, et je te souhaite de devenir aussi jolie qu'elle.

— Laissez donc, reprit la duchesse, vous remarquez seulement les femmes quand elles ont passé trente ans. Elle a raison, cette enfant, vous ne les vantez que défraîchies.

Il s'écria :

— Permettez, une femme n'est vraiment belle que tard, lorsque toute son expression est sortie.

Et développant cette idée que la première fraîcheur n'est que le vernis de la beauté qui mûrit, il prouva que les hommes du monde ne se trompent pas en faisant peu d'attention aux jeunes femmes dans tout leur éclat, et qu'ils ont raison de ne les proclamer « belles » qu'à la dernière période de leur épanouissement.

La comtesse, flattée, murmurait :

— Il est dans le vrai, il juge en artiste. C'est très gentil, un jeune visage, mais toujours un peu banal.

Et le peintre insista, indiquant à quel moment une figure, perdant peu à peu la grâce indécise de la jeunesse, prend sa forme définitive, son caractère, sa physionomie.

Et, à chaque parole, la comtesse faisait « oui » d'un petit balancement de tête convaincu ; et plus il affirmait, avec une chaleur d'avocat qui plaide, avec une animation de suspect qui soutient sa cause, plus elle l'approuvait du regard et du geste, comme s'ils se fussent alliés pour se soutenir contre un danger, pour se défendre contre une opinion menaçante et fausse. Annette ne les écoutait guère, tout occupée à regarder. Sa figure souvent rieuse était devenue grave, et elle ne disait plus rien, étourdie de joie dans ce mouvement. Ce soleil, ces feuilles, ces voitures, cette belle vie riche et gaie, tout cela c'était pour elle.

Tous les jours, elle pourrait venir ainsi, connue à son tour, saluée, enviée ; et des hommes, en la montrant, diraient peut-être qu'elle était belle. Elle cherchait ceux et celles qui lui paraissaient les plus élégants, et demandait toujours leurs noms, sans s'occuper d'autre chose que de ces syllabes assemblées qui, parfois, éveillaient en elle un écho de respect et d'admiration, quand elle les avait lues souvent dans les journaux ou dans l'histoire. Elle ne s'accoutumait pas à ce défilé de célébrités, et ne pouvait même croire tout à fait qu'elles fussent vraies, comme si elle eût assisté à quelque représentation. Les fiacres lui inspiraient un mépris mêlé de dégoût, la gênaient et l'irritaient, et elle dit soudain :

— Je trouve qu'on ne devrait laisser venir ici que les voitures de maître.

Bertin répondit :

— Eh bien, Mademoiselle, que fait-on de l'égalité, de la liberté et de la fraternité?

Elle eut une moue qui signifiait « à d'autres » et reprit :

— Il y aurait un bois pour les fiacres, celui de Vincennes, par exemple.

— Tu retardes, petite, et tu ne sais pas encore que nous nageons en pleine démocratie. D'ailleurs, si tu veux voir le bois pur de tout mélange, viens le matin, tu n'y trouveras que la fleur, la fine fleur de la société.

Et il fit un tableau, un de ceux qu'il peignait si bien, du bois matinal avec ses cavaliers et ses amazones, de ce club des plus choisis où tout le monde se connaît par ses noms, petits noms, parentés, titres, qualités et vices, comme si tous vivaient dans le même quartier ou dans la même petite ville.

— Y venez-vous souvent? dit-elle.

— Très souvent; c'est vraiment ce qu'il y a de plus charmant à Paris.

— Vous montez à cheval, le matin!

— Mais oui.

— Et puis, l'après-midi, vous faites des visites?
— Oui.
— Alors, quand est-ce que vous travaillez?
— Mais je travaille... quelquefois, et puis j'ai choisi une spécialité suivant mes goûts! Comme je suis peintre de belles dames, il faut bien que je les voie et que je les suive un peu partout.

Elle murmura, toujours sans rire :
— A pied et à cheval?

Il jeta vers elle un regard oblique et satisfait, qui semblait dire : Tiens, tiens, déjà de l'esprit, tu seras très bien, toi.

Un souffle d'air froid passa, venu de très loin, de la grande campagne à peine éveillée encore; et le bois entier frémit, ce bois coquet, frileux et mondain.

Pendant quelques secondes ce frisson fit trembler les maigres feuilles sur les arbres et les étoffes sur les épaules. Toutes les femmes, d'un mouvement presque pareil, ramenèrent sur leurs bras et sur leur gorge le vêtement tombé derrière elles; et les chevaux se mirent à trotter d'un bout à l'autre de l'allée, comme si la brise aigre, qui accourait, les eût fouettés en les touchant.

On rentra vite au milieu d'un bruit argentin de gourmettes secouées, sous une ondée oblique et rouge du soleil couchant.

— Est-ce que vous retournez chez vous? dit la

comtesse au peintre, dont elle savait toutes les habitudes.

— Non, je vais au Cercle.

— Alors, nous vous déposons en passant?

— Ça me va, merci bien.

— Et quand nous invitez-vous à déjeuner avec la duchesse?

— Dites votre jour?

Ce peintre attitré des Parisiennes, que ses admirateurs avaient baptisé « un Watteau réaliste » et que ses détracteurs appelaient « photographe de robes et manteaux », recevait souvent, soit à déjeuner, soit à dîner, les belles personnes dont il avait reproduit les traits, et d'autres encore, toutes les célèbres, toutes les connues, qu'amusaient beaucoup ces petites fêtes dans un hôtel de garçon.

— Après-demain! Ça vous va-t-il, après-demain, ma chère duchesse? demanda Mme de Guilleroy.

— Mais oui, vous êtes charmante! M. Bertin ne pense jamais à moi, pour ces parties-là. On voit bien que je ne suis plus jeune.

La comtesse, habituée à considérer la maison de l'artiste un peu comme la sienne, reprit :

— Rien que nous quatre, les quatre du landau, la duchesse, Annette, moi et vous, n'est-ce pas, grand artiste?

— Rien que nous, dit-il en descendant, et je vous ferai faire des écrevisses à l'alsacienne.

— Oh! vous allez donner des passions à la petite.

Il saluait, debout à la portière, puis il entra vivement dans le vestibule de la grande porte du Cercle, jeta son pardessus et sa canne à la compagnie de valets de pied qui s'étaient levés comme des soldats au passage d'un officier, puis il monta le large escalier, passa devant une autre brigade de domestiques en culottes courtes, poussa une porte et se sentit soudain alerte comme un jeune homme en entendant, au bout du couloir, un bruit continu de fleurets heurtés, d'appels de pied, d'exclamations lancées par des voix fortes : Touché. — A moi. — Passé. — J'en ai. — Touché. — A vous.

Dans la salle d'armes, les tireurs, vêtus de toile grise, avec leur veste de peau, leurs pantalons serrés aux chevilles, une sorte de tablier tombant sur le ventre, un bras en l'air, la main repliée, et dans l'autre main rendue énorme par le gant, le mince et souple fleuret, s'allongeaient et se redressaient avec une brusque souplesse de pantins mécaniques.

D'autres se reposaient, causaient, encore essoufflés, rouges, en sueur, un mouchoir à la main pour éponger leur front et leur cou; d'autres, assis sur le divan carré qui faisait le tour de la grande salle, regardaient les assauts. Liverdy contre Landa, et le maître du Cercle, Taillade, contre le grand Rocdiane.

Bertin, souriant, chez lui, serrait les mains.

— Je vous retiens, lui cria le baron de Baverie.

— Je suis à vous, mon cher.

Et il passa dans le cabinet de toilette pour se déshabiller.

Depuis longtemps, il ne s'était senti aussi agile et vigoureux, et, devinant qu'il allait faire un excellent assaut, il se hâtait avec une impatience d'écolier qui va jouer. Dès qu'il eut devant lui son adversaire, il l'attaqua avec une ardeur extrême, et, en dix minutes, l'ayant touché onze fois, le fatigua si bien, que le baron demanda grâce. Puis il tira avec Punisimont et avec son confrère Amaury Maldant.

La douche froide, ensuite, glaçant sa chair haletante, lui rappela les bains de la vingtième année, quand il piquait des têtes dans la Seine, du haut des ponts de la banlieue, en plein automne, pour épater les bourgeois.

— Tu dînes ici? lui demandait Maldant.

— Oui.

— Nous avons une table avec Liverdy, Rocdiane et Landa, dépêche-toi, il est sept heures un quart.

La salle à manger, pleine d'hommes, bourdonnait.

Il y avait là tous les vagabonds nocturnes de Paris, des désœuvrés et des occupés, tous ceux qui, à partir de sept heures du soir, ne savent plus que faire et dînent au Cercle pour s'accrocher, grâce au hasard d'une rencontre, à quelque chose ou à quelqu'un.

Quand les cinq amis se furent assis, le banquier Liverdy, un homme de quarante ans, vigoureux et trapu, dit à Bertin :

— Vous étiez enragé, ce soir.

Le peintre répondit :

— Oui, aujourd'hui, je ferais des choses surprenantes.

Les autres sourirent, et le paysagiste Amaury Maldant, un petit maigre, chauve, avec une barbe grise, dit d'un air fin :

— Moi aussi, j'ai toujours un retour de sève en Avril ; ça me fait pousser quelques feuilles, une demi-douzaine au plus, puis ça coule en sentiment ; il n'y a jamais de fruits.

Le marquis de Rocdiane et le comte de Landa le plaignirent. Plus âgés que lui, tous deux, sans qu'aucun œil exercé pût fixer leur âge, hommes de cercle, de cheval et d'épée à qui les exercices incessants avaient fait des corps d'acier, ils se vantaient d'être plus jeunes, en tout, que les polissons énervés de la génération nouvelle.

Rocdiane, de bonne race, fréquentant tous les salons, mais suspect de tripotages d'argent de toute nature, ce qui n'était pas étonnant, disait Bertin, après avoir tant vécu dans les tripots, marié, séparé de sa femme qui lui payait une rente, administrateur de banques belges et portugaises, portait haut, sur sa figure énergique de Don Quichotte, un honneur un peu terni de gentilhomme à tout faire que nettoyait, de temps en temps, le sang d'une piqûre en duel.

Le comte de Landa, un bon colosse, fier de sa taille et de ses épaules, bien que marié et père de deux enfants, ne se décidait qu'à grand'peine à dîner chez lui trois fois par semaine, et restait au Cercle les autres jours, avec ses amis, après la séance de la salle d'armes.

— Le Cercle est une famille, disait-il, la famille de ceux qui n'en ont pas encore, de ceux qui n'en auront jamais et de ceux qui s'ennuient dans la leur.

La conversation, partie sur le chapitre femmes, roula d'anecdotes en souvenirs et de souvenirs en vanteries jusqu'aux confidences indiscrètes.

Le marquis de Rocdiane laissait soupçonner ses maîtresses par des indications précises, femmes du monde dont il ne disait pas les noms, afin de les faire mieux deviner. Le banquier Liverdy désignait les siennes par leurs prénoms. Il racontait : « J'étais au mieux, en ce moment-là, avec la femme d'un diplomate. Or, un soir, en la quittant, je lui dis : ma petite Marguerite... » Il s'arrêtait au milieu des sourires, puis reprenait : « Hein ! j'ai laissé échapper quelque chose. On devrait prendre l'habitude d'appeler toutes les femmes Sophie. »

Olivier Bertin, très réservé, avait coutume de déclarer, quand on l'interrogeait :

— Moi, je me contente de mes modèles.

On feignait de le croire, et Landa, un simple coureur de filles, s'exaltait à la pensée de tous les jolis morceaux qui trottent par les rues, et de toutes les jeunes personnes déshabillées devant le peintre, à dix francs l'heure.

A mesure que les bouteilles se vidaient, tous ces grisons, comme les appelaient les jeunes du Cercle, tous ces grisons, dont la face rougissait, s'allumaient, secoués de désirs réchauffés et d'ardeurs fermentées.

Rocdiane, après le café, tombait dans des indiscrétions plus véridiques, et oubliait les femmes du monde pour célébrer les simples cocottes.

— Paris, disait-il, un verre de kummel à la main, la seule ville où un homme ne vieillisse pas, la seule où, à cinquante ans, pourvu qu'il soit solide et bien conservé, il trouvera toujours une gamine de dix-huit ans, jolie comme un ange, pour l'aimer.

Landa, retrouvant son Rocdiane d'après les liqueurs, l'approuvait avec enthousiasme, énumérait les petites filles qui l'adoraient encore tous les jours.

Mais Liverdy, plus sceptique et prétendant savoir exactement ce que valent les femmes, murmurait :

— Oui, elles vous le disent, qu'elles vous adorent.

Landa riposta :

— Elles me le prouvent, mon cher.

— Ces preuves-là ne comptent pas.

— Elles me suffisent.

Rocdiane criait :

— Mais elles le pensent, sacrebleu ! Croyez-vous qu'une jolie petite gueuse de vingt ans, qui fait la fête depuis cinq ou six ans déjà, la fête à Paris, où toutes nos moustaches lui ont appris et gâté le goût des baisers, sait encore distinguer un homme de trente d'avec un homme de soixante ? Allons donc ! quelle blague ! Elle en a trop vu et trop connu. Tenez, je vous parie qu'elle aime mieux, au fond du cœur, mais vraiment mieux, un vieux banquier qu'un jeune gommeux. Est-ce qu'elle sait, est-ce qu'elle réfléchit à ça ? Est-ce que les hommes ont un âge, ici ? Eh ! mon cher, nous autres, nous rajeunissons en blanchissant, et plus nous blanchissons, plus on nous dit qu'on nous aime, plus on nous le montre et plus on le croit.

Ils se levèrent de table, congestionnés et fouettés par l'alcool, prêts à partir pour toutes les conquêtes, et ils commençaient à délibérer sur l'emploi de leur soirée. Bertin parlant du Cirque, Rocdiane de l'Hippodrome, Maldant de l'Éden et Landa des Folies-Bergère, quand un bruit de violons qu'on accorde, léger, lointain, vint jusqu'à eux.

— Tiens, il y a donc musique aujourd'hui au Cercle, dit Rocdiane.

— Oui, répondit Bertin, si nous y passions dix minutes avant de sortir?

— Allons.

Ils traversèrent un salon, la salle de billard, une salle de jeu, puis arrivèrent dans une sorte de loge dominant la galerie des musiciens. Quatre messieurs, enfoncés en des fauteuils, attendaient déjà d'un air recueilli, tandis qu'en bas, au milieu des rangs de sièges vides, une dizaine d'autres causaient, assis ou debout.

Le chef d'orchestre tapait sur le pupitre à petits coups de son archet : on commença.

Olivier Bertin adorait la musique ; comme on adore l'opium. Elle le faisait rêver.

Dès que le flot sonore des instruments l'avait touché, il se sentait emporté dans une sorte d'ivresse nerveuse qui rendait son corps et son intelligence incroyablement vibrants. Son imagination s'en allait comme une folle, grisée par les mélodies, à travers des songeries douces et d'agréables rêvasseries. Les yeux fermés, les jambes croisées, les bras mous, il écoutait les sons et voyait des choses qui passaient devant ses yeux et dans son esprit.

L'orchestre jouait une symphonie d'Haydn, et le peintre, dès qu'il eut baissé ses paupières sur son regard, revit le bois, la foule des voitures autour de lui, et, en face, dans le landau, la comtesse et sa fille. Il entendait leurs voix, suivait leurs paroles, sentait le mouvement de la voiture, respirait l'air plein d'odeur de feuilles.

Trois fois, son voisin, lui parlant, interrompit cette vision, qui recommença trois fois, comme recommence, après une traversée en mer, le roulis du bateau dans l'immobilité du lit.

Puis elle s'étendit, s'allongea en un voyage lointain, avec les deux femmes assises toujours devant lui, tantôt en chemin de fer, tantôt à la table d'hôtels étrangers. Durant toute la durée de l'exécution musicale, elles l'accompagnèrent ainsi, comme si elles avaient laissé, durant cette promenade au grand soleil, l'image de leurs deux visages empreinte au fond de son œil.

Un silence, puis un bruit de sièges remués et de voix chassèrent cette vapeur de songe, et il aperçut, sommeillant autour de lui, ses quatre amis en des postures naïves d'attention changée en sommeil.

Quand il les eut réveillés :

— Eh bien ! que faisons-nous maintenant? dit-il.

— Moi, répondit avec franchise Rocdiane, j'ai envie de dormir ici encore un peu.

— Et moi aussi, reprit Landa.

Bertin se leva :

— Eh bien, moi, je rentre, je suis un peu las.

Il se sentait, au contraire, fort animé, mais il désirait s'en aller, par crainte des fins de soirée qu'il connaissait si bien autour de la table de baccara du Cercle.

Il rentra donc, et, le lendemain, après une nuit de nerfs, une de ces nuits qui mettent les artistes dans cet état d'activité cérébrale baptisée inspiration, il se décida à ne pas sortir et à travailler jusqu'au soir.

Ce fut une journée excellente, une de ces journées de production facile, où l'idée semble descendre dans les mains et se fixer d'elle-même sur la toile.

Les portes closes, séparé du monde, dans la tranquillité de l'hôtel fermé pour tous, dans la paix amie de l'atelier, l'œil clair, l'esprit lucide, surexcité, alerte, il goûta ce bonheur donné aux seuls artistes d'enfanter leur œuvre dans l'allégresse. Rien n'existait plus pour lui, pendant ces heures de travail, que le morceau de toile où naissait une image sous la caresse de ses pinceaux, et il éprouvait, en ses crises de fécondité, une sensation étrange et bonne de vie abondante qui se grise et se répand. Le soir il était brisé comme après une saine fatigue, et il se coucha avec la pensée agréable de son déjeuner du lendemain.

La table fut couverte de fleurs, le menu très soigné pour Mme de Guilleroy, gourmande raffinée, et malgré une résistance énergique, mais courte, le peintre força ses convives à boire du champagne.

— La petite sera ivre ! disait la comtesse.

La duchesse indulgente répondait :

— Mon Dieu ! il faut bien l'être une première fois.

Tout le monde, en retournant dans l'atelier, se sentait un peu agité par cette gaîté légère qui soulève comme si elle faisait pousser des ailes aux pieds.

La duchesse et la comtesse, ayant une séance au comité des Mères françaises, devaient reconduire la jeune fille avant de se rendre à la Société, mais Bertin offrit de faire un tour à pied avec elle, en la ramenant boulevard Malesherbes ; et ils sortirent tous les deux.

— Prenons par le plus long, dit-elle.

— Veux-tu rôder dans le parc Monceau ? c'est

un endroit très gentil ; nous regarderons les mioches et les nourrices.

— Mais oui, je veux bien.

Ils franchirent, par l'avenue Vélasquez, la grille dorée et monumentale qui sert d'enseigne et d'entrée à ce bijou de parc élégant, étalant en plein Paris sa grâce factice et verdoyante, au milieu d'une ceinture d'hôtels princiers.

Le long des larges allées, qui déploient à travers les pelouses et les massifs leur courbe savante, une foule de femmes et d'hommes, assis sur des chaises de fer, regardent défiler les passants tandis que, par les petits chemins enfoncés sous les ombrages et serpentant comme des ruisseaux, un peuple d'enfants grouille dans le sable, court, saute à la corde sous l'œil indolent des nourrices ou sous le regard inquiet des mères. Les arbres énormes, arrondis en dôme comme des monuments de feuilles, les marronniers géants dont la lourde verdure est éclaboussée de grappes rouges ou blanches, les sycomores distingués, les platanes décoratifs avec leur tronc savamment tourmenté, ornent en des perspectives séduisantes les grands gazons onduleux.

Il fait chaud, les tourterelles roucoulent dans les feuillages et voisinent de cime en cime, tandis que les moineaux se baignent dans l'arc-en-ciel dont le soleil enlumine la poussière d'eau des arrosages égrenée sur l'herbe fine. Sur leurs socles, les statues blanches semblent heureuses dans cette fraîcheur verte. Un jeune garçon de marbre retire de son pied une épine introuvable, comme s'il s'était piqué tout à l'heure en courant après la Diane qui fuit là-bas vers le petit lac emprisonné dans les bosquets où s'abrite la ruine d'un temple.

D'autres statues s'embrassent, amoureuses et froides, au bord des massifs, ou bien rêvent, un genou dans la main. Une cascade écume et roule sur de jolis rochers. Un arbre, tronqué comme une colonne, porte un lierre; un tombeau porte une inscription. Les fûts de pierre dressés sur les gazons ne rappellent guère plus l'Acropole que cet élégant petit parc ne rappelle les forêts sauvages.

C'est l'endroit artificiel et charmant où les gens de ville vont contempler des fleurs élevées en des serres, et admirer, comme on admire au théâtre le spectacle de la vie, cette aimable représentation que donne, en plein Paris, la belle nature.

Olivier Bertin, depuis des années, venait presque chaque jour en ce lieu préféré, pour y regarder les Parisiennes se mouvoir en leur vrai cadre. « C'est un parc fait pour la toilette, disait-il ; les gens mal mis y font horreur. » Et il y rôdait pendant des heures, en connaissait toutes les plantes et tous les promeneurs habituels.

Il marchait à côté d'Annette, le long des allées,

l'œil distrait par la vie bariolée et remuante du jardin.

— Oh l'amour! cria-t-elle.

Elle contemplait un petit garçon à boucles blondes qui la regardait de ses yeux bleus, d'un air étonné et ravi.

Puis, elle passa une revue de tous les enfants; et le plaisir qu'elle avait à voir ces vivantes poupées enrubannées la rendait bavarde et communicative.

Elle marchait à petits pas, disait à Bertin ses remarques, ses réflexions sur les petits, sur les nourrices, sur les mères. Les enfants gros lui arrachaient des exclamations de joie, et les enfants pâles l'apitoyaient.

Il l'écoutait, amusé par elle plus que par les mioches, et sans oublier la peinture, murmurait : « C'est délicieux! » en songeant qu'il devrait faire un exquis tableau, avec un coin du parc et un bouquet de nourrices, de mères et d'enfants. Comment n'y avait-il pas songé?

— Tu aimes ces galopins-là? dit-il.

— Je les adore.

A la voir les regarder, il sentait qu'elle avait envie de les prendre, de les embrasser, de les manier, une envie matérielle et tendre de mère future; et il s'étonnait de cet instinct secret, caché en cette chair de femme.

Comme elle était disposée à parler, il l'interrogea sur ses goûts. Elle avoua des espérances de succès et de gloire mondaine avec une naïveté gentille, désira de beaux chevaux, qu'elle connaissait presque en maquignon, car l'élevage occupait une partie des fermes de Roncières ; et elle ne s'inquiéta guère plus d'un fiancé que de l'appartement qu'on trouverait toujours dans la multitude des étages à louer.

Ils approchaient du lac où deux cygnes et six canards flottaient doucement, aussi propres et calmes que des oiseaux de porcelaine et ils passèrent devant une jeune femme assise sur une chaise, un livre ouvert sur les genoux, les yeux levés devant elle, l'âme envolée dans une songerie.

Elle ne bougeait pas plus qu'une figure de cire. Laide, humble, vêtue en fille modeste qui ne songe point à plaire, une institutrice peut-être, elle était partie pour le Rêve, emportée par une phrase ou par un mot qui avait ensorcelé son cœur. Elle continuait, sans doute, selon la poussée de ses espérances, l'aventure commencée dans le livre.

Bertin s'arrêta, surpris :

— C'est beau, dit-il, de s'en aller comme ça.

Ils avaient passé devant elle. Ils retournèrent et revinrent encore sans qu'elle les aperçût, tant elle suivait de toute son attention le vol lointain de sa pensée.

Le peintre dit à Annette :

— Dis donc, petite! est-ce que ça t'ennuierait de me poser une figure, une fois ou deux?

— Mais non, au contraire!

— Regarde bien cette demoiselle qui se promène dans l'idéal.

— Là, sur cette chaise?

— Oui. Eh bien! tu t'assoiras aussi sur une chaise, tu ouvriras un livre sur tes genoux et tu tâcheras de faire comme elle. As-tu quelquefois rêvé tout éveillée?

— Mais, oui.

— A quoi?

Et il essaya de la confesser sur ses promenades dans le bleu; mais elle ne voulait point répondre, détournait ses questions, regardait les canards nager après le pain que leur jetait une dame, et semblait gênée comme s'il eût touché en elle à quelque chose de sensible.

Puis, pour changer de sujet, elle raconta sa vie à Roncières, parla de sa grand'mère à qui elle faisait de longues lectures à haute voix, tous les jours, et qui devait être bien seule et bien triste maintenant.

Le peintre, en l'écoutant, se sentait gai comme un oiseau, gai comme il ne l'avait jamais été. Tout ce qu'elle lui disait, tous les menus et futiles et médiocres détails de cette simple existence de fillette l'amusaient et l'intéressaient.

— Asseyons-nous, dit-il.

Ils s'assirent auprès de l'eau. Et les deux cygnes s'en vinrent flotter devant eux, espérant quelque nourriture.

Bertin sentait en lui s'éveiller des souvenirs, ces souvenirs disparus, noyés dans l'oubli et qui soudain reviennent, on ne sait pourquoi. Ils surgissaient rapides, de toutes sortes, si nombreux en même temps, qu'il éprouvait la sensation d'une main remuant la vase de sa mémoire.

Il cherchait pourquoi avait lieu ce bouillonnement de sa vie ancienne que plusieurs fois déjà, moins qu'aujourd'hui cependant, il avait senti et remarqué. Il existait toujours une cause à ces évocations subites, une cause matérielle et simple, une odeur, un parfum souvent. Que de fois une robe de femme lui avait jeté au passage, avec le souffle évaporé d'une essence, tout un rappel d'événements effacés ! Au fond des vieux flacons de toilette, il avait retrouvé souvent aussi des parcelles de son existence; et toutes les odeurs errantes, celles des rues, des champs, des maisons, des meubles, les douces et les mauvaises, les odeurs chaudes des soirs d'été, les odeurs froides des soirs d'hiver, ranimaient toujours chez lui de lointaines réminiscences, comme si les senteurs gardaient en elle les choses mortes embaumées, à la façon des aromates qui conservent les momies.

Était-ce l'herbe mouillée ou la fleur des marronniers qui ranimait ainsi l'autrefois? Non. Alors, quoi? Était-ce à son œil qu'il devait cette alerte? Qu'avait-il vu? Rien. Parmi les personnes rencontrées, une d'elles peut-être ressemblait à une figure de jadis, et, sans qu'il l'eût reconnue, secouait en son cœur toutes les cloches du passé.

N'était-ce pas un son, plutôt? Bien souvent un piano entendu par hasard, une voix inconnue, même un orgue de Barbarie jouant sur une place un air démodé, l'avaient brusquement rajeuni de vingt ans, en lui gonflant la poitrine d'attendrissements oubliés.

Mais cet appel continuait, incessant, insaisissable, presque irritant. Qu'y avait-il autour de lui, près de lui, pour raviver de la sorte ses émotions éteintes?

— Il fait un peu frais, dit-il, allons-nous-en.

Ils se levèrent et se remirent à marcher.

Il regardait sur les bancs les pauvres assis, ceux pour qui la chaise était une trop forte dépense.

Annette, maintenant, les observait aussi et s'inquiétait de leur existence, de leur profession, s'étonnait qu'ayant l'air si misérable ils vinssent paresser ainsi dans ce beau jardin public.

Et plus encore que tout à l'heure, Olivier remontait les années écoulées. Il lui semblait qu'une mouche ronflait à ses oreilles et les emplissait du bourdonnement confus des jours finis.

La jeune fille, le voyant rêveur, lui demanda :

— Qu'avez-vous ? vous semblez triste.

Et il tressaillit jusqu'au cœur. Qui avait dit cela ? Elle ou sa mère ? Non pas sa mère avec sa voix d'à présent, mais avec sa voix d'autrefois, tant changée qu'il venait seulement de la reconnaître.

Il répondit en souriant :

— Je n'ai rien, tu m'amuses beaucoup, tu es très gentille, tu me rappelles ta maman.

Comment n'avait-il pas remarqué plus vite cet étrange écho de la parole jadis si familière, qui sortait à présent de ces lèvres nouvelles.

— Parle encore, dit-il.

— De quoi ?

— Dis-moi ce que tes institutrices t'ont fait apprendre. Les aimais-tu ?

Elle se remit à bavarder.

Et il écoutait, saisi par un trouble croissant, il épiait, il attendait, au milieu des phrases de cette fillette presque étrangère à son cœur, un mot, un son, un rire, qui semblaient restés dans sa gorge depuis la jeunesse de sa mère. Des intonations, parfois, le faisaient frémir d'étonnement. Certes, il y avait entre leurs paroles des dissemblances telles qu'il n'en avait pas, tout de suite, remarqué les rapports, telles que, souvent même, il ne les confondait plus du tout; mais cette différence ne rendait que plus saisissants les brusques réveils du parler maternel. Jusqu'ici, il avait constaté la ressemblance de leurs visages d'un œil amical et curieux, mais voilà que le mystère de cette voix ressuscitée les mêlait d'une telle façon qu'en détournant la tête pour ne plus voir la jeune fille il se demandait par moments si ce n'était pas la comtesse qui lui parlait ainsi, douze ans plus tôt.

Puis, lorsqu'halluciné par cette évocation il se retournait vers elle, il retrouvait encore, à la rencontre de son regard, un peu de cette défaillance que jetait en lui, aux premiers temps de leur tendresse, l'œil de la mère.

Ils avaient fait déjà trois fois le tour du parc, repassant toujours devant les mêmes personnes, les mêmes nourrices, les mêmes enfants.

Annette, à présent, inspectait les hôtels qui entourent ce jardin, et demandait les noms de leurs habitants.

Elle voulait tout savoir sur toutes ces gens, interrogeait avec une curiosité vorace, semblait emplir de renseignements sa mémoire de femme, et, la figure éclairée par l'intérêt, écoutait des yeux autant que de l'oreille.

Mais en arrivant au pavillon qui sépare les deux

portes sur le boulevard extérieur, Bertin s'aperçut que quatre heures allaient sonner.

— Oh! dit-il, il faut rentrer.

Et ils gagnèrent doucement le boulevard Malesherbes.

Quand il eut quitté la jeune fille, le peintre descendit vers la place de la Concorde, pour faire une visite sur l'autre rive de la Seine.

Il chantonnait, il avait envie de courir, il aurait volontiers sauté par-dessus les bancs, tant il se sentait agile. Paris lui paraissait radieux, plus joli que jamais. « Décidément, pensait-il, le printemps reverdit tout le monde. »

Il était dans une de ces heures où l'esprit excité comprend tout avec plus de plaisir, où l'œil voit mieux, semble plus impressionnable et plus clair, où l'on goûte une joie plus vive à regarder et à sentir, comme si une main toute-puissante venait de rafraîchir toutes les couleurs de la terre, de ranimer tous les mouvements des êtres, et de remonter en nous, ainsi qu'une montre qui s'arrête, l'activité des sensations.

Il pensait, en cueillant du regard mille choses amusantes : — « Dire qu'il y a des moments où je ne trouve pas de sujets à peindre! »

Et il se sentait l'intelligence si libre et si clairvoyante que toute son œuvre d'artiste lui parut banale, et qu'il concevait une nouvelle manière d'exprimer la vie, plus vraie et plus originale. Et soudain, l'envie de rentrer et de travailler le saisit, le fit retourner sur ses pas et s'enfermer dans son atelier.

Mais dès qu'il fut seul en face de la toile commencée, cette ardeur qui lui brûlait le sang tout à l'heure, s'apaisa tout à coup. Il se sentit las, s'assit sur son divan et se remit à rêvasser.

L'espèce d'indifférence heureuse dans laquelle il vivait, cette insouciance d'homme satisfait dont presque tous les besoins sont apaisés, s'en allait de son cœur tout doucement, comme si quelque chose lui eût manqué. Il sentait sa maison vide, et désert son grand atelier. Alors, en regardant autour de lui, il lui sembla voir passer l'ombre d'une femme dont la présence lui était douce. Depuis longtemps, il avait oublié les impatiences d'amant qui attend le retour d'une maîtresse, et voilà que, subitement, il la sentait éloignée et la désirait près de lui avec un énervement de jeune homme.

Il s'attendrissait à songer combien ils s'étaient aimés, et il retrouvait en tout ce vaste appartement où elle était si souvent venue, d'innombrables souvenirs d'elle, de ses gestes, de ses paroles, de ses baisers. Il se rappelait certains jours, certaines heures, certains moments; et il sentait autour de lui le frôlement de ses caresses anciennes.

Il se releva, ne pouvant plus tenir en place, et se mit à marcher en songeant de nouveau que, malgré cette liaison dont son existence avait été remplie, il demeurait bien seul, toujours seul. Après les longues heures de travail, quand il regardait autour de lui, étourdi par ce réveil de l'homme qui rentre dans la vie, il ne voyait et ne sentait que des murs à la portée de sa main et de sa voix. Il avait dû, n'ayant pas de femme en sa maison et ne pouvant rencontrer qu'avec des précautions de voleur celle qu'il aimait, traîner ses heures désœuvrées en tous les lieux publics où l'on trouve, où l'on achète, des moyens quelconques de tuer le temps. Il avait des habitudes au Cercle, des habitudes au Cirque et à l'Hippodrome, à jour fixe, des habitudes à l'Opéra, des habitudes un peu partout, pour ne pas rentrer chez lui, où il serait demeuré avec joie sans doute s'il y avait vécu près d'elle.

Autrefois, en certaines heures de tendre affolement, il avait souffert d'une façon cruelle de ne pouvoir la prendre et la garder avec lui ; puis son ardeur se modérant, il avait accepté sans révolte leur séparation et sa liberté ; maintenant il les regrettait de nouveau comme s'il recommençait à l'aimer.

Et ce retour de tendresse l'envahissait ainsi brusquement, presque sans raison, parce qu'il faisait beau dehors, et, peut-être, parce qu'il avait reconnu tout à l'heure la voix rajeunie de cette femme. Combien peu de chose il faut pour émouvoir le cœur d'un homme, d'un homme vieillissant, chez qui le souvenir se fait regret!

Comme autrefois, le besoin de la revoir lui venait, entrait dans son esprit et dans sa chair à la façon d'une fièvre; et il se mit à penser à elle un peu comme font les jeunes amoureux, en l'exaltant en son cœur et en s'exaltant lui-même pour la désirer davantage; puis il se décida, bien qu'il l'eût vue dans la matinée, à aller lui demander une tasse de thé, le soir même.

Les heures lui parurent longues, et, en sortant pour descendre au boulevard Malesherbes, une peur vive le saisit de ne pas la trouver et d'être forcé de passer encore cette soirée tout seul, comme il en avait passé bien d'autres, pourtant.

A sa demande : — « La comtesse est-elle chez elle? » — le domestique répondant : — « Oui, Monsieur » — fit entrer de la joie en lui.

Il dit, d'un ton radieux : — « C'est encore moi » — en apparaissant au seuil du petit salon où les deux femmes travaillaient sous les abat-jour roses d'une lampe à double foyer en métal anglais, portée sur une tige haute et mince.

La comtesse s'écria :

— Comment, c'est vous! Quelle chance!

— Mais, oui. Je me suis senti très solitaire, et je suis venu.

— Comme c'est gentil!

— Vous attendez quelqu'un?

— Non..., peut-être..., je ne sais jamais.

Il s'était assis et regardait avec un air de dédain le tricot gris en grosse laine qu'elles confectionnaient vivement au moyen de longues aiguilles en bois.

Il demanda :

— Qu'est-ce que cela?

— Des couvertures.

— De pauvres?

— Oui, bien entendu.

— C'est très laid.

— C'est très chaud.

— Possible, mais c'est très laid, surtout dans un appartement Louis XV, où tout caresse l'œil. Si ce n'est pour vos pauvres, vous devriez, pour vos amis, faire vos charités plus élégantes.

— Mon Dieu, les hommes! — dit-elle en haussant les épaules — mais on en prépare partout en ce moment, de ces couvertures-là.

— Je le sais bien, je le sais trop. On ne peut plus faire une visite le soir, sans voir traîner cette affreuse loque grise sur les plus jolies toilettes et sur les meubles les plus coquets. On a, ce printemps, la bienfaisance de mauvais goût.

La comtesse, pour juger s'il disait vrai, étendit le tricot qu'elle tenait sur la chaise de soie inoccupée à côté d'elle, puis elle convint avec indifférence :

— Oui, en effet, c'est laid.

Et elle se remit à travailler. Les deux têtes voisines, penchées sous les deux lumières toutes proches, recevaient dans les cheveux une coulée de lueur rose qui se répandait sur la chair des visages, sur les robes et sur les mains remuantes; et elles regardaient leur ouvrage avec cette attention légère et continue des femmes habituées à ces besognes des doigts, que l'œil suit sans que l'esprit y songe.

Aux quatre coins de l'appartement, quatre autres lampes en porcelaine de Chine, portées sur des colonnes anciennes de bois doré, répandaient sur les tapisseries une lumière douce et régulière, atténuée par des transparents de dentelle jetés sur les globes.

Bertin prit un siège très bas, un fauteuil nain, où il pouvait tout juste s'asseoir, mais qu'il avait toujours préféré pour causer avec la comtesse, en demeurant presque à ses pieds.

Elle lui dit :

— Vous avez fait une longue promenade avec Nané, tantôt, dans le parc.

— Oui. Nous avons bavardé comme de vieux amis. Je l'aime beaucoup, votre fille. Elle vous ressemble tout à fait. Quand elle prononce certaines phrases, on croirait que vous avez oublié votre voix dans sa bouche.

— Mon mari me l'a déjà dit bien souvent.

Il les regardait travailler, baignées dans la clarté des lampes, et la pensée dont il souffrait souvent, dont il avait encore souffert dans le jour, le souci de son hôtel désert, immobile, silencieux, froid, quel que soit le temps, quel que soit le feu des cheminées et du calorifère, le chagrina comme si, pour la première fois, il comprenait bien son isolement.

Oh! comme il aurait décidément voulu être le mari de cette femme, et non son amant! Jadis il désirait l'enlever, la prendre à cet homme, la lui voler complètement. Aujourd'hui il le jalousait ce mari trompé qui était installé près d'elle pour toujours, dans les habitudes de sa maison et dans le câlinement de son contact. En la regardant, il se sentait le cœur tout rempli de choses anciennes revenues qu'il aurait voulu lui dire. Vraiment il l'aimait bien encore, même un peu plus, beaucoup plus aujourd'hui qu'il n'avait fait depuis longtemps; et ce besoin de lui exprimer ce rajeunissement dont elle serait si contente, lui faisait désirer qu'on envoyât se coucher la jeune fille, le plus vite possible.

Obsédé par cette envie d'être seul avec elle, de

se rapprocher jusqu'à ses genoux où il poserait sa tête, de lui prendre les mains dont s'échapperaient la couverture du pauvre, les aiguilles de bois, et la pelotte de laine qui s'en irait sous un fauteuil au bout d'un fil déroulé, il regardait l'heure, ne parlait plus guère et trouvait que vraiment on a tort d'habituer les fillettes à passer la soirée avec les grandes personnes.

Des pas troublèrent le silence du salon voisin, et le domestique, dont la tête apparut, annonça :

— M. de Musadieu.

Olivier Bertin eut une petite rage comprimée, et quand il serra la main de l'inspecteur des Beaux-Arts, il se sentit une envie de le prendre par les épaules et de le jeter dehors.

Musadieu était plein de nouvelles : le ministère allait tomber, et on chuchotait un scandale sur le marquis de Rocdiane. Il ajouta en regardant la jeune fille : « Je conterai cela un peu plus tard. »

La comtesse leva les yeux sur la pendule et constata que dix heures allaient sonner.

— Il est temps de te coucher, mon enfant, dit-elle à sa fille.

Annette, sans répondre, plia son tricot, roula sa laine, baisa sa mère sur les joues, tendit la main aux deux hommes et s'en alla prestement, comme si elle eût glissé sans agiter l'air en passant.

Quand elle fut sortie :

— Eh bien, votre scandale ? demanda la comtesse.

On prétendait que le marquis de Rocdiane, séparé à l'amiable de sa femme qui lui payait une rente jugée par lui insuffisante, avait trouvé, pour la faire doubler, un moyen sûr et singulier. La marquise, suivie sur son ordre, s'était laissé surprendre en flagrant délit, et avait dû racheter par une pension nouvelle le procès-verbal dressé par le commissaire de police.

La comtesse écoutait, le regard curieux, les mains immobiles, tenant sur ses genoux l'ouvrage interrompu.

Bertin, que la présence de Musadieu exaspérait depuis le départ de la jeune fille, se fâcha, et affirma avec une indignation d'homme qui sait et qui n'a voulu parler à personne de cette calomnie, que c'était là un odieux mensonge, un de ces honteux potins que les gens du monde ne devraient jamais écouter ni répéter. Il se fâchait, debout maintenant contre la cheminée, avec des airs nerveux d'homme disposé à faire de cette histoire une question personnelle.

Rocdiane était son ami, et si on avait pu, en certains cas, lui reprocher sa légèreté, on ne pouvait l'accuser ni même le soupçonner d'aucune action vraiment suspecte. Musadieu, surpris et embarrassé, se défendait, reculait, s'excusait.

— Permettez, disait-il, j'ai entendu ce propos tout à l'heure chez la duchesse de Mortemain.

Bertin demanda :

— Qui vous a raconté cela ? Une femme, sans doute ?

— Non, pas du tout, le marquis de Farandal.

Et le peintre, crispé, répondit :

— Cela ne m'étonne pas de lui !

Il y eut un silence. La comtesse se remit à travailler. Puis Olivier reprit d'une voix calmée :

— Je sais pertinemment que cela est faux.

Il ne savait rien, entendant parler pour la première fois de cette aventure.

Musadieu se préparait une retraite, sentant la situation dangereuse, et il parlait déjà de s'en aller pour faire une visite aux Corbelle, quand le comte de Guilleroy parut, revenant de dîner en ville.

Bertin se rassit, accablé, désespérant à présent de se débarrasser du mari.

— Vous ne savez pas, dit le comte, le gros scandale qui court ce soir?

Comme personne ne répondait, il reprit :

— Il paraît que Roediane a surpris sa femme en conversation criminelle et lui fait payer fort cher cette indiscrétion.

Alors Bertin, avec des airs désolés, avec du chagrin dans la voix et dans le geste, posant une main sur le genou de Guilleroy, répéta en termes amicaux et doux ce que tout à l'heure il avait paru jeter au visage de Musadieu.

Et le comte, à moitié convaincu, fâché d'avoir répété à la légère une chose douteuse et peut-être compromettante, plaidait son ignorance et son innocence. On raconte en effet tant de choses fausses et méchantes !

Soudain, tous furent d'accord sur ceci : que le monde accuse, soupçonne et calomnie avec une déplorable facilité. Et ils parurent convaincus tous les quatre, pendant cinq minutes, que tous les propos chuchotés sont mensonges, que les femmes n'ont jamais les amants qu'on leur suppose, que les hommes ne font jamais les infamies qu'on leur prête, et que la surface, en somme, est bien plus vilaine que le fond.

Bertin, qui n'en voulait plus à Musadieu depuis l'arrivée de Guilleroy, lui dit des choses flatteuses, le mit sur les sujets qu'il préférait, ouvrit la vanne de sa faconde. Et le comte semblait content comme un homme qui porte partout avec lui l'apaisement et la cordialité.

Deux domestiques, venus à pas sourds sur les tapis, entrèrent portant la table à thé où l'eau bouillante fumait dans un joli appareil tout brillant, sous la flamme bleue d'une lampe à esprit-de-vin.

La comtesse se leva, prépara la boisson chaude avec les précautions et les soins que nous ont apportés les Russes, puis offrit une tasse à Musadieu, une autre à Bertin, et revint avec des assiettes contenant des sandwichs aux foies gras et de menues pâtisseries autrichiennes et anglaises.

Le comte s'étant approché de la table mobile où s'alignaient aussi des sirops, des liqueurs et des verres, fit un grog, puis, discrètement, glissa dans la pièce voisine et disparut.

Bertin, de nouveau, se trouva seul en face de Musadieu, et le désir soudain le reprit de pousser dehors ce gêneur qui, mis en verve, pérorait, semait des anecdotes, répétait des mots, en faisait lui-même. Et le peintre, sans cesse, consultait la pendule dont la longue aiguille approchait de minuit. La comtesse vit son regard, comprit qu'il cherchait à lui parler, et, avec cette adresse des femmes du monde habiles à changer par des nuances le ton d'une causerie et l'atmosphère d'un salon, à faire comprendre, sans rien dire, qu'on doit rester ou qu'on doit partir, elle répandit, par sa seule attitude, par l'air de son visage et l'ennui de ses yeux, du froid autour d'elle, comme si elle venait d'ouvrir une fenêtre.

Musadieu sentit ce courant d'air glaçant ses idées, et, sans qu'il se demandât pourquoi, l'envie se fit en lui de se lever et de s'en aller.

Bertin, par savoir-vivre, imita son mouvement. Les deux hommes se retirèrent ensemble en traversant les deux salons, suivis par la comtesse, qui causait toujours avec le peintre. Elle le retint sur le seuil de l'antichambre pour une explication quelconque, pendant que Musadieu, aidé d'un valet de pied, endossait son paletot. Comme Mme de Guilleroy parlait toujours à Bertin, l'inspecteur des Beaux-Arts, ayant attendu quelques secondes devant la porte de l'escalier tenue ouverte par l'autre domestique, se décida à sortir seul pour ne point rester debout en face du valet.

La porte doucement fut refermée sur lui, et la comtesse dit à l'artiste avec une parfaite aisance :

— Mais, au fait, pourquoi partez-vous si vite? il n'est pas minuit. Restez donc encore un peu.

Et ils rentrèrent ensemble dans le petit salon.

Dès qu'ils furent assis :

— Dieu! que cet animal m'agaçait! dit-il.

— Et pourquoi?

— Il me prenait un peu de vous.

— Oh! pas beaucoup.

— C'est possible, mais il me gênait.

— Vous êtes jaloux?

— Ce n'est pas être jaloux que de trouver un homme encombrant.

Il avait repris son petit fauteuil, et, tout près

d'elle maintenant, il maniait entre ses doigts l'étoffe de sa robe en lui disant quel souffle chaud lui passait dans le cœur, ce jour-là.

Elle écoutait, surprise, ravie, et doucement elle posa une main dans ses cheveux blancs qu'elle caressait doucement, comme pour le remercier.

— Je voudrais tant vivre près de vous! dit-il.

Il songeait toujours à ce mari couché, endormi sans doute dans une chambre voisine, et il reprit :

— Il n'y a vraiment que le mariage pour unir deux existences.

Elle murmura :

— Mon pauvre ami! — pleine de pitié pour lui, et aussi pour elle.

Il avait posé sa joue sur les genoux de la comtesse, et la regardait avec tendresse, avec une tendresse un peu mélancolique, un peu douloureuse, moins ardente que tout à l'heure, quand il était séparé d'elle par sa fille, son mari et Musadieu.

Elle dit, avec un sourire, en promenant toujours ses doigts légers sur la tête d'Olivier :

— Dieu, que vous êtes blanc! Vos derniers cheveux noirs ont disparu.

— Hélas! je le sais. ça va vite.

Elle eut peur de l'avoir attristé.

— Oh! vous étiez gris très jeune, d'ailleurs. Je vous ai toujours connu poivre et sel.

— Oui, c'est vrai.

Pour effacer tout à fait la nuance de regret qu'elle avait provoquée elle se pencha et, lui soulevant la tête entre ses deux mains, mit sur son front des baisers lents et tendres, ces longs baisers qui semblent ne pas devoir finir.

Puis ils se regardèrent, cherchant à voir au fond de leurs yeux le reflet de leur affection.

— Je voudrais bien, dit-il, passer une journée entière près de vous.

Il se sentait tourmenté obscurément par d'inexprimables besoins d'intimité.

Il avait cru, tout à l'heure, que le départ des gens qui étaient là suffirait à réaliser ce désir éveillé depuis le matin, et maintenant qu'il demeurait seul avec sa maîtresse, qu'il avait sur le front la tiédeur de ses mains, et contre la joue, à travers sa robe, la tiédeur de son corps, il retrouvait en lui le même trouble, la même envie d'amour inconnue et fuyante.

Et il s'imaginait à présent que, hors de cette maison, dans les bois peut-être où ils seraient tout à fait seuls, sans personne autour d'eux, cette inquiétude de son cœur serait satisfaite et calmée.

Elle répondit :

— Que vous êtes enfant ! Mais nous nous voyons presque chaque jour.

Il la supplia de trouver le moyen de venir déjeuner avec lui, quelque part aux environs de

Paris, comme ils avaient fait jadis quatre ou cinq fois.

Elle s'étonnait de ce caprice, si difficile à réaliser, maintenant que sa fille était revenue.

Elle essayerait cependant, dès que son mari irait aux Ronces, mais cela ne se pourrait faire qu'après le vernissage qui avait lieu le samedi suivant.

— Et d'ici là, dit-il, quand vous verrai-je?

— Demain soir, chez les Corbelle. Venez en outre ici, jeudi, à trois heures, si vous êtes libre, et je crois que nous devons dîner ensemble vendredi chez la duchesse.

— Oui, parfaitement.

Il se leva.

— Adieu.

— Adieu, mon ami.

Il restait debout sans se décider à partir, car il n'avait presque rien trouvé de tout ce qu'il était venu lui dire, et sa pensée restait pleine de choses inexprimées, gonflée d'effusions vagues qui n'étaient point sorties.

Il répéta « Adieu », en lui prenant les mains.

— Adieu, mon ami.

— Je vous aime.

Elle lui jeta un de ces sourires où une femme montre à un homme, en une seconde, tout ce qu'elle lui a donné.

Le cœur vibrant, il répéta pour la troisième fois :

— Adieu.

Et il partit.

IV

On eût dit que toutes les voitures de Paris faisaient, ce jour-là, un pèlerinage au Palais de l'Industrie. Dès neuf heures du matin, elles arrivaient par toutes les rues, par les avenues et les ponts, vers cette halle aux beaux-arts où le Tout-Paris artiste invitait le Tout-Paris mondain à assister au vernissage simulé de trois mille quatre cents tableaux.

Une queue de foule se pressait aux portes, et, dédaigneuse de la sculpture, montait tout de suite aux galeries de peinture. Déjà, en gravissant les marches, on levait les yeux vers les toiles exposées sur les murs de l'escalier où l'on accroche la catégorie spéciale des peintres de vestibule qui ont envoyé soit des œuvres de proportions inusitées, soit des œuvres qu'on n'a pas osé refuser. Dans le salon carré, c'était une bouillie de monde grouillante et bruissante. Les peintres, en représentation jusqu'au soir, se faisaient reconnaître à leur activité, à la sonorité de leur voix, à l'autorité de leurs gestes. Ils commençaient à traîner des amis par la manche vers des tableaux qu'ils désignaient du bras, avec des exclamations et une mimique énergique de connaisseurs. On en voyait de toutes sortes, de grands à longs cheveux, coiffés de chapeaux mous gris ou noirs, de formes inexprimables, larges et ronds comme des toits, avec des bords en pente ombrageant le torse entier de l'homme. D'autres étaient petits, actifs, fluets ou trapus, cravatés d'un foulard, vêtus de vestons ou ensaqués en de singuliers costumes spéciaux à la classe des rapins.

Il y avait le clan des élégants, des gommeux, des artistes du boulevard, le clan des académiques, corrects et décorés de rosettes rouges, énormes ou microscopiques, selon leur conception de l'élégance et du bon ton, le clan des peintres bourgeois assistés de la famille entourant le père comme un chœur triomphal.

Sur les quatre panneaux géants, les toiles admises à l'honneur du salon carré éblouissaient, dès l'entrée, par l'éclat des tons et le flamboiement des cadres, par une crudité de couleurs neuves, avivées par le vernis, aveuglantes sous le jour brutal tombé d'en haut.

Le portrait du Président de la République faisait face à la porte, tandis que, sur un autre mur, un général chamarré d'or, coiffé d'un chapeau à plumes d'autruche et culotté de drap rouge, voisinait avec des nymphes toutes nues sous des saules et avec un navire en détresse presque englouti sous une vague. Un évêque d'autrefois excommuniant un roi barbare, une rue d'Orient pleine de pestiférés morts, et l'Ombre du Dante en excursion aux Enfers, saisissaient et captivaient le regard avec une violence irrésistible d'expression.

On voyait encore, dans la pièce immense, une charge de cavalerie, des tirailleurs dans un bois, des vaches dans un pâturage, deux seigneurs du siècle dernier se battant en duel au coin d'une rue, une folle assise sur une borne, un prêtre administrant un mourant, des moissonneurs, des rivières, un coucher de soleil, un clair de lune, des échantillons enfin de tout ce qu'on fait, de tout ce que font et de tout ce que feront les peintres jusqu'au dernier jour du monde.

Olivier, au milieu d'un groupe de confrères célèbres, membres de l'Institut et du Jury, échangeait avec eux des opinions. Un malaise l'oppressait, une inquiétude sur son œuvre exposée dont, malgré les félicitations empressées, il ne sentait pas le succès.

Il s'élança. La duchesse de Mortemain apparaissait à la porte d'entrée.

Elle demanda :

— Est-ce que la comtesse n'est pas arrivée ?

— Je ne l'ai pas vue.

— Et M. de Musadieu ?

— Non plus.

— Il m'avait promis d'être à dix heures au haut de l'escalier pour me guider dans les salles.

— Voulez-vous me permettre de le remplacer, duchesse ?

— Non, non. Vos amis ont besoin de vous. Nous vous reverrons tout à l'heure, car je compte que nous déjeunerons ensemble.

Musadieu accourait. Il avait été retenu quelques minutes à la sculpture et s'excusait, essoufflé déjà. Il disait :

— Par ici, duchesse, par ici, nous commençons à droite.

Ils venaient de disparaître dans un remous de têtes, quand la comtesse de Guilleroy, tenant par le bras sa fille, entra, cherchant du regard Olivier Bertin.

Il les vit, les rejoignit, et, les saluant :

— Dieu, qu'elles sont jolies ! dit-il. Vrai, Nanette embellit beaucoup. En huit jours, elle a changé.

Il la regardait de son œil observateur. Il ajouta :

— Les lignes sont plus douces, plus fondues, le teint plus lumineux. Elle est déjà bien moins petite fille et bien plus Parisienne.

Mais soudain il revint à la grande affaire du jour.

— Commençons à droite, nous allons rejoindre la duchesse.

La comtesse, au courant de toutes les choses de la peinture et préoccupée comme un exposant, demanda :

— Que dit-on?

— Beau salon. Le Bonnat remarquable, deux excellents Carolus Duran, un Puvis de Chavannes admirable, un Roll très étonnant, très neuf, un Gervex exquis, et beaucoup d'autres, des Béraud, des Cazin, des Duez, des tas de bonnes choses enfin.

— Et vous, dit-elle.

— On me fait des compliments, mais je ne suis pas content.

— Vous n'êtes jamais content.

— Si, quelquefois. Mais aujourd'hui, vrai, je crois que j'ai raison.

— Pourquoi?

— Je n'en sais rien.

— Allons voir.

Quand ils arrivèrent devant le tableau — deux petites paysannes prenant un bain dans un ruisseau — un groupe arrêté l'admirait. Elle en fut joyeuse, et tout bas.

— Mais il est délicieux, c'est un bijou. Vous n'avez rien fait de mieux.

Il se serrait contre elle, l'aimant, reconnaissant de chaque mot qui calmait une souffrance, pansait une plaie. Et des raisonnements rapides lui couraient dans l'esprit pour le convaincre qu'elle avait raison, qu'elle devait voir juste avec ses yeux intelligents de Parisienne. Il oubliait, pour rassurer ses craintes, que depuis douze ans il lui reprochait justement d'admirer trop les mièvreries, les délicatesses élégantes, les sentiments exprimés, les nuances bâtardes de la mode, et jamais l'art, l'art seul, l'art dégagé des idées, des tendances et des préjugés mondains.

Les entraînant plus loin : « Continuons, » dit-il. Et il les promena pendant fort longtemps de salle en salle en leur montrant les toiles, leur expliquant les sujets, heureux entre elles, heureux par elles.

Soudain, la comtesse demanda :

— Quelle heure est-il?

— Midi et demi.

— Oh! Allons vite déjeuner. La duchesse doit nous attendre chez Ledoyen, où elle m'a chargée de vous amener, si nous ne la retrouvions pas dans les salles.

Le restaurant, au milieu d'un îlot d'arbres et d'arbustes, avait l'air d'une ruche trop pleine et vibrante. Un bourdonnement confus de voix, d'appels, de cliquetis de verres et d'assiettes voltigeait autour, en sortait par toutes les fenêtres et toutes les portes grandes ouvertes. Les tables, pressées, entourées de gens en train de manger, étaient répandues par longues files dans les chemins voisins, à droite et à gauche du passage étroit où les garçons couraient, assourdis, affolés, tenant à bout de bras des plateaux chargés de viandes, de poissons ou de fruits.

Sous la galerie circulaire c'était une telle multitude d'hommes et de femmes qu'on eût dit une pâte vivante. Tout cela riait, appelait, buvait et mangeait, mis en gaîté par les vins et inondé d'une de ces joies qui tombent sur Paris, en certains jours, avec le soleil.

Un garçon fit monter la comtesse, Annette et Bertin dans le salon réservé où les attendait la duchesse.

En y entrant, le peintre aperçut, à côté de sa tante, le marquis de Farandal, empressé et souriant, tendant les bras pour recevoir les ombrelles et les manteaux de la comtesse et de sa fille. Il en ressentit un tel déplaisir, qu'il eut envie, soudain, de dire des choses irritantes et brutales.

La duchesse expliquait la rencontre de son neveu et le départ de Musadieu emmené par le ministre des Beaux-Arts; et Bertin, à la pensée que ce bellâtre de marquis devait épouser Annette, qu'il était venu pour elle, qu'il la regardait déjà comme destinée à sa couche, s'énervait et se révoltait comme si on eût méconnu et violé ses droits, des droits mystérieux et sacrés.

Dès qu'on fut à table, le marquis, placé à côté de la jeune fille, s'occupa d'elle avec cet air empressé des hommes autorisés à faire leur cour.

Il avait des regards curieux qui semblaient au peintre hardis et investigateurs, des sourires presque tendres et satisfaits, une galanterie familière et officielle. Dans ses manières et ses paroles apparaissait déjà quelque chose de décidé comme l'annonce d'une prochaine prise de possession.

La duchesse et la comtesse semblaient protéger et approuver cette allure de prétendant, et avaient l'une pour l'autre des coups d'œil de complicité.

Aussitôt le déjeuner fini, on retourna à l'Exposition. C'était dans les salles une telle mêlée de foule, qu'il semblait impossible d'y pénétrer. Une chaleur d'humanité, une odeur fade de robes et d'habits vieillis sur le corps faisaient là dedans une atmosphère écœurante et lourde. On ne regardait plus les tableaux, mais les visages et les toilettes, on cherchait les gens connus ; et parfois une poussée avait lieu dans cette masse épaisse entr'ouverte un moment pour laisser passer la haute échelle double des vernisseurs qui criaient : « Attention, messieurs ; attention, mesdames. »

Au bout de cinq minutes, la comtesse et Olivier

se trouvaient séparés des autres. Il voulait les chercher, mais elle dit, en s'appuyant sur lui :

— Ne sommes-nous pas bien ? Laissons-les donc, puisqu'il est convenu que si nous nous perdons, nous nous retrouverons à quatre heures au buffet.

— C'est vrai, dit-il.

Mais il était absorbé par l'idée que le marquis accompagnait Annette et continuait à marivauder près d'elle avec sa fatuité galante.

La comtesse murmura :

— Alors, vous m'aimez toujours ?

Il répondit, d'un air préoccupé :

— Mais oui, certainement.

Et il cherchait, par-dessus les têtes, à découvrir le chapeau gris de M. de Farandal.

Le sentant distrait et voulant ramener à elle sa pensée, elle reprit :

— Si vous saviez comme j'adore votre tableau de cette année. C'est votre chef-d'œuvre.

Il sourit, oubliant soudain les jeunes gens pour ne se souvenir que de son souci du matin.

— Vrai ? vous trouvez ?

— Oui, je le préfère à tout.

— Il m'a donné beaucoup de mal.

Avec des mots câlins, elle l'enguirlanda de nouveau, sachant bien, depuis longtemps, que rien n'a plus de puissance sur un artiste que la flatterie tendre et continue. Capté, ranimé, égayé par ces paroles douces, il se remit à causer, ne voyant qu'elle, n'écoutant qu'elle dans cette grande cohue flottante.

Pour la remercier, il murmura près de son oreille :

— J'ai une envie folle de vous embrasser.

Une chaude émotion la traversa et, levant sur lui ses yeux brillants, elle répéta sa question :

— Alors, vous m'aimez toujours ?

Et il répondit, avec l'intonation qu'elle voulait et qu'elle n'avait point entendue tout à l'heure :

— Oui, je vous aime, ma chère Any.

— Venez souvent me voir le soir, dit-elle. Maintenant que j'ai ma fille, je ne sortirai pas beaucoup.

Depuis qu'elle sentait en lui ce réveil inattendu de tendresse, un grand bonheur l'agitait. Avec les cheveux tout blancs d'Olivier et l'apaisement des années, elle redoutait moins à présent qu'il fût séduit par une autre femme, mais elle craignait affreusement qu'il se mariât, par horreur de la solitude. Cette peur, ancienne déjà, grandissait sans cesse, faisait naître en son esprit des combinaisons irréalisables afin de l'avoir près d'elle le plus possible et d'éviter qu'il passât de longues soirées dans le froid silence de son hôtel vide. Ne le pouvant toujours attirer et retenir, elle lui suggérait des distractions, l'envoyait au théâtre, le poussait dans le monde, aimant mieux le savoir au milieu des femmes que dans la tristesse de sa maison.

Elle reprit, répondant à sa secrète pensée :

— Ah ! si je pouvais vous garder toujours, comme je vous gâterais ! Promettez-moi de venir très souvent, puisque je ne sortirai plus guère.

— Je vous le promets.

Une voix murmura, près de son oreille :

— Maman.

La comtesse tressaillit, se retourna. Annette, la duchesse et le marquis venaient de les rejoindre.

— Il est quatre heures, dit la duchesse, je suis très fatiguée et j'ai envie de m'en aller.

La comtesse reprit :

— Je m'en vais aussi, je n'en puis plus.

Ils gagnèrent l'escalier intérieur qui part des galeries où s'alignent les dessins et les aquarelles et domine l'immense jardin vitré où sont exposées les œuvres de sculpture.

De la plate-forme de cet escalier, on apercevait d'un bout à l'autre la serre géante pleine de statues dressées dans les chemins, autour des massifs d'arbustes verts et au-dessus de la foule qui couvrait le sol des allées de son flot remuant et noir. Les marbres jaillissaient de cette nappe sombre de chapeaux et d'épaules, en la trouant en mille endroits, et semblaient lumineux, tant ils étaient blancs.

Comme Bertin saluait les femmes à la porte de

sortie, Mme de Guilleroy lui demanda tout bas :

— Alors, vous venez ce soir ?

— Mais oui.

Et il rentra dans l'Exposition pour causer avec les artistes des impressions de la journée.

Les peintres et les sculpteurs se tenaient par groupes autour des statues, devant le buffet, et là, on discutait, comme tous les ans, en soutenant ou en attaquant les mêmes idées, avec les mêmes arguments sur des œuvres à peu près pareilles. Olivier qui, d'ordinaire, s'animait à ces disputes, ayant la spécialité des ripostes et des attaques déconcertantes et une réputation de théoricien spirituel dont il était fier, s'agita pour se passionner, mais les choses qu'il répondait, par habitude, ne l'intéressaient pas plus que celles qu'il entendait, et il avait envie de s'en aller, de ne plus écouter, de ne plus comprendre, sachant d'avance tout ce qu'on dirait sur ces antiques questions d'art dont il connaissait toutes les faces.

Il aimait ces choses pourtant, et les avait aimées jusqu'ici d'une façon presque exclusive, mais il en était distrait ce jour-là par une de ces préoccupations légères et tenaces, un de ces petits soucis qui semblent ne nous devoir point toucher et qui sont là malgré tout, quoi qu'on dise et quoi qu'on fasse, piqués dans la pensée comme une invisible épine enfoncée dans la chair.

Il avait même oublié ses inquiétudes sur ses baigneuses pour ne se souvenir que de la tenue déplaisante du marquis auprès d'Annette. Que lui importait, après tout? Avait-il un droit? Pourquoi aurait-il voulu empêcher ce mariage précieux, décidé d'avance, convenable sur tous les points? Mais aucun raisonnement n'effaçait cette impression de malaise et de mécontentement qui l'avait saisi en voyant le Farandal parler et sourire en fiancé, en caressant du regard le visage de la jeune fille.

Lorsqu'il entra, le soir, chez la comtesse, et qu'il la retrouva seule avec sa fille continuant sous la clarté des lampes leur tricot pour les malheureux, il eut grand'peine à se garder de tenir sur le marquis des propos moqueurs et méchants, et de découvrir aux yeux d'Annette toute sa banalité voilée de chic.

Depuis longtemps, en ces visites après dîner, il avait souvent des silences un peu somnolents et des poses abandonnées de vieil ami qui ne se gêne plus. Enfoncé dans son fauteuil, les jambes croisées, la tête en arrière, il rêvassait en parlant et reposait dans cette tranquille intimité son corps et son esprit. Mais voilà que, soudain, lui revinrent cet éveil et cette activité des hommes qui font des frais pour plaire, que préoccupe ce qu'ils vont dire, et qui cherchent devant certaines personnes des mots plus brillants ou plus rares pour parer leurs idées et les rendre coquettes. Il ne laissait plus traîner la causerie, mais la soutenait et l'activait, la fouaillant avec sa verve, et il éprouvait, quand il avait fait partir d'un franc rire la comtesse et sa fille, ou quand il les sentait émues, ou quand il les voyait lever sur lui des yeux surpris, ou quand elles cessaient de travailler pour l'écouter, un chatouillement de plaisir, un petit frisson de succès qui le payait de sa peine.

Il revenait maintenant chaque fois qu'il les savait seules, et jamais, peut-être, il n'avait passé d'aussi douces soirées.

Mme de Guilleroy, dont cette assiduité apaisait les craintes constantes, faisait, pour l'attirer et le retenir, tous ses efforts. Elle refusait des dîners en ville, des bals, des représentations, afin d'avoir la joie de jeter dans la boîte du télégraphe, en sortant à trois heures, la petite dépêche bleue qui disait : « A tantôt. » Dans les premiers temps, voulant lui donner plus vite le tête-à-tête qu'il désirait, elle envoyait coucher sa fille dès que dix heures commençaient à sonner. Puis, voyant un jour qu'il s'en étonnait et demandait en riant qu'on ne traitât plus Annette en petit enfant pas sage, elle accorda un quart d'heure de grâce, puis une demi-heure, puis une heure. Il ne restait pas longtemps d'ailleurs après que la jeune fille était partie, comme si la moitié du charme qui le tenait dans ce salon venait de sortir avec elle. Approchant aussitôt des pieds de la comtesse le petit siège bas qu'il préférait, il s'asseyait tout près d'elle et posait, par moments, avec un mouvement câlin, une joue contre ses genoux. Elle lui donnait une de ses mains, qu'il tenait dans les siennes, et sa fièvre d'esprit tombant soudain, il cessait de parler et semblait se reposer dans un tendre silence de l'effort qu'il avait fait.

Elle comprit bien, peu à peu, avec son flair de femme, qu'Annette l'attirait presque autant qu'elle-même. Elle n'en fut point fâchée, heureuse qu'il pût trouver entre elles quelque chose de la famille dont elle l'avait privé; et elle l'emprisonnait le plus possible entre elles deux, jouant à la maman pour qu'il se crût presque père de cette fillette et qu'une nuance nouvelle de tendresse s'ajoutât à tout ce qui le captivait dans cette maison.

Sa coquetterie, toujours éveillée, mais inquiète depuis qu'elle sentait, de tous les côtés, comme des piqûres presque imperceptibles encore, les innombrables attaques de l'âge, prit une allure plus active. Pour devenir aussi svelte qu'Annette, elle continuait à ne point boire, et l'amincissement réel de sa taille lui rendait en effet sa tournure de jeune fille, tellement que, de dos, on les distinguait à peine; mais sa figure amaigrie se ressentait de ce régime. La peau distendue se plissait et prenait une nuance jaunie qui rendait plus éclatante la fraîcheur superbe de l'enfant. Alors elle soigna son visage avec des procédés d'actrice, et bien qu'elle se créât ainsi au grand jour une blancheur un peu suspecte, elle obtint aux lumières cet éclat factice et charmant qui donne aux femmes bien fardées un incomparable teint.

La constatation de cette décadence et l'emploi de cet artifice modifièrent ses habitudes. Elle évita le plus possible les comparaisons en plein soleil et les rechercha à la lumière des lampes qui lui donnaient un avantage. Quand elle se sentait fatiguée, pâle, plus vieillie que de coutume, elle avait des migraines complaisantes qui lui faisaient manquer des bals ou des spectacles ; mais les jours où elle se sentait en beauté, elle triomphait et jouait à la grande sœur avec une modestie grave de petite mère. Afin de porter toujours des robes presque pareilles à celles de sa fille, elle lui donnait des toilettes de jeune femme, un peu graves pour elle ; et Annette, chez qui apparaissait de plus en plus un caractère enjoué et rieur, les portait avec une vivacité pétillante qui la rendait plus gentille encore. Elle se prêtait de tout son cœur aux manèges coquets de sa mère, jouait avec elle, d'instinct, de petites scènes de grâce, savait l'embrasser à propos, lui enlacer la taille avec tendresse, montrer par un mouvement, une caresse, quelque invention ingénieuse, combien elles étaient jolies toutes les deux et combien elles se ressemblaient.

Olivier Bertin, à force de les voir ensemble et de les comparer sans cesse, arrivait presque, par moments, à les confondre. Quelquefois, si la jeune fille lui parlait alors qu'il regardait ailleurs, il était forcé de demander : « Laquelle a dit cela ? » Souvent même, il s'amusait à jouer ce jeu de la confusion quand ils étaient seuls tous les trois dans le salon aux tapisseries Louis XV. Il fermait alors les yeux et les priait de lui adresser la même question l'une après l'autre d'abord, puis en changeant l'ordre des interrogations, afin qu'il reconnût les voix. Elles s'essayaient avec tant d'adresse à trouver les mêmes intonations, à dire les mêmes phrases avec les mêmes accents, que souvent il ne devinait pas. Elles étaient parvenues, en vérité, à prononcer si pareillement, que les domestiques répondaient « Oui, madame », à la jeune fille et « Oui, mademoiselle » à la mère.

A force de s'imiter par amusement et de copier leurs mouvements, elles avaient acquis ainsi une telle similitude d'allures et de gestes, que M. de Guilleroy lui-même, quand il voyait passer l'une ou l'autre dans le fond sombre du salon, les confondait à tout instant et demandait : « Est-ce toi, Annette, ou est-ce ta maman ? »

De cette ressemblance naturelle et voulue, réelle et travaillée, était née dans l'esprit et dans le cœur du peintre l'impression bizarre d'un être double, ancien et nouveau, très connu et presque ignoré, de deux corps faits l'un après l'autre avec la même chair, de la même femme continuée, rajeunie, redevenue ce qu'elle avait été. Et il vivait près d'elles, partagé entre les deux, inquiet, troublé, sentant pour la mère ses ardeurs réveillées et couvrant la fille d'une obscure tendresse.

DEUXIÈME PARTIE

I

« 20 juillet, Paris. Onze heures soir

« Mon ami, ma mère vient de mourir à Roncières. Nous partons à minuit. Ne venez pas, car nous ne prévenons personne. Mais plaignez-moi et pensez à moi.

« Votre Any. »

« 21 juillet, midi.

« Ma pauvre amie, je serais parti malgré vous si je ne m'étais habitué à considérer toutes vos volontés comme des ordres. Je pense à vous depuis hier avec une douleur poignante. Je songe à ce voyage muet que vous avez fait cette nuit en face de votre fille et de votre mari, dans ce wagon à peine éclairé qui vous traînait vers votre morte. Je vous voyais sous le quinquet huileux tous les trois, vous pleurant et Annette sanglotant. J'ai vu votre arrivée à la gare, l'horrible trajet dans la voiture, l'entrée au château au milieu des domestiques, votre élan dans l'escalier, vers cette chambre, vers ce lit où elle est couchée, votre premier regard sur elle, et votre baiser sur sa maigre figure immobile. Et j'ai pensé à votre cœur, à votre pauvre cœur, à ce pauvre cœur dont la moitié est à moi et qui se brise, qui souffre tant, qui vous étouffe et qui me fait tant de mal aussi, en ce moment.

Je baise vos yeux pleins de larmes avec une profonde pitié.

« Olivier. »

« 24 juillet. Roncières.

« Votre lettre m'aurait fait du bien, mon ami, si quelque chose pouvait me faire du bien en ce malheur horrible où je suis tombée. Nous l'avons enterrée hier, et depuis que son pauvre corps inanimé est sorti de cette maison, il me semble que je suis seule sur la terre. On aime sa mère presque sans le savoir, sans le sentir, car cela est naturel comme de vivre ; et on ne s'aperçoit de toute la profondeur des racines de cet amour qu'au moment de la séparation dernière. Aucune autre affection n'est comparable à celle-là, car toutes les autres sont de rencontre, et celle-là est de naissance ; toutes les autres nous sont apportées plus tard par les hasards de l'existence, et celle-là vit depuis notre premier jour dans notre sang même. Et puis, et puis, ce n'est pas seulement une mère qu'on a perdue, c'est toute notre enfance elle-même qui disparaît à moitié, car notre petite vie de fillette était à elle autant qu'à nous. Seule elle la connaissait comme nous, elle savait un tas de choses lointaines insignifiantes et chères qui sont, qui étaient les douces premières émotions de notre cœur. A elle seule je pouvais dire encore : « Te rappelles-tu, mère, le jour où...? Te rappelles-tu, mère, la poupée de porcelaine que grand'maman m'avait donnée ? » Nous marmottions toutes les deux un long et doux chapelet de menus et mièvres souvenirs que personne sur la terre ne sait plus, que moi. C'est donc une partie de moi qui est morte, la plus vieille, la meilleure. J'ai perdu le pauvre cœur où la petite fille que j'étais vivait encore tout entière. Maintenant personne ne la connaît plus, personne ne se rappelle la petite Anne, ses jupes courtes, ses rires et ses mines.

« Et un jour viendra, qui n'est peut-être pas bien loin, où je m'en irai à mon tour, laissant seule dans ce monde ma chère Annette, comme maman m'y laisse aujourd'hui. Que tout cela est triste, dur, cruel! On n'y songe jamais, pourtant; on ne regarde pas autour de soi la mort prendre quelqu'un à tout instant, comme elle nous prendra bientôt. Si on la regardait, si on y songeait, si on n'était pas distrait, réjoui et aveuglé par tout ce qui se passe devant nous, on ne pourrait plus vivre, car la vue de ce massacre sans fin nous rendrait fous.

« Je suis si brisée, si désespérée, que je n'ai plus la force de rien faire. Jour et nuit je pense à ma pauvre maman, clouée dans cette boîte, enfouie sous cette terre, dans ce champ, sous la pluie, et dont la vieille figure que j'embrassais avec tant de bonheur n'est plus qu'une pourriture affreuse. Oh! quelle horreur, mon ami, quelle horreur!

« Quand j'ai perdu papa, je venais de me marier, et je n'ai pas senti toutes ces choses comme aujourd'hui. Oui, plaignez-moi, pensez à moi, écrivez-moi. J'ai tant besoin de vous à présent.

« Anne. »

« Paris, 25 juillet.

« Ma pauvre amie,

« Votre chagrin me fait une peine horrible. Et je ne vois pas non plus la vie en rose. Depuis votre départ je suis perdu, abandonné, sans attache et sans refuge. Tout me fatigue, m'ennuie et m'irrite. Je pense sans cesse à vous et à notre Annette, je vous sens loin toutes les deux quand j'aurais tant besoin que vous fussiez près de moi.

« C'est extraordinaire comme je vous sens loin et comme vous me manquez. Jamais, même aux jours où j'étais jeune, vous ne m'avez été *tout*, comme en ce moment. J'ai pressenti depuis quelque temps cette crise, qui doit être un coup de soleil de l'été de la Saint-Martin. Ce que j'éprouve est même si bizarre, que je veux vous le raconter. Figurez-vous que, depuis votre absence, je ne peux plus me promener. Autrefois, et même pendant les mois derniers, j'aimais beaucoup m'en aller tout seul par les rues en flânant, distrait par les gens et les choses, goûtant la joie de voir et le plaisir de battre le pavé d'un pied joyeux. J'allais devant moi sans savoir où, pour marcher, pour respirer, pour rêvasser. Maintenant je ne peux plus. Dès que je descends dans la rue, une angoisse m'oppresse, une peur d'aveugle qui a lâché son chien. Je deviens inquiet exactement comme un voyageur qui a perdu la trace d'un sentier dans un bois, et il faut que je rentre. Paris me semble vide, affreux, troublant. Je me demande : « Où vais-je aller ? » Je me réponds : « Nulle part, puisque je me promène. » Eh bien, je ne peux pas, je ne peux plus me promener sans but. La seule pensée de marcher devant moi m'écrase de fatigue et m'accable d'ennui. Alors je vais traîner ma mélancolie au Cercle.

« Et savez-vous pourquoi? Uniquement parce que vous n'êtes plus ici. J'en suis certain. Lorsque je vous sais à Paris, il n'y a plus de promenade inutile, puisqu'il est possible que je vous rencontre sur le premier trottoir venu. Je peux aller partout parce que vous pouvez être partout. Si je ne vous aperçois point, je puis au moins trouver Annette qui est une émanation de vous. Vous me mettez, l'une et l'autre, de l'espérance plein les rues, l'espérance de vous reconnaître, soit que vous veniez de loin vers moi, soit que je vous devine en vous suivant. Et alors la ville me devient charmante, et les femmes dont la tournure ressemble à la vôtre agitent mon cœur de tout le mouvement des rues, entretiennent mon attente, occupent mes yeux, me donnent une sorte d'appétit de vous voir.

« Vous allez me trouver bien égoïste, ma pauvre amie, moi qui vous parle ainsi de ma solitude de vieux pigeon roucoulant, alors que vous pleurez des larmes si douloureuses. Pardonnez-moi, je suis tant habitué à être gâté par vous, que je crie : « Au secours » quand je ne vous ai plus.

« Je baise vos pieds pour que vous ayez pitié de moi.

« OLIVIER. »

« Roncières. 30 juillet.

« Mon ami,

« Merci pour votre lettre ! J'ai tant besoin de savoir que vous m'aimez ! Je viens de passer par des jours affreux. J'ai cru vraiment que la douleur allait me tuer à mon tour. Elle était en moi, comme un bloc de souffrance enfermé dans ma poitrine, et qui grossissait sans cesse, m'étouffait, m'étranglait. Le médecin qu'on avait appelé, afin qu'il apaisât les crises de nerfs que j'avais quatre ou cinq fois par jour, m'a piquée avec de la morphine, ce qui m'a rendue presque folle, et les grandes chaleurs que nous traversons aggravaient mon état, me jetaient dans une surexcitation qui touchait au délire. Je suis un peu calmée depuis le gros orage de vendredi. Il faut vous dire que, depuis le jour de l'enterrement, je ne pleurais plus du tout, et voilà que, pendant l'ouragan dont l'approche m'avait bouleversée, j'ai senti tout d'un coup que les larmes commençaient à me sortir des yeux, lentes, rares, petites, brûlantes. Oh ! ces premières larmes, comme elles font mal ! Elles me déchiraient comme si elles eussent été des griffes, et j'avais la gorge serrée à ne plus laisser passer mon souffle. Puis, ces larmes devinrent plus rapides, plus grosses, plus tièdes. Elles s'échappaient de mes yeux comme d'une source, et il en venait tant, tant, tant, que mon mouchoir en fut trempé, et qu'il fallut en prendre un autre. Et le gros bloc de chagrin semblait s'amollir, se fendre, couler par mes yeux.

« Depuis ce moment-là, je pleure du matin au soir, et cela me sauve. On finirait par devenir vraiment fou, ou par mourir, si on ne pouvait pas pleurer. Je suis bien seule aussi. Mon mari fait des tournées dans le pays, et j'ai tenu à ce qu'il emmenât Annette afin de la distraire et de la consoler un peu. Ils s'en vont en voiture ou à cheval jusqu'à huit ou dix lieues de Roncières, et elle me revient rose de jeunesse, malgré sa tristesse, et les yeux tout brillants de vie, tout animés par l'air de la campagne et la course qu'elle a faite. Comme c'est beau d'avoir cet âge-là ! Je pense que nous allons rester ici encore quinze jours ou trois semaines ; puis, malgré le mois d'août, nous rentrerons à Paris pour la raison que vous savez.

« Je vous envoie tout ce qui me reste de mon cœur.

« ANY. »

« Paris, 4 août.

« Je n'y tiens plus, ma chère amie ; il faut que vous reveniez, car il va certainement m'arriver quelque chose. Je me demande si je ne suis pas malade, tant j'ai le dégoût de tout ce que je faisais depuis si longtemps avec un certain plaisir ou avec une résignation indifférente. D'abord, il fait si chaud à Paris, que chaque nuit représente un bain turc de huit ou neuf heures. Je me lève, accablé par la fatigue de ce sommeil en étuve, et je me promène pendant une heure ou deux devant une toile blanche, avec l'intention d'y dessiner quelque chose. Mais je n'ai plus rien dans l'esprit, rien dans l'œil, rien dans la main. Je ne suis plus un peintre !... Cet effort inutile vers le travail est exaspérant. Je fais venir des modèles, je les place, et comme ils me donnent des poses, des mouvements, des expressions que j'ai peintes à satiété, je les fais se rhabiller et je les flanque dehors. Vrai, je ne puis plus rien voir de neuf, et j'en souffre comme si je devenais aveugle. Qu'est-ce que cela? Fatigue de l'œil ou du cerveau, épuisement de la faculté artiste ou courbature du nerf optique? Sait-on! il me semble que j'ai fini de découvrir le coin d'inexploré qu'il m'a été donné de visiter. Je n'aperçois plus que ce que tout le monde connaît; je fais ce que tous les mauvais peintres ont fait; je n'ai plus qu'une vision et qu'une observation de cuistre. Autrefois, il n'y a pas encore longtemps, le nombre des motifs nouveaux me paraissait illimité, et j'avais, pour les exprimer, une telle variété de moyens que l'embarras du choix me rendait hésitant. Or, voilà que, tout à coup, le monde des sujets entrevus s'est dépeuplé, mon investigation est devenue impuissante et stérile. Les gens qui passent n'ont plus de sens pour moi; je ne trouve plus en chaque être humain ce caractère et cette saveur que j'aimais tant discerner et rendre apparents. Je crois cependant que je pourrais faire un très joli portrait de votre fille. Est-ce parce qu'elle vous ressemble si fort, que je vous confonds dans ma pensée? Oui, peut-être.

« Donc, après m'être efforcé d'esquisser un homme ou une femme qui ne soient pas semblables à tous les modèles connus, je me décide à aller déjeuner quelque part, car je n'ai plus le courage de m'asseoir seul dans ma salle à manger. Le boulevard Malesherbes a l'air d'une avenue de forêt emprisonnée dans une ville morte. Toutes les maisons sentent le vide. Sur la chaussée, les arroseurs lancent des panaches de pluie blanche qui éclaboussent le pavé de bois d'où s'exhale une vapeur de goudron mouillé et d'écurie lavée; et d'un bout à l'autre de la longue descente du parc Monceau à Saint-Augustin, on aperçoit cinq ou six formes noires, passants sans importance, fournisseurs ou domestiques. L'ombre des platanes étale au pied des arbres, sur les trottoirs brûlants, une tache bizarre, qu'on dirait liquide comme de l'eau répandue qui sèche. L'immobilité des feuilles dans les branches et de leur silhouette grise sur l'asphalte, exprime la fatigue de la ville rôtie, sommeillant et transpirant à la façon d'un ouvrier endormi sur un banc sous le soleil. Oui, elle sue, la gueuse, et elle pue affreusement par ses bouches d'égout, les soupiraux des caves et des cuisines, les ruisseaux où coule la crasse de ses rues. Alors, je pense à ces matinées d'été, dans votre verger plein de petites fleurs champêtres qui donnent à l'air un goût de miel. Puis, j'entre, écœuré déjà, au restaurant où mangent, avec des airs accablés, des hommes chauves et ventrus, au gilet entr'ouvert, et dont le front moite reluit. Toutes ces nourritures ont chaud, le melon qui fond sous la glace, le pain mou, le filet flasque, le légume recuit, le fromage purulent, les fruits mûris à la devanture. Et je sors avec la nausée, et je retourne chez moi pour essayer de dormir un peu, jusqu'à l'heure du dîner que je prends au Cercle.

« J'y retrouve toujours Adelmans, Maldant, Rocdiane, Landa et bien d'autres, qui m'ennuient et me fatiguent autant que des orgues de Barbarie. Chacun a son air, ou ses airs, que j'entends depuis quinze ans, et ils les jouent tous ensemble, chaque soir, dans ce cercle, qui est, paraît-il, un endroit où l'on va se distraire. On devrait bien me changer ma génération dont j'ai les yeux, les oreilles et l'esprit rassasiés. Ceux-là font toujours des conquêtes ; ils s'en vantent et s'entre-félicitent.

« Après avoir bâillé autant de fois qu'il y a de

minutes entre huit heures et minuit, je rentre me coucher et je me déshabille en songeant qu'il faudra recommencer demain.

« Oui, ma chère amie, je suis à l'âge où la vie de garçon devient intolérable, parce qu'il n'y a plus rien de nouveau pour moi, sous le soleil. Un garçon doit être jeune, curieux, avide. Quand on n'est plus tout cela, il devient dangereux de rester libre. Dieu, que j'ai aimé ma liberté, jadis, avant de vous aimer plus qu'elle ! Comme elle me pèse aujourd'hui ! La liberté, pour un vieux garçon comme moi, c'est le vide, le vide partout, c'est le chemin de la mort, sans rien dedans pour empêcher de voir le bout, c'est cette question sans cesse posée : que dois-je faire ? qui puis-je aller voir pour n'être pas seul ? Et je vais de camarade en camarade, de poignée de main en poignée de main, mendiant un peu d'amitié. J'en recueille des miettes qui ne font pas un morceau — Vous, j'ai Vous, mon amie, mais vous n'êtes pas à moi. C'est même peut-être de vous que me vient l'angoisse dont je souffre, car c'est le désir de votre contact, de votre présence, du même toit sur nos têtes, des mêmes murs enfermant nos existences, du même intérêt serrant nos cœurs, le besoin de cette communauté d'espoirs, de chagrins, de plaisirs, de gaîté, de tristesse et aussi de choses matérielles, qui mettent en moi tant de souci. Vous êtes à moi, c'est-à-dire que je vole un peu de vous de temps en temps. Mais je voudrais respirer sans cesse l'air même que vous respirez, partager tout avec vous, ne me servir que de choses qui appartiendraient à nous deux, sentir que tout ce dont je vis est à vous autant qu'à moi, le verre dans lequel je bois, le siège sur lequel je me repose, le pain que je mange et le feu qui me chauffe.

« Adieu, revenez bien vite. J'ai trop de peine loin de vous.

« Olivier. »

« Roncières, 8 août.

« Mon ami, je suis malade, et si fatiguée que vous ne me reconnaîtrez point. Je crois que j'ai trop pleuré. Il faut que je me repose un peu avant de revenir, car je ne veux pas me remontrer à vous comme je suis. Mon mari part pour Paris après-demain et vous portera de nos nouvelles. Il compte vous emmener dîner quelque part et me charge de vous prier de l'attendre chez vous vers sept heures.

« Quant à moi, dès que je me sentirai un peu mieux, dès que je n'aurai plus cette figure de déterrée qui me fait peur à moi-même, je retournerai près de vous. Je n'ai, au monde, qu'Annette et vous, moi aussi, et je veux offrir à chacun de vous tout ce que je pourrai lui donner, sans voler l'autre.

« Je vous tends mes yeux qui ont tant pleuré, pour que vous les baisiez.

« ANNE. »

Quand il reçut cette lettre annonçant le retour encore retardé, Olivier Bertin eut envie, une envie immodérée, de prendre une voiture pour aller à la gare, et le train pour aller à Roncières; puis, songeant que M. de Guilleroy devait revenir le lendemain, il se résigna et se mit à désirer l'arrivée du mari avec presque autant d'impatience que si c'eût été celle de la femme elle-même.

Jamais il n'avait aimé Guilleroy comme en ces vingt-quatre heures d'attente.

Quand il le vit entrer, il s'élança vers lui, les mains tendues, s'écriant :

— Ah! cher ami, que je suis heureux de vous voir!

L'autre aussi semblait fort satisfait, content surtout de rentrer à Paris, car la vie n'était pas gaie en Normandie, depuis trois semaines.

Les deux hommes s'assirent sur un petit canapé à deux places, dans un coin de l'atelier, sous un dais d'étoffes orientales, et, se reprenant les mains avec des airs attendris, ils se les serrèrent de nouveau.

— Et la comtesse, demanda Bertin, comment va-t-elle?

— Oh! pas très bien. Elle a été très touchée, très affectée, et elle se remet trop lentement. J'avoue même qu'elle m'inquiète un peu.

— Mais pourquoi ne revient-elle pas?

— Je n'en sais rien. Il m'a été impossible de la décider à rentrer ici.

— Que fait-elle tout le jour?

— Mon Dieu, elle pleure, elle pense à sa mère. Ça n'est pas bon pour elle. Je voudrais bien qu'elle se décidât à changer d'air, à quitter l'endroit où ça s'est passé, vous comprenez?

— Et Annette?

— Oh! elle, une fleur épanouie!

Olivier eut un sourire de joie. Il demanda encore :

— A-t-elle eu beaucoup de chagrin?

— Oui, beaucoup, beaucoup, mais vous savez, du chagrin de dix-huit ans, ça ne tient pas.

Après un silence, Guilleroy reprit :

— Où allons-nous dîner, mon cher? J'ai bien besoin de me dégourdir, moi, d'entendre du bruit et de voir du mouvement.

— Mais, en cette saison, il me semble que le café des Ambassadeurs est indiqué.

Et ils s'en allèrent, en se tenant par le bras, vers les Champs-Élysées. Guilleroy, agité par cet éveil des Parisiens qui rentrent et pour qui la ville, après chaque absence, semble rajeunie et pleine de surprises possibles, interrogeait le peintre sur mille détails, sur ce qu'on avait fait, sur ce qu'on avait dit, et Olivier, après d'indifférentes réponses où se reflétait tout l'ennui de sa solitude, parlait de Roncières, cherchait à saisir en cet homme, à recueillir autour de lui ce quelque chose de presque matériel que laissent en nous les gens qu'on vient de voir, subtile émanation des êtres qu'on emporte en les quittant, qu'on garde en soi quelques heures et qui s'évapore dans l'air nouveau.

Le ciel lourd d'un soir d'été pesait sur la ville et sur la grande avenue où commençaient à sautiller sous les feuillages les refrains alertes des concerts en plein vent. Les deux hommes, assis au balcon du café des Ambassadeurs, regardaient sous eux les bancs et les chaises encore vides de l'enceinte fermée jusqu'au petit théâtre où les chanteuses, dans la clarté blafarde des globes électriques et du jour mêlés, étalaient leurs toilettes éclatantes et la teinte rose de leur chair. Des odeurs de fritures, de sauces, de mangeailles chaudes, flottaient dans les imperceptibles brises que se renvoyaient les marronniers, et quand une femme passait, cherchant sa place réservée, suivie d'un homme en habit noir, elle semait sur sa route le parfum capiteux et frais de ses robes et de son corps.

Guilleroy, radieux, murmura :

— Oh ! j'aime mieux être ici que là-bas.

— Et moi, répondit Bertin, j'aimerais mieux être là-bas qu'ici.

— Allons donc !

— Parbleu. Je trouve Paris infect, cet été.

— Eh ! mon cher, c'est toujours Paris.

Le député semblait être dans un jour de contentement, dans un de ces rares jours d'effervescence égrillarde où les hommes graves font des bêtises. Il regardait deux cocottes dînant à une table voisine avec trois maigres jeunes messieurs superlativement corrects, et il interrogeait sournoisement Olivier sur toutes les filles connues et cotées dont il entendait chaque jour citer les noms. Puis il murmura avec un ton de profond regret :

— Vous avez de la chance d'être resté garçon, vous. Vous pouvez faire et voir tant de choses.

Mais le peintre se récria, et pareil à tous ceux qu'une pensée harcèle, il prit Guilleroy pour confident de ses tristesses et de son isolement. Quand il eut tout dit, récité jusqu'au bout la litanie de ses mélancolies, et raconté naïvement, poussé par le besoin de soulager son cœur, combien il eût désiré l'amour et le frôlement d'une femme installée à son côté, le comte, à son tour, convint que le mariage avait du bon. Retrouvant alors son éloquence parlementaire pour vanter la douceur de sa vie intérieure, il fit de la comtesse un grand éloge, qu'Olivier approuvait gravement par de fréquents mouvements de tête.

Heureux d'entendre parler d'elle, mais jaloux de ce bonheur intime que Guilleroy célébrait par devoir, le peintre finit par murmurer, avec une conviction sincère :

— Oui, vous avez eu de la chance, vous !

Le député, flatté, en convint ; puis il reprit :

— Je voudrais bien la voir revenir ; vraiment, elle me donne du souci en ce moment ! Tenez, puisque vous vous ennuyez à Paris, vous devriez aller à Roncières et la ramener. Elle vous écoutera, vous, car vous êtes son meilleur ami ; tandis qu'un mari..., vous savez...

Olivier, ravi, reprit :

— Mais, je ne demande pas mieux, moi. Cependant.... croyez-vous que cela ne la contrariera pas de me voir arriver ainsi ?

— Non, pas du tout ; allez donc, mon cher.

— J'y consens alors. Je partirai demain par le train d'une heure. Faut-il lui envoyer une dépêche ?

— Non, je m'en charge. Je vais la prévenir, afin que vous trouviez une voiture à la gare.

Comme ils avaient fini de dîner, ils remontèrent aux boulevards ; mais au bout d'une demi-heure à peine, le comte soudain quitta le peintre, sous le prétexte d'une affaire urgente qu'il avait tout à fait oubliée.

II

La comtesse et sa fille, vêtues de crêpe noir, venaient de s'asseoir face à face, pour déjeuner, dans la vaste salle de Roncières. Les portraits d'aïeux, naïvement peints, l'un en cuirasse, un autre en justaucorps, celui-ci poudré en officier des gardes françaises, celui-là en colonel de la Restauration, alignaient sur les murs la collection des Guilleroy passés, en des cadres vieux dont la dorure tombait. Deux domestiques, aux pas sourds, commençaient à servir les deux femmes silencieuses ; et les mouches faisaient autour du lustre en cristal, suspendu au milieu de la table, un petit nuage de points noirs tourbillonnant et bourdonnant.

— Ouvrez les fenêtres, dit la comtesse, il fait un peu frais ici.

Les trois hautes fenêtres, allant du parquet au

plafond, et larges comme des baies, furent ouvertes à deux battants. Un souffle d'air tiède, portant des odeurs d'herbe chaude et des bruits lointains de campagne, entra brusquement par ces trois grands trous, se mêlant à l'air un peu humide de la pièce profonde enfermée dans les murs épais du château.

— Ah! c'est bon, dit Annette, en respirant à pleine gorge.

Les yeux des deux femmes s'étaient tournés vers le dehors et regardaient au-dessous d'un ciel bleu clair, un peu voilé par cette brume de midi qui miroite sur les terres imprégnées de soleil, la longue pelouse verte du parc, avec ses îlots d'arbres de place en place et ses perspectives ouvertes au loin sur la campagne jaune illuminée jusqu'à l'horizon par la nappe d'or des récoltes mûres.

— Nous ferons une longue promenade après déjeuner, dit la comtesse. Nous pourrons aller à pied jusqu'à Berville, en suivant la rivière, car il ferait trop chaud dans la plaine.

— Oui, maman, et nous prendrons Julio pour faire lever des perdrix.

— Tu sais que ton père le défend.

— Oh, puisque papa est à Paris! C'est si amusant de voir Julio en arrêt. Tiens, le voici qui taquine les vaches. Dieu, qu'il est drôle!

Repoussant sa chaise, elle se leva et courut à une fenêtre d'où elle cria : « Hardi, Julio, hardi! »

Sur la pelouse, trois lourdes vaches, rassasiées d'herbe, accablées de chaleur, se reposaient couchées sur le flanc, le ventre saillant, repoussé par la pression du sol. Allant de l'une à l'autre avec des aboiements, des gambades folles, une colère gaie, furieuse et feinte, un épagneul de chasse, svelte, blanc et roux, dont les oreilles frisées s'envolaient à chaque bond, s'acharnait à faire lever les trois grosses bêtes qui ne voulaient pas. C'était là, assurément, le jeu favori du chien, qui devait le recommencer chaque fois qu'il apercevait les vaches étendues. Elles, mécontentes, pas effrayées, le regardaient de leurs gros yeux mouillés, en tournant la tête pour le suivre.

Annette, de sa fenêtre, cria :

— Apporte, Julio, apporte.

Et l'épagneul, excité, s'enhardissait, aboyait plus fort, s'aventurait jusqu'à la croupe, en feignant de vouloir mordre. Elles commençaient à s'inquiéter, et les frissons nerveux de leur peau pour chasser les mouches devenaient plus fréquents et plus longs.

Soudain le chien, emporté par une course qu'il ne put maîtriser à temps, arriva en plein élan si près d'une vache, que, pour ne point se culbuter contre elle, il dut sauter par-dessus. Frôlé par le bond, le pesant animal eut peur, et, levant d'abord la tête, se redressa ensuite avec lenteur sur ses quatre jambes, en reniflant fortement. Le voyant debout, les deux autres aussitôt l'imitèrent; et Julio se mit à danser autour d'eux une danse de triomphe, tandis qu'Annette le félicitait.

— Bravo, Julio, bravo!

— Allons, dit la comtesse, viens donc déjeuner, mon enfant.

Mais la jeune fille, posant une main en abat-jour sur ses yeux, annonça :

— Tiens! le porteur du télégraphe.

Dans le sentier invisible, perdu au milieu des blés et des avoines, une blouse bleue semblait glisser à la surface des épis, et s'en venait vers le château, au pas cadencé de l'homme.

— Mon Dieu! murmura la comtesse, pourvu que ce ne soit pas une mauvaise nouvelle!

Elle frissonnait encore de cette terreur que laisse si longtemps en nous la mort d'un être aimé trouvée dans une dépêche. Elle ne pouvait maintenant déchirer la bande collée pour ouvrir le petit papier bleu, sans sentir trembler ses doigts et s'émouvoir son âme, et croire que de ces plis si longs à défaire allait sortir un chagrin qui ferait de nouveau couler ses larmes.

Annette, au contraire, pleine de curiosité jeune, aimait tout l'inconnu qui vient à nous. Son cœur, que la vie venait pour la première fois de meurtrir, ne pouvait attendre que des joies de la sacoche noire et redoutable attachée au flanc des piétons de la poste, qui sèment tant d'émotions par les rues des villes et les chemins des champs.

La comtesse ne mangeait plus, suivant en son esprit cet homme qui venait vers elle, porteur de quelques mots écrits, de quelques mots dont elle serait peut-être blessée comme d'un coup de couteau à la gorge. L'angoisse de savoir la rendait haletante, et elle cherchait à deviner quelle était cette nouvelle si pressée. A quel sujet? De qui? La pensée d'Olivier la traversa. Serait-il malade? Mort peut-être aussi?

Les dix minutes qu'il fallut attendre lui parurent interminables; puis quand elle eut déchiré la dépêche et reconnu le nom de son mari, elle lut: « Je t'annonce que notre ami Bertin part pour Roncières par le train d'une heure. Envoie phaéton gare. Tendresses. »

— Eh bien, maman? disait Annette.
— C'est M. Olivier Bertin qui vient nous voir.
— Ah! quelle chance! Et quand?
— Tantôt.
— A quatre heures?
— Oui.
— Oh! qu'il est gentil!

Mais la comtesse avait pâli, car un souci nouveau depuis quelque temps grandissait en elle, et la brusque arrivée du peintre lui semblait une menace aussi pénible que tout ce qu'elle avait pu prévoir.

— Tu iras le chercher avec la voiture, dit-elle à sa fille.

— Et toi, maman, tu ne viendras pas!

— Non, je vous attendrai ici.

— Pourquoi? Ça lui fera de la peine.

— Je ne me sens pas très bien.

— Tu voulais aller à pied jusqu'à Berville, tout à l'heure.

— Oui, mais le déjeuner m'a fait mal.

— D'ici là, tu iras mieux.

— Non, je vais même monter dans ma chambre. Fais-moi prévenir dès que vous serez arrivés.

— Oui, maman.

Puis, après avoir donné des ordres pour qu'on attelât le phaéton à l'heure voulue et qu'on préparât l'appartement, la comtesse rentra chez elle et s'enferma.

Sa vie, jusqu'alors, s'était écoulée presque sans souffrance, accidentée seulement par l'affection d'Olivier, et agitée par le souci de la conserver. Elle y avait réussi, toujours victorieuse dans cette lutte. Son cœur, bercé par les succès et la louange, devenu un cœur exigeant de belle mondaine à qui sont dues toutes les douceurs de la terre, après avoir consenti à un mariage brillant, où l'inclination n'entrait pour rien, après avoir ensuite accepté l'amour comme le complément d'une existence heureuse, après avoir pris son parti d'une liaison coupable, beaucoup par entraînement, un peu par religion pour le sentiment lui-même, par compensation au train-train vulgaire de l'existence, s'était cantonné, barricadé dans ce bonheur que le hasard lui avait fait, sans autre désir que de le défendre contre les surprises de chaque jour. Elle avait donc accepté avec une bienveillance de jolie femme les événements agréables qui se présentaient, et, peu aventureuse, peu harcelée par des besoins nouveaux et des démangeaisons d'inconnu, mais tendre, tenace et prévoyante, contente du présent, inquiète, par nature, du lendemain, elle avait su jouir des éléments que lui fournissait le Destin avec une prudence économe et sagace.

Or, peu à peu, sans qu'elle osât même se l'avouer, s'était glissée dans son âme la préoccupation obscure des jours qui passent, de l'âge qui vient. C'était en sa pensée quelque chose comme une petite démangeaison qui ne cessait jamais. Mais sachant bien que cette descente de la vie était sans fond, qu'une fois commencée on ne l'arrêtait plus, et cédant à l'instinct du danger, elle ferma les yeux en se laissant glisser afin de conserver son rêve, de ne pas avoir le vertige de l'abîme et le désespoir de l'impuissance.

Elle vécut donc en souriant, avec une sorte d'orgueil factice de rester belle si longtemps; et, lorsqu'Annette apparut à côté d'elle avec la fraîcheur de ses dix-huit années, au lieu de souffrir de ce voisinage, elle fut fière, au contraire, de pouvoir être préférée, dans la grâce savante de sa maturité, à cette fillette épanouie dans l'éclat radieux de la première jeunesse.

Elle se croyait même au début d'une période heureuse et tranquille quand la mort de sa mère vint la frapper en plein cœur. Ce fut, pendant les premiers jours, un de ces désespoirs profonds qui ne laissent place à nulle autre pensée. Elle restait du matin au soir abîmée dans la désolation, cherchant à se rappeler mille choses de la morte, des paroles familières, sa figure d'autrefois, des robes qu'elle avait portées jadis, comme si elle eût amassé au fond de sa mémoire des reliques, et recueilli dans le passé disparu tous les intimes et menus souvenirs dont elle alimenterait ses cruelles rêveries. Puis quand elle fut arrivée ainsi à un tel paroxysme de désespoir, qu'elle avait à tout instant des crises de nerfs et des syncopes, toute cette peine accumulée jaillit en larmes, et, jour et nuit, coula de ses yeux.

Or, un matin, comme sa femme de chambre entrait et venait d'ouvrir les volets et les rideaux en demandant : « Comment va Madame aujourd'hui? » elle répondit, se sentant épuisée et courbaturée à force d'avoir pleuré : « Oh! pas du tout. Vraiment, je n'en puis plus. »

La domestique qui tenait le plateau portant le thé regarda sa maîtresse, et émue de la voir si pâle dans la blancheur du lit, elle balbutia avec un accent triste et sincère :

— En effet, Madame a très mauvaise mine. Madame ferait bien de se soigner.

Le ton dont cela fut dit enfonça au cœur de la comtesse une petite piqûre comme d'une pointe d'aiguille, et dès que la bonne fut partie, elle se leva pour aller voir sa figure dans sa grande armoire à glace.

Elle demeura stupéfaite en face d'elle-même, effrayée de ses joues creuses, de ses yeux rouges, du ravage produit sur elle par ces quelques jours de souffrance. Son visage qu'elle connaissait si bien, qu'elle avait si souvent regardé en tant de miroirs divers, dont elle savait toutes les expressions, toutes les gentillesses, tous les sourires, dont elle avait déjà bien des fois corrigé la pâleur, réparé les petites fatigues, détruit les rides légères apparues au trop grand jour, au coin des yeux, lui sembla tout à coup celui d'une autre femme, un visage nouveau qui se décomposait, irréparablement malade.

Pour se mieux voir, pour mieux constater ce mal inattendu, elle s'approcha jusqu'à toucher la glace du front, si bien que son haleine, répandant une buée sur le verre, obscurcit, effaça presque l'image blême qu'elle contemplait. Elle dut alors prendre un mouchoir pour essuyer la brume de son souffle, et frissonnante d'une émotion bizarre, elle fit un long et patient examen des altérations de son visage. D'un doigt léger elle tendit la peau des joues, lissa celle du front, releva les cheveux, retourna les paupières pour regarder le blanc de l'œil. Puis elle ouvrit la bouche, inspecta ses dents un peu ternies où des points d'or brillaient, s'inquiéta des gencives livides et de la teinte jaune de la chair au-dessus des joues et sur les tempes.

Elle mettait à cette revue de la beauté défaillante tant d'attention qu'elle n'entendit pas ouvrir la porte, et qu'elle tressaillit jusqu'au cœur quand sa femme de chambre, debout derrière elle, lui dit :

— Madame a oublié de prendre son thé.

La comtesse se retourna, confuse, surprise, honteuse, et la domestique, devinant sa pensée, reprit :

— Madame a trop pleuré, il n'y a rien de pire que les larmes pour vider la peau. C'est le sang qui tourne en eau.

Comme la comtesse ajoutait tristement :

— Il y a aussi l'âge.

La bonne se récria :

— Oh ! oh ! Madame n'en est pas là ! En quelques jours de repos il n'y paraîtra plus. Mais il faut que Madame se promène et prenne bien garde de ne pas pleurer.

Aussitôt qu'elle fut habillée, la comtesse descendit au parc, et pour la première fois depuis la mort de sa mère, elle alla visiter le petit verger où elle aimait autrefois soigner et cueillir des fleurs, puis elle gagna la rivière et marcha le long de l'eau jusqu'à l'heure du déjeuner.

En s'asseyant à la table en face de son mari, à côté de sa fille, elle demanda pour savoir leur pensée :

— Je me sens mieux aujourd'hui. Je dois être moins pâle.

Le comte répondit :

— Oh ! vous avez encore bien mauvaise mine.

Son cœur se crispa, et une envie de pleurer lui mouilla les yeux, car elle avait pris l'habitude des larmes.

Jusqu'au soir, et le lendemain, et les jours suivants, soit qu'elle pensât à sa mère, soit qu'elle pensât à elle-même, elle sentit à tout moment des sanglots lui gonfler la gorge et lui monter aux paupières, mais pour ne pas les laisser s'épandre et lui raviner les joues, elle les retenait en elle, et par un effort surhumain de volonté, entraînant sa pensée sur des choses étrangères, la maîtrisant, la dominant, l'écartant de ses peines, elle s'efforçait de se consoler, de se distraire, de ne plus songer aux choses tristes, afin de retrouver la santé de son teint.

Elle ne voulait pas surtout retourner à Paris et revoir Olivier Bertin avant d'être redevenue elle-même. Comprenant qu'elle avait trop maigri, que la chair des femmes de son âge a besoin d'être pleine pour se conserver fraîche, elle cherchait de l'appétit sur les routes et dans les bois voisins, et bien qu'elle rentrât fatiguée et sans faim, elle s'efforçait de manger beaucoup.

Le comte, qui voulait repartir, ne comprenait point son obstination. Enfin, devant sa résistance invincible, il déclara qu'il s'en allait seul, laissant la comtesse libre de revenir lorsqu'elle y serait disposée.

Elle reçut le lendemain la dépêche annonçant l'arrivée d'Olivier.

Une envie de fuir la saisit, tant elle avait peur de son premier regard. Elle aurait désiré attendre encore une semaine ou deux. En une semaine, en se soignant, on peut changer tout à fait de visage, puisque les femmes, même bien portantes et jeunes, sous la moindre influence sont méconnaissables du jour au lendemain. Mais l'idée d'apparaître en plein soleil, en plein champ, devant Olivier, dans cette lumière du mois d'août, à côté d'Annette si fraîche, l'inquiéta tellement, qu'elle se décida tout de suite à ne point aller à la gare et à l'attendre dans la demi-ombre du salon.

Elle était montée dans sa chambre et songeait. Des souffles de chaleur remuaient de temps en temps les rideaux. Le chant des cris-cris emplissait l'air. Jamais encore elle ne s'était sentie si triste. Ce n'était plus la grande douleur écrasante qui avait broyé son cœur, qui l'avait déchirée, anéantie, devant le corps sans âme de la vieille maman bien-aimée. Cette douleur qu'elle avait crue inguérissable s'était, en quelques jours, atténuée jusqu'à n'être qu'une souffrance du souvenir; mais elle se sentait emportée maintenant noyée dans un flot profond de mélancolie où elle était entrée tout doucement, et dont elle ne sortirait plus.

Elle avait envie de pleurer, une envie irrésistible — et ne voulait pas. Chaque fois qu'elle sentait ses paupières humides, elle les essuyait vivement, se levait, marchait, regardait le parc, et, sur les grands arbres des futaies les corbeaux promenant dans le ciel bleu leur vol noir et lent.

Puis elle passait devant sa glace, se jugeait d'un coup d'œil, effaçait la trace d'une larme en effleurant le coin de l'œil avec la houppe de poudre de riz, et elle regardait l'heure en cherchant à deviner à quel point de la route il pouvait bien être arrivé.

Comme toutes les femmes qu'emporte une détresse d'âme irraisonnée ou réelle, elle se rattachait à lui avec une tendresse éperdue. N'était-il pas tout pour elle, tout, tout, plus que la vie, tout ce que devient un être quand on l'aime uniquement et qu'on se sent vieillir !

Soudain elle entendit au loin le claquement d'un fouet, courut à la fenêtre et vit le phaéton qui faisait le tour de la pelouse au grand trot des deux chevaux. Assis à côté d'Annette, dans le fond de la voiture, Olivier agita son mouchoir en apercevant la comtesse, et elle répondit à ce signe par des bonjours jetés des deux mains. Puis elle descendit, le cœur battant, mais heureuse à présent, toute vibrante de la joie de le sentir si près, de lui parler et de le voir.

Ils se rencontrèrent dans l'antichambre, devant la porte du salon.

Il ouvrit les bras vers elle avec un irrésistible élan, et d'une voix que chauffait une émotion vraie :

— Ah ! ma pauvre comtesse, permettez que je vous embrasse !

Elle ferma les yeux, se pencha, se pressa contre lui en tendant ses joues, et pendant qu'il appuyait ses lèvres, elle murmura dans son oreille : « Je t'aime. »

Puis Olivier, sans lâcher ses mains qu'il serrait, la regarda, disant :

— Voyons cette triste figure ?

Elle se sentait défaillir. Il reprit :

— Oui, un peu pâlotte; mais ça n'est rien.

Pour le remercier, elle balbutia :

— Ah! cher ami, cher ami! — ne trouvant pas autre chose à dire.

Mais il s'était retourné, cherchant derrière lui Annette disparue, et brusquement :

— Est-ce étrange, hein, de voir votre fille en deuil?

— Pourquoi? demanda la comtesse.

Il s'écria, avec une animation extraordinaire :

— Comment, pourquoi? Mais c'est votre portrait peint par moi, c'est mon portrait! C'est vous, telle que je vous ai rencontrée autrefois en entrant chez la duchesse! Hein, vous rappelez-vous cette porte où vous avez passé sous mon regard, comme une frégate passe sous le canon d'un fort. Sacristi! quand j'ai aperçu à la gare, tout à l'heure, la petite debout sur le quai, tout en noir, avec le soleil de ses cheveux autour du visage, mon sang n'a fait qu'un tour. J'ai cru que j'allais pleurer. Je vous dis que c'est à devenir fou quand on vous a connue comme moi, qui vous ai regardée mieux que personne et aimée plus que personne, et reproduite en peinture, Madame. Ah! par exemple, j'ai bien pensé que vous me l'aviez envoyée toute seule au chemin de fer pour me donner cet étonnement. Dieu de Dieu, que j'ai été surpris! Je vous dis que c'est à devenir fou!

Il cria :

— Annette, Nané.

La voix de la jeune fille répondit du dehors, car elle donnait du sucre aux chevaux.

— Voilà, voilà !

— Viens donc ici.

Elle accourut.

— Tiens, mets-toi tout près de ta mère.

Elle s'y plaça, et il les compara ; mais il répétait machinalement, sans conviction : « Oui, c'est étonnant, c'est étonnant, » car elles se ressemblaient moins côte à côte qu'avant de quitter Paris, la jeune fille ayant pris en cette toilette noire une expression nouvelle de jeunesse lumineuse, tandis que la mère n'avait plus depuis longtemps cette flambée des cheveux et du teint dont elle avait jadis ébloui et grisé le peintre en le rencontrant pour la première fois.

Puis la comtesse et lui entrèrent au salon. Il semblait radieux.

— Ah ! la bonne idée que j'ai eue de venir ! — disait-il. Il se reprit : — Non, c'est votre mari qui l'a eue pour moi. Il m'a chargé de vous ramener. Et moi, savez-vous ce que je vous propose ? — Non, n'est-ce pas ? — Eh bien, je vous propose au contraire de rester ici. Par ces chaleurs, Paris est odieux, tandis que la campagne est délicieuse. Dieu ! qu'il fait bon ! »

La tombée du soir imprégnait le parc de fraîcheur, faisait frissonner les arbres et s'exhaler de la terre des vapeurs imperceptibles qui jetaient sur l'horizon un léger voile transparent. Les trois vaches, debout et la tête basse, broutaient avec avidité, et quatre paons, avec un fort bruit d'ailes, montaient se percher dans un cèdre où ils avaient coutume de dormir, sous les fenêtres du château. Des chiens aboyaient au loin par la campagne, et dans l'air tranquille de cette fin de jour passaient des appels de voix humaines, des phrases jetées à travers les champs, d'une pièce de terre à l'autre, et ces cris courts et gutturaux avec lesquels on conduit les bêtes.

Le peintre, nu-tête, les yeux brillants, respirait à pleine gorge ; et comme la comtesse le regardait :

— Voilà le bonheur, dit-il.

Elle se rapprocha de lui.

— Il ne dure jamais.

— Prenons-le quand il vient.

Elle, alors, avec un sourire :

— Jusqu'ici vous n'aimiez pas la campagne.

— Je l'aime aujourd'hui, parce que je vous y trouve. Je ne saurais plus vivre en un endroit où vous n'êtes pas. Quand on est jeune, on peut être amoureux de loin, par lettres, par pensées, par exaltation pure, peut-être parce qu'on sent la vie devant soi, peut-être aussi parce qu'on a plus de passion que de besoins du cœur; à mon âge, au contraire, l'amour est devenu une habitude d'infirme, c'est un pansement de l'âme, qui ne battant plus que d'une aile s'envole moins dans l'idéal. Le cœur n'a plus d'extase, mais des exigences égoïstes. Et puis, je sens très bien que je n'ai pas de temps à perdre pour jouir de mon reste.

— Oh! vieux! dit-elle en lui prenant la main.

Il répétait :

— Mais oui, mais oui. Je suis vieux. Tout le montre, mes cheveux, mon caractère qui change, la tristesse qui vient. Sacristi, voilà une chose que je n'ai pas connue jusqu'ici : la tristesse! Si on m'eût dit, quand j'avais trente ans, qu'un jour je deviendrais triste sans raison, inquiet, mécontent de tout, je ne l'aurais pas cru. Cela prouve que mon cœur aussi a vieilli.

Elle répondit avec une certitude profonde :

— Oh! moi, j'ai le cœur tout jeune. Il n'a pas changé. Si, il a rajeuni peut-être. Il a eu vingt ans, il n'en a plus que seize.

Ils restèrent longtemps à causer ainsi dans la fenêtre ouverte, mêlés à l'âme du soir, tout près l'un de l'autre, plus près qu'ils n'avaient jamais été, en cette heure de tendresse, crépusculaire comme l'heure du jour.

Un domestique entra, annonçant :

— Madame la comtesse est servie.

Elle demanda :

— Vous avez prévenu ma fille?

— Mademoiselle est dans la salle à manger.

Ils s'assirent à table, tous les trois. Les volets étaient clos, et deux grands candélabres de six bougies, éclairant le visage d'Annette, lui faisaient une tête poudrée d'or. Bertin, souriant, ne cessait de la regarder.

— Dieu! qu'elle est jolie en noir! disait-il.

Et il se tournait vers la comtesse en admirant la fille, comme pour remercier la mère de lui avoir donné ce plaisir.

Lorsqu'ils furent revenus dans le salon, la lune s'était levée sur les arbres du parc. Leur masse sombre avait l'air d'une grande île, et la campagne au delà semblait une mer cachée sous la petite brume qui flottait au ras des plaines.

— Oh! maman, allons nous promener, dit Annette.

La comtesse y consentit.

— Je prends Julio.

— Oui, si tu veux.

Ils sortirent. La jeune fille marchait devant en s'amusant avec le chien. Lorsqu'ils longèrent la pelouse, ils entendirent le souffle des vaches qui, réveillées et sentant leur ennemi, levaient la tête pour regarder. Sous les arbres, plus loin, la lune effilait entre les branches une pluie de rayons fins qui glissaient jusqu'à terre en mouillant les feuilles et se répandaient sur le chemin par petites flaques de clarté jaune. Annette et Julio couraient, semblaient avoir sous cette nuit sereine le même cœur joyeux et vide, dont l'ivresse partait en gambades.

Dans les clairières où l'onde lunaire descendait ainsi qu'en des puits, la jeune fille passait comme une apparition, et le peintre la rappelait, émerveillé de cette vision noire, dont le clair visage brillait. Puis, quand elle était repartie, il prenait et serrait la main de la comtesse, et souvent cherchait ses lèvres en traversant des ombres plus épaisses, comme si, chaque fois, la vue d'Annette avait ravivé l'impatience de son cœur.

Ils gagnèrent enfin le bord de la plaine, où l'on devinait à peine au loin, de place en place, les bouquets d'arbres des fermes. A travers la buée de lait qui baignait les champs, l'horizon s'illimitait, et le silence léger, le silence vivant de ce grand espace lumineux et tiède était plein de l'inexprimable espoir, de l'indéfinissable attente qui rendent si douces les nuits d'été. Très haut dans le ciel, quelques petits nuages longs et minces semblaient faits d'écailles d'argent. En demeurant quelques secondes immobile, on entendait dans cette paix nocturne un confus et continu murmure de vie, mille bruits frêles dont l'harmonie ressemblait d'abord à du silence.

Une caille, dans un pré voisin, jetait son double cri, et Julio, les oreilles dressées, s'en alla à pas furtifs vers les deux notes de flûte de l'oiseau. Annette le suivit, aussi légère que lui, retenant son souffle et se baissant.

— Ah! dit la comtesse restée seule avec le peintre, pourquoi les moments comme celui-ci passent-ils si vite? On ne peut rien tenir, on ne peut rien garder. On n'a même pas le temps de goûter ce qui est bon. C'est déjà fini.

Olivier lui baisa la main et reprit en souriant :

— Oh! ce soir, je ne fais point de philosophie. Je suis tout à l'heure présente.

Elle murmura :

— Vous ne m'aimez pas comme je vous aime!

— Ah! par exemple!...

Elle l'interrompit :

— Non, vous aimez en moi, comme vous le disiez fort bien avant dîner, une femme qui satisfait les besoins de votre cœur, une femme qui ne vous a jamais fait une peine et qui a mis un peu de bonheur dans votre vie. Cela, je le sais, je le sens. Oui, j'ai la conscience, j'ai la joie ardente de vous avoir été bonne, utile et secourable. Vous avez aimé, vous aimez encore tout ce que vous trouvez en moi d'agréable, mes attentions pour vous, mon admiration, mon souci de vous plaire, ma passion, le don complet que je vous ai fait de mon être intime.

Mais ce n'est pas moi que vous aimez, comprenez-vous ! Oh, cela je le sens comme on sent un courant d'air froid. Vous aimez en moi mille choses, ma beauté, qui s'en va, mon dévouement, l'esprit qu'on me trouve, l'opinion qu'on a de moi dans le monde, celle que j'ai de vous dans mon cœur; mais ce n'est pas moi, moi, rien que moi, comprenez-vous ?

Il eut un petit rire amical :

— Non, je ne comprends pas trop bien. Vous me faites une scène de reproches très inattendue.

Elle s'écria :

— Oh, mon Dieu ! Je voudrais vous faire comprendre comment je vous aime, moi ! Voyons, je cherche, je ne trouve pas. Quand je pense à vous, et j'y pense toujours, je sens jusqu'au fond de ma chair et de mon âme une ivresse indicible de vous appartenir, et un besoin irrésistible de vous donner davantage de moi. Je voudrais me sacrifier d'une façon absolue, car il n'y a rien de meilleur, quand on aime, que de donner, de donner toujours, tout, tout, sa vie, sa pensée, son corps, tout ce qu'on a, et de bien sentir qu'on donne et d'être prête à tout risquer pour donner plus encore. Je vous aime, jusqu'à aimer souffrir pour vous, jusqu'à aimer mes inquiétudes, mes tourments, mes jalousies, la peine que j'ai quand je ne vous sens plus tendre pour moi. J'aime en vous quelqu'un que seule j'ai découvert, un vous qui n'est pas celui du monde, celui qu'on admire, celui qu'on connaît, un vous qui est le mien, qui ne peut plus changer, qui ne peut pas vieillir, que je ne peux pas ne plus aimer, car j'ai, pour le regarder, des yeux qui ne voient plus que lui. Mais on ne peut pas dire ces choses. Il n'y a pas de mots pour les exprimer.

Il répéta tout bas, plusieurs fois de suite :

— Chère, chère, chère Any.

Julio revenait en bondissant, sans avoir trouvé la caille qui s'était tue à son approche, et Annette le suivait toujours, essoufflée d'avoir couru.

— Je n'en puis plus, dit-elle. Je me cramponne à vous, monsieur le peintre !

Elle s'appuya sur le bras libre d'Olivier et ils rentrèrent, marchant ainsi, lui entre elles, sous les arbres noirs. Ils ne parlaient plus. Il avançait, possédé par elles, pénétré par une sorte de fluide féminin dont leur contact l'inondait. Il ne cherchait pas à les voir, puisqu'il les avait contre lui, et même il fermait les yeux pour mieux les sentir. Elles le guidaient, le conduisaient, et il allait devant lui, épris d'elles, de celle de gauche comme de celle de droite, sans savoir laquelle était à gauche, laquelle était à droite, laquelle était la mère, laquelle était la fille. Il s'abandonnait volontairement avec une sensualité inconsciente et raffinée au trouble de cette sensation. Il cherchait même à les mêler dans son cœur, à ne plus les distinguer dans sa pensée, et il berçait son désir au charme de cette confusion. N'était-ce pas une seule femme que cette mère et cette fille si pareilles ? et la fille ne semblait-elle pas venue sur la terre uniquement pour rajeunir son amour ancien pour la mère ?

Quand il rouvrit les yeux en pénétrant dans le château, il lui sembla qu'il venait de passer les plus délicieuses minutes de sa vie, de subir la plus étrange, la plus inanalysable et la plus complète émotion que pût goûter un homme, grisé d'une même tendresse par la séduction émanée de deux femmes.

— Ah ! l'exquise soirée ! dit-il, dès qu'il se retrouva entre elles à la lumière des lampes.

Annette s'écria :

— Je n'ai pas du tout besoin de dormir, moi ; je passerais toute la nuit à me promener quand il fait beau.

La comtesse regarda la pendule :

— Oh ! il est onze heures et demie. Il faut se coucher, mon enfant.

Ils se séparèrent, chacun allant vers son appartement. Seule, la jeune fille qui n'avait pas envie de se mettre au lit, dormit bien vite.

Le lendemain, à l'heure ordinaire, lorsque la femme de chambre, après avoir ouvert les rideaux et les auvents, apporta le thé et regarda sa maîtresse encore ensommeillée, elle lui dit :

— Madame a déjà meilleure mine aujourd'hui.
— Vous croyez?
— Oh! oui. La figure de Madame est plus reposée.

La comtesse, sans s'être encore regardée, savait bien que c'était vrai. Son cœur était léger, elle ne le sentait pas battre, et elle se sentait vivre. Le sang qui coulait en ses veines n'était plus rapide comme la veille, chaud et chargé de fièvre, promenant en toute sa chair de l'énervement et de l'inquiétude, mais il y répandait un tiède bien-être, et aussi de la confiance heureuse.

Quand la domestique fut sortie, elle alla se voir dans la glace. Elle fut un peu surprise, car elle se sentait si bien qu'elle s'attendait à se trouver rajeunie, en une seule nuit, de plusieurs années. Puis elle comprit l'enfantillage de cet espoir, et, après s'être encore regardée, elle se résigna à constater qu'elle avait seulement le teint plus clair, les yeux moins fatigués, les lèvres plus vives que la veille. Comme son âme était contente, elle ne pouvait s'attrister, et elle sourit en pensant : « Oui, dans quelques jours, je serai tout à fait bien. J'ai été trop éprouvée pour me remettre si vite. »

Mais elle resta longtemps, très longtemps assise devant sa table de toilette où étaient étalés, dans un ordre gracieux, sur une nappe de mousseline bordée de dentelles, devant un beau miroir de cristal taillé, tous ses petits instruments de coquetterie à manche d'ivoire portant son chiffre coiffé d'une couronne. Ils étaient là, innombrables, jolis, différents, destinés à des besognes délicates et secrètes, les uns en acier, fins et coupants, de formes bizarres, comme des outils de chirurgie pour opérer des bobos d'enfant, les autres ronds et doux, en plume, en duvet, en peau de bêtes inconnues, faits pour étendre sur la chair tendre la caresse des poudres odorantes, des parfums gras ou liquides.

Longtemps elle les mania de ses doigts savants, promena de ses lèvres à ses tempes leur toucher plus moelleux qu'un baiser, corrigeant les nuances imparfaitement retrouvées, soulignant les yeux, soignant les cils. Quand elle descendit enfin, elle était à peu près sûre que le premier regard qu'il lui jetterait ne serait pas trop défavorable.

— Où est M. Bertin? demanda-t-elle au domestique rencontré dans le vestibule.

L'homme répondit :

— M. Bertin est dans le verger, en train de faire une partie de lawn-tennis avec mademoiselle.

Elle les entendit de loin crier les points.

L'une après l'autre, la voix sonore du peintre et la voix fine de la jeune fille annonçaient : quinze, trente, quarante, avantage, à deux, avantage, jeu.

Le verger où avait été battu un terrain pour le

lawn-tennis était un grand carré d'herbe planté de pommiers, enclos par le parc, par le potager et par les fermes dépendant du château. Le long des talus qui le limitaient de trois côtés, comme les défenses d'un camp retranché, on avait fait pousser des fleurs, de longues plates-bandes de fleurs de toutes sortes, champêtres ou rares, des roses en quantité, des œillets, des héliotropes, des fuchsias, du réséda, bien d'autres encore, qui donnaient à l'air un goût de miel, ainsi que disait Bertin. Des abeilles, d'ailleurs, dont les ruches alignaient leurs dômes de paille le long du mur aux espaliers du potager, couvraient ce champ fleuri de leur vol blond et ronflant.

Juste au milieu de ce verger on avait abattu quelques pommiers, afin d'obtenir la place récessaire au lawn-tennis, et un filet goudronné, tendu par le travers de cet espace, le séparait en deux camps.

Annette, d'un côté, sa jupe noire relevée, nu-tête, montrant ses chevilles et la moitié du mollet lorsqu'elle s'élançait pour attraper la balle au vol, allait, venait, courait, les yeux brillants et les joues rouges, fatiguée, essoufflée par le jeu correct et sûr de son adversaire.

Lui, la culotte de flanelle blanche serrée aux reins sur la chemise pareille, coiffé d'une casquette à visière, blanche aussi, et le ventre un peu saillant, attendait la balle avec sang-froid, jugeait avec précision sa chute, la recevait et la renvoyait sans se presser, sans courir, avec l'aisance élégante, l'attention passionnée et l'adresse professionnelle qu'il apportait à tous les exercices.

Ce fut Annette qui aperçut sa mère. Elle cria :

— Bonjour, maman; attends une minute que nous ayons fini ce coup-là.

Cette distraction d'une seconde la perdit. La balle passa contre elle, rapide et basse, presque roulante, toucha terre et sortit du jeu.

Tandis que Bertin criait : « Gagné », que la jeune fille, surprise, l'accusait d'avoir profité de son inattention, Julio, dressé à chercher et à retrouver, comme des perdrix tombées dans les broussailles, les balles perdues qui s'égaraient, s'élança derrière celle qui courait devant lui dans l'herbe, la saisit dans la gueule avec délicatesse, et la rapporta en remuant la queue.

Le peintre, maintenant, saluait la comtesse; mais, pressé de se remettre à jouer, animé par la lutte, content de se sentir souple, il ne jeta sur ce visage tant soigné pour lui qu'un coup d'œil court et distrait; puis il demanda :

— Vous permettez? chère comtesse, j'ai peur de me refroidir et d'attraper une névralgie.

— Oh! oui, dit-elle.

Elle s'assit sur un tas de foin, fauché le matin

même, pour donner champ libre aux joueurs, et, le cœur un peu triste tout à coup, les regarda.

Sa fille, agacée de perdre toujours, s'animait, s'excitait, avait des cris de dépit ou de triomphe, des élans impétueux d'un bout à l'autre de son camp, et, souvent, dans ces bonds, des mèches de cheveux tombaient, déroulées, puis répandues sur ses épaules. Elle les saisissait, et, la raquette entre les genoux, en quelques secondes, avec des mouvements impatients, les rattachait en piquant des épingles, par grands coups, dans la masse de la chevelure.

Et Bertin, de loin, criait à la comtesse :

— Hein! est-elle jolie ainsi, et fraîche comme le jour?

Oui, elle était jeune, elle pouvait courir, avoir chaud, devenir rouge, perdre ses cheveux, tout braver, tout oser, car tout l'embellissait.

Puis, quand ils se remettaient à jouer avec ardeur, la comtesse, de plus en plus mélancolique, songeait qu'Olivier préférait cette partie de balle, cette agitation d'enfant, ce plaisir des petits chats qui sautent après des boules de papier, à la douceur de s'asseoir près d'elle, en cette chaude matinée, et de la sentir, aimante, contre lui.

Quand la cloche, au loin, sonna le premier coup du déjeuner, il lui sembla qu'on la délivrait, qu'on lui ôtait un poids du cœur. Mais, comme elle revenait, appuyée à son bras, il lui dit :

— Je viens de m'amuser comme un gamin. C'est rudement bon d'être, ou de se croire jeune. Ah oui! ah oui! il n'y a que ça! Quand on n'aime plus courir, on est fini!

En sortant de table, la comtesse qui, pour la première fois, la veille, n'avait pas été au cimetière, proposa d'y aller ensemble, et ils partirent tous les trois pour le village.

Il fallait traverser le bois où coulait un ruisseau qu'on nommait la Rainette, sans doute à cause des petites grenouilles dont il était peuplé, puis franchir un bout de plaine avant d'arriver à l'église bâtie dans un groupe de maisons abritant l'épicier, le boulanger, le boucher, le marchand de vins et quelques autres modestes commerçants chez qui venaient s'approvisionner les paysans.

L'aller fut silencieux et recueilli, la pensée de la morte oppressant les âmes. Sur la tombe, les deux femmes s'agenouillèrent et prièrent longtemps. La comtesse courbée, demeurait immobile, un mouchoir dans les yeux, car elle avait peur de pleurer, et que les larmes coulassent sur ses joues. Elle priait, non pas comme elle avait fait jusqu'à ce jour, par une espèce d'évocation de sa mère, par un appel désespéré sous le marbre de la tombe, jusqu'à ce qu'elle crût sentir à son émotion devenue déchirante que la morte l'entendait, l'écoutait, mais simplement en balbutiant avec ardeur les paroles consacrées du *Pater noster* et de l'*Ave Maria*. Elle n'aurait pas eu, ce jour-là, la force et la tension d'esprit qu'il lui fallait pour cette sorte de cruel entretien sans réponse avec ce qui pouvait demeurer de l'être disparu autour du trou qui cachait les restes de son corps. D'autres obsessions avaient pénétré dans son cœur de femme, l'avaient remuée, meurtrie, distraite; et sa prière fervente montait vers le ciel pleine d'obscures supplications. Elle implorait Dieu, l'inexorable Dieu qui a jeté sur la terre toutes les pauvres créatures, afin qu'il eût pitié d'elle-même autant que de celle rappelée à lui.

Elle n'aurait pu dire ce qu'elle lui demandait, tant ses appréhensions étaient encore cachées et confuses, mais elle sentait qu'elle avait besoin de l'aide divine, d'un secours surnaturel contre des dangers prochains et d'inévitables douleurs.

Annette, les yeux fermés, après avoir aussi balbutié des formules, était partie en une rêverie, car elle ne voulait pas se relever avant sa mère.

Olivier Bertin les regardait, songeant qu'il avait devant lui un ravissant tableau et regrettant un peu qu'il ne lui fût pas permis de faire un croquis.

En revenant, ils se mirent à parler de l'existence humaine, remuant doucement ces idées amères et poétiques d'une philosophie attendrie et découragée, qui sont un fréquent sujet de causerie entre les hommes et les femmes que la vie blesse un peu et dont les cœurs se mêlent en confondant leurs peines.

Annette, qui n'était point mûre pour ces pensées, s'éloignait à chaque instant afin de cueillir des fleurs champêtres au bord du chemin.

Mais Olivier, pris d'un désir de la garder près de lui, énervé de la voir sans cesse repartir, ne la quittait point de l'œil. Il s'irritait qu'elle s'intéressât aux couleurs des plantes plus qu'aux phrases qu'il prononçait. Il éprouvait un malaise inexprimable de ne pas la captiver, la dominer comme sa mère, et une envie d'étendre la main, de la saisir, de la retenir, de lui défendre de s'en aller. Il la sentait trop alerte, trop jeune, trop indifférente, trop libre, libre comme un oiseau, comme un jeune chien qui n'obéit pas, qui ne revient point, qui a dans les veines l'indépendance, ce joli instinct de liberté que la voix et le fouet n'ont pas encore vaincu.

Pour l'attirer, il parla de choses plus gaies, et parfois il l'interrogeait, cherchait à éveiller un désir d'écouter et sa curiosité de femme ; mais on eût dit que le vent capricieux du grand ciel soufflait dans la tête d'Annette ce jour-là, comme sur les épis ondoyants, emportait et dispersait son attention dans l'espace, car elle avait à peine répondu le mot banal attendu d'elle, jeté entre deux fuites avec un regard distrait, qu'elle retournait à ses fleurettes. Il s'exaspérait à la fin, mordu par une impatience puérile, et, comme elle venait prier sa mère de porter son premier bouquet pour qu'elle en pût cueillir un autre, il l'attrapa par le coude et lui serra le bras, afin qu'elle ne s'échappât plus. Elle se débattait en riant et tirait de toute sa force pour s'en aller ; alors, mû par un instinct d'homme, il employa le moyen des faibles, et ne pouvant séduire son attention, il l'acheta en tentant sa coquetterie.

— Dis-moi, dit-il, quelle fleur tu préfères, je t'en ferai faire une broche.

Elle hésita, surprise.

— Une broche, comment ?

— En pierres de la même couleur : en rubis si c'est le coquelicot ; en saphir si c'est le bluet, avec une petite feuille en émeraudes.

La figure d'Annette s'éclaira de cette joie affectueuse dont les promesses et les cadeaux animent les traits des femmes.

— Le bluet, dit-elle, c'est si gentil !

— Va pour un bluet. Nous irons le commander dès que nous serons de retour à Paris.

Elle ne partait plus, attachée à lui par la pensée du bijou qu'elle essayait déjà d'apercevoir, d'imaginer. Elle demanda :

— Est-ce très long à faire, une chose comme ça ?

Il riait, la sentant prise.

— Je ne sais pas, cela dépend des difficultés. Nous presserons le bijoutier.

Elle fut soudain traversée par une réflexion navrante.

— Mais je ne pourrais pas le porter, puisque je suis en grand deuil.

Il avait passé son bras sous celui de la jeune fille, et la serrant contre lui :

— Eh bien, tu garderas ta broche pour la fin de ton deuil, cela ne t'empêchera pas de la contempler.

Comme la veille au soir, il était entre elles, tenu, serré, captif entre leurs épaules, et pour voir se lever sur lui leurs yeux bleus pareils, pointillés de grains noirs, il leur parlait à tour de rôle, en tournant la tête vers l'une et vers l'autre. Le grand soleil les éclairant, il confondait moins à présent la comtesse avec Annette, mais il confondait de plus en plus la fille avec le souvenir renaissant de ce qu'avait été la mère. Il avait envie de les embrasser l'une et l'autre, l'une pour retrouver sur sa joue et sur sa nuque un peu de cette fraîcheur rose et blonde qu'il avait savourée jadis, et qu'il revoyait aujourd'hui miraculeusement reparue, l'autre parce qu'il l'aimait toujours et qu'il sentait venir d'elle l'appel puissant d'une habitude ancienne. Il constatait même, à cette heure, et comprenait que son désir un peu lassé depuis longtemps et que son affection pour elle s'étaient ranimés à la vue de sa jeunesse ressuscitée.

Annette repartit chercher des fleurs. Olivier ne la rappelait plus, comme si le contact de son bras et la satisfaction de la joie donnée par lui l'eussent apaisé, mais il la suivait en tous ses mouvements, avec le plaisir qu'on éprouve à voir les êtres ou les choses qui captivent nos yeux et les grisent. Quand elle revenait, apportant une gerbe, il respirait plus fortement, cherchant, sans y songer, quelque chose d'elle, un peu de son haleine ou de la chaleur de sa peau dans l'air remué par sa course. Il la regardait avec ravissement, comme on regarde une aurore, comme on écoute de la musique, avec des tressaillements d'aise quand elle se baissait, se redressait, levait les deux bras en même temps pour remettre en place sa coiffure. Et puis, de plus en plus, d'heure en heure, elle activait en lui l'évocation de l'autrefois! Elle avait des rires, des gentillesses, des mouvements qui lui mettaient sur la bouche le goût des baisers donnés et rendus jadis; elle faisait du passé lointain, dont il avait perdu la sensation précise, quelque chose de pareil à un présent rêvé; elle brouillait les époques, les dates, les âges de son cœur, et rallumant des émotions refroidies, mêlait, sans qu'il s'en doutât, hier avec demain, le souvenir avec l'espérance.

Il se demandait en fouillant sa mémoire si la

comtesse, en son plus complet épanouissement, avait eu ce charme souple de chèvre, ce charme hardi, capricieux, irrésistible, comme la grâce d'un animal qui court et qui saute. Non. Elle avait été plus épanouie et moins sauvage. Fille des villes, puis femme des villes, n'ayant jamais bu l'air des champs et vécu dans l'herbe, elle était devenue jolie à l'ombre des murs, et non pas au soleil du ciel.

Quand ils furent rentrés au château, la comtesse se mit à écrire des lettres sur sa petite table basse, dans l'embrasure d'une fenêtre; Annette monta dans sa chambre, et le peintre ressortit pour marcher à pas lents, un cigare à la bouche, les mains derrière le dos, par les chemins tournants du parc. Mais il ne s'éloignait pas jusqu'à perdre de vue la façade blanche ou le toit pointu de la demeure. Dès qu'elle avait disparu derrière les bouquets d'arbres ou les massifs d'arbustes, il avait une ombre sur le cœur, comme lorsqu'un nuage couvre le soleil, et quand elle reparaissait dans les trouées de verdure, il s'arrêtait quelques secondes pour contempler les deux lignes de hautes fenêtres. Puis il se remettait en route.

Il se sentait agité, mais content, content de quoi? de tout.

L'air lui semblait pur, la vie bonne, ce jour-là. Il se sentait de nouveau dans le corps des légèretés de petit garçon, des envies de courir et d'attraper avec ses mains les papillons jaunes qui sautillaient sur la pelouse comme s'ils eussent été suspendus au bout de fils élastiques. Il chantonnait des airs d'opéra. Plusieurs fois de suite, il répéta la phrase célèbre de Gounod : « Laisse-moi contempler ton visage », y découvrant une expression profondément tendre qu'il n'avait jamais sentie ainsi.

Soudain, il se demanda comment il se pouvait faire qu'il fût devenu si vite si différent de lui-même. Hier, à Paris, mécontent de tout, dégoûté, irrité, aujourd'hui calme, satisfait de tout, on eût dit qu'un dieu complaisant avait changé son âme. « Ce bon dieu-là, pensa-t-il, aurait bien dû me changer de corps en même temps, et me rajeunir un peu. » Tout à coup, il aperçut Julio qui chassait dans un fourré. Il l'appela, et quand le chien fut venu placer sous la main sa tête fine coiffée de longues oreilles frisottées, il s'assit dans l'herbe pour le mieux flatter, lui dit des gentillesses, le coucha sur ses genoux, et s'attendrissant à le caresser, l'embrassa comme font les femmes dont le cœur s'émeut à toute occasion.

Après le dîner, au lieu de sortir comme la veille, ils passèrent la soirée au salon, en famille.

La comtesse dit tout à coup :

— Il va pourtant falloir que nous partions !

Olivier s'écria :

— Oh, ne parlez pas encore de ça! Vous ne vouliez pas quitter Roncières quand je n'y étais pas. J'arrive, et vous ne pensez plus qu'à filer.

— Mais, mon cher ami, dit-elle, nous ne pouvons pourtant demeurer ici indéfiniment tous les trois.

— Il ne s'agit point d'indéfiniment, mais de quelques jours. Combien de fois suis-je resté chez vous des semaines entières?

— Oui, mais en d'autres circonstances, alors que la maison était ouverte à tout le monde.

Alors Annette, d'une voix câline :

— Oh, maman! quelques jours encore, deux ou trois. Il m'apprend si bien à jouer au tennis. Je me fâche quand je perds, et puis après je suis si contente d'avoir fait des progrès!

Le matin même, la comtesse projetait de faire durer jusqu'au dimanche ce séjour mystérieux de l'ami, et maintenant elle voulait partir, sans savoir pourquoi. Cette journée qu'elle avait espérée si bonne, lui laissait à l'âme une tristesse inexprimable et pénétrante, une appréhension sans cause, tenace et confuse comme un pressentiment.

Quand elle se retrouva seule dans sa chambre, elle chercha même d'où lui venait ce nouvel accès mélancolique.

Avait-elle subi une de ces imperceptibles émotions dont l'effleurement a été si fugitif que la raison ne s'en souvient point, mais dont la vibration demeure aux cordes du cœur les plus sensibles ? — Peut-être. Laquelle ? Elle se rappela bien quelques inavouables contrariétés dans les mille nuances de sentiment par lesquelles elle avait passé, chaque minute apportant la sienne ! Or, elles étaient vraiment trop menues pour lui laisser ce découragement. « Je suis exigeante, pensa-t-elle. Je n'ai pas le droit de me tourmenter ainsi. »

Elle ouvrit sa fenêtre, afin de respirer l'air de la nuit, et elle y demeura accoudée, les yeux sur la lune.

Un bruit léger lui fit baisser la tête. Olivier se promenait devant le château. — « Pourquoi a-t-il dit qu'il rentrait chez lui, pensa-t-elle ; pourquoi ne m'a-t-il pas prévenue qu'il ressortait ? ne m'a-t-il pas demandé de venir avec lui ? Il sait bien que cela m'aurait rendue si heureuse. A quoi songe-t-il donc ? »

Cette idée qu'il n'avait pas voulu d'elle pour cette promenade, qu'il avait préféré s'en aller seul par cette belle nuit, seul, un cigare à la bouche, car elle voyait le point rouge du feu, seul, quand il aurait pu lui donner cette joie de l'emmener. Cette idée qu'il n'avait pas sans cesse besoin d'elle, sans cesse envie d'elle, lui jeta dans l'âme un nouveau ferment d'amertume.

Elle allait fermer sa fenêtre pour ne plus le voir,

pour n'être plus tentée de l'appeler, quand il leva les yeux et l'aperçut. Il cria :

— Tiens, vous rêvez aux étoiles, comtesse ?

Elle répondit :

— Oui, vous aussi, à ce que je vois ?

— Oh ! moi, je fume tout simplement.

Elle ne put résister au désir de demander :

— Comment ne m'avez-vous pas prévenue que vous sortiez ?

— Je voulais seulement griller un cigare. Je rentre, d'ailleurs.

— Alors bonsoir, mon ami.

— Bonsoir, comtesse.

Elle recula jusqu'à sa chaise basse, s'y assit, et pleura; et la femme de chambre, appelée pour la mettre au lit, voyant ses yeux rouges, lui dit avec compassion :

— Ah ! Madame va encore se faire une vilaine figure pour demain.

La comtesse dormit mal, fiévreuse, agitée par des cauchemars. Dès son réveil, avant de sonner, elle ouvrit elle-même sa fenêtre et ses rideaux pour se regarder dans la glace. Elle avait les traits tirés, les paupières gonflées, le teint jaune; et le chagrin qu'elle en éprouva fut si violent, qu'elle eut envie de se dire malade, de garder le lit et de ne se pas montrer jusqu'au soir.

Puis, soudain, le besoin de partir entra en elle,

irrésistible, de partir tout de suite, par le premier train, de quitter ce pays clair où l'on voyait trop, dans le grand jour des champs, les ineffaçables fatigues du chagrin et de la vie. A Paris, on vit dans la demi-ombre des appartements, où les rideaux lourds, même en plein midi, ne laissent entrer qu'une lumière douce. Elle y redeviendrait elle-même, belle, avec la pâleur qu'il faut dans cette lueur éteinte et discrète. Alors le visage d'Annette lui passa devant les yeux, rouge, un peu dépeigné, si frais, quand elle jouait au lawn-tennis. Elle comprit l'inquiétude inconnue dont avait souffert son âme. Elle n'était point jalouse de la beauté de sa fille! Non, certes, mais elle sentait, elle s'avouait pour la première fois qu'il ne fallait plus jamais se montrer près d'elle, en plein soleil.

Elle sonna, et, avant de boire son thé, elle donna des ordres pour le départ, écrivit des dépêches, commanda même par le télégraphe son dîner du soir, arrêta ses comptes de campagne, distribua ses instructions dernières, régla tout en moins d'une heure, en proie à une impatience fébrile et grandissante.

Quand elle descendit, Annette et Olivier, prévenus de cette décision, l'interrogèrent avec surprise. Puis, voyant qu'elle ne donnait, pour ce brusque départ, aucune raison précise, ils grognèrent un peu et montrèrent leur mécontentement jusqu'à l'instant de se séparer dans la cour de la gare, à Paris.

La comtesse, tendant la main au peintre, lui demanda :

— Voulez-vous venir dîner demain ?

Il répondit, un peu boudeur :

— Certainement, je viendrai. C'est égal, ce n'est pas gentil, ce que vous avez fait. Nous étions si bien, là-bas, tous les trois !

III

Dès que la comtesse fut seule avec sa fille dans son coupé qui la ramenait à l'hôtel, elle se sentit soudain tranquille, apaisée, comme si elle venait de traverser une crise redoutable. Elle respirait mieux, souriait aux maisons, reconnaissait avec joie toute cette ville, dont les vrais Parisiens semblent porter les détails familiers dans leurs yeux et dans leur cœur. Chaque boutique aperçue lui faisait prévoir les suivantes alignées le long du boulevard, et deviner la figure du marchand si souvent entrevu derrière sa vitrine. Elle se sentait sauvée! de quoi? Rassurée! pourquoi? Confiante! à quel sujet?

Quand la voiture fut arrêtée sous la voûte de la porte cochère, elle descendit légèrement et entra, comme on fuit, dans l'ombre de l'escalier, puis dans l'ombre de son salon, puis dans l'ombre de sa chambre. Alors elle demeura debout quelques moments, contente d'être là, en sécurité, dans ce jour brumeux et vague de Paris, qui éclaire à peine, laisse deviner autant que voir, où l'on peut montrer ce qui plaît et cacher ce qu'on veut ; et le souvenir irraisonné de l'éclatante lumière qui baignait la campagne demeurait encore en elle comme l'impression d'une souffrance finie.

Quand elle descendit pour dîner, son mari, qui venait de rentrer, l'embrassa avec affection, et souriant :

— Ah ! ah ! Je savais bien, moi, que l'ami Bertin vous ramènerait. Je n'ai pas été maladroit en vous l'envoyant.

Annette répondit gravement, de cette voix particulière qu'elle prenait quand elle plaisantait sans rire :

— Oh ! Il a eu beaucoup de mal. Maman ne pouvait pas se décider.

Et la comtesse ne dit rien, un peu confuse.

La porte étant interdite, personne ne vint ce soir-là. Le lendemain, Mme de Guilleroy passa toute sa journée dans les magasins de deuil pour choisir et commander tout ce dont elle avait besoin. Elle aimait depuis sa jeunesse, presque depuis son enfance, ces longues séances d'essayage devant les glaces des grandes faiseuses. Dès l'entrée dans la maison, elle se sentait réjouie à la pensée de tous les détails de cette minutieuse répétition, dans ces coulisses de la vie parisienne. Elle adorait le bruit des robes des « demoiselles » accourues à son entrée, leurs sourires, leurs offres, leurs interrogations ; et madame la couturière, la modiste ou la corsetière, était pour elle une personne de valeur, qu'elle traitait en artiste lorsqu'elle exprimait son opinion pour demander un conseil. Elle adorait encore plus se sentir maniée par les mains habiles des jeunes filles qui la dévêtaient et la rhabillaient en la faisant pivoter doucement devant son reflet gracieux. Le frisson que leurs doigts légers promenaient sur sa peau, sur son cou, ou dans ses cheveux était une des meilleures et des plus douces petites gourmandises de sa vie de femme élégante.

Ce jour-là, cependant, c'était avec une certaine angoisse qu'elle allait passer, sans voile et nu-tête, devant tous ces miroirs sincères. Sa première visite chez la modiste la rassura. Les trois chapeaux qu'elle choisit lui allaient à ravir, elle n'en pouvait douter, et quand la marchande lui eut dit avec conviction : « Oh ! Madame la Comtesse, les blondes ne devraient jamais quitter le deuil », elle s'en alla toute contente et entra, pleine de confiance, chez les autres fournisseurs.

Puis elle trouva chez elle un billet de la duchesse venue pour la voir et annonçant qu'elle reviendrait dans la soirée; puis elle écrivit des lettres; puis elle rêvassa quelque temps, surprise que ce simple changement de lieu eût reculé dans un passé qui semblait déjà lointain le grand malheur qui l'avait déchirée. Elle ne pouvait même se convaincre que son retour de Roncières datât seulement de la veille, tant l'état de son âme était modifié depuis sa rentrée à Paris, comme si ce petit déplacement eût cicatrisé ses plaies.

Bertin, arrivé à l'heure du dîner, s'écria en l'apercevant :

— Vous êtes éblouissante, ce soir !

Et ce cri répandit en elle une onde tiède de bonheur.

Comme on quittait la table, le comte, qui avait une passion pour le billard, offrit à Bertin de faire une partie ensemble, et les deux femmes les accompagnèrent dans la salle de billard, où le café fut servi.

Les hommes jouaient encore quand la duchesse fut annoncée, et tous rentrèrent au salon. Mme de Corbelle et son mari se présentèrent en même temps, la voix pleine de larmes. Pendant quelques minutes, il sembla, au ton dolent des paroles, que tout le monde allait pleurer; mais, peu à peu, après les attendrissements et les interrogations, un autre courant d'idées passa; les timbres, tout à coup, s'éclaircirent, et on se mit à causer naturellement, comme si l'ombre du malheur qui assombrissait, à l'instant même, tout ce monde, se fût soudain dissipée.

Alors Bertin se leva, prit Annette par la main, l'amena sous le portrait de sa mère, dans le jet de feu du réflecteur, et demanda :

— Est-ce pas stupéfiant?

La duchesse fut tellement surprise, qu'elle semblait hors d'elle, et répétait :

— Dieu! est-ce possible! Dieu! est-ce possible! C'est une ressuscitée! Dire que je n'avais pas vu ça en entrant! Oh! ma petite Any, comme je vous retrouve, moi qui vous ai si bien connue alors, dans votre premier deuil de femme, non, dans le second, car vous aviez déjà perdu votre père! Oh! cette Annette, en noir comme ça, mais c'est sa mère revenue sur la terre. Quel miracle! Sans ce portrait on ne s'en serait pas aperçu! Votre fille vous ressemble encore beaucoup, en réalité, mais elle ressemble bien plus à cette toile!

Musadieu apparaissait, ayant appris le retour de Mme de Guilleroy, et tenant à être un des premiers à lui présenter « l'hommage de sa douloureuse sympathie ».

Il interrompit son compliment en apercevant la jeune fille debout contre le cadre, enfermée dans le même éclat de lumière, et qui semblait la sœur vivante de la peinture. Il s'exclama :

— Ah! par exemple, voilà bien une des choses les plus étonnantes que j'aie vues!

Et les Corbelle, dont la conviction suivait toujours les opinions établies, s'émerveillèrent à leur tour avec une ardeur plus discrète.

Le cœur de la comtesse se serrait! Il se serrait peu à peu, comme si les exclamations étonnées de toutes ces gens l'eussent comprimé en lui faisant mal. Sans rien dire, elle regardait sa fille à côté de son image, et un énervement l'envahissait. Elle avait envie de crier : « Mais taisez-vous donc. Je le sais bien qu'elle me ressemble! »

Jusqu'à la fin de la soirée, elle demeura mélancolique, perdant de nouveau la confiance qu'elle avait retrouvée la veille.

Bertin causait avec elle, lorsque le marquis de Farandal fut annoncé. Le peintre, en le voyant entrer et s'approcher de la maîtresse de maison, se leva, glissa derrière son fauteuil en murmurant : « Allons bon! voilà cette grande bête, maintenant », puis, ayant fait un détour, il gagna la porte et s'en alla.

La comtesse, après avoir reçu les compliments du nouveau venu, chercha des yeux Olivier, pour reprendre avec lui la causerie qui l'intéressait. Ne l'apercevant plus, elle demanda :

— Quoi! le grand homme est parti?

Son mari répondit :

— Je crois que oui, ma chère, je viens de le voir sortir à l'anglaise.

Elle fut surprise, réfléchit quelques instants, puis se mit à causer avec le marquis.

Les intimes, d'ailleurs, se retirèrent bientôt par discrétion, car elle leur avait seulement entr'ouvert sa porte, sitôt après son malheur.

Alors, quand elle se retrouva étendue en son lit, toutes les angoisses qui l'avaient assaillie à la campagne, reparurent. Elles se formulaient davantage; elle les éprouvait plus nettement; elle se sentait vieille!

Ce soir-là, pour la première fois, elle avait compris que dans son salon, où jusqu'alors elle était seule admirée, complimentée, fêtée, aimée, une autre, sa fille, prenait sa place. Elle avait compris cela, tout d'un coup, en sentant les hommages s'en aller vers Annette. Dans ce royaume, la maison d'une jolie femme, dans ce royaume où elle ne supporte aucun ombrage, d'où elle écarte avec un soin discret et tenace toute redoutable comparaison, où elle ne laisse entrer ses égales que pour essayer d'en faire des vassales, elle voyait bien que sa fille allait devenir la souveraine. Comme il avait été bizarre, ce serrement de cœur quand tous les yeux s'étaient tournés vers Annette que Bertin tenait par la main, debout à côté du tableau. Elle s'était sentie soudain disparue, dépossédée, détrônée. Tout le monde regardait Annette, personne ne s'était plus tourné vers elle! Elle était si bien accoutumée à entendre des compliments et des flatteries, chaque fois qu'on admirait son portrait, elle était si sûre des phrases élogieuses, dont elle ne tenait point compte mais dont elle se sentait tout de même chatouillée, que cet abandon, cette défection inattendue, cette admiration portée tout à coup tout entière vers sa fille, l'avaient plus remuée, étonnée, saisie que s'il se fût agi de n'importe quelle rivalité en n'importe quelle circonstance.

Mais comme elle avait une de ces natures qui, dans toutes les crises, après le premier abattement, réagissent, luttent et trouvent des arguments de consolation, elle songea qu'une fois sa chère fillette mariée, quand elles cesseraient de vivre sous le même toit, elle n'aurait plus à supporter cette incessante comparaison qui commençait à lui devenir trop pénible sous le regard de son ami.

Cependant, la secousse avait été très forte. Elle eut la fièvre et ne dormit guère.

Au matin, elle s'éveilla lasse et courbaturée, et alors surgit en elle un besoin irrésistible d'être réconfortée, d'être secourue, de demander aide à quelqu'un qui pût la guérir de toutes ces peines, de toutes ces misères morales et physiques.

Elle se sentait vraiment si mal à l'aise, si faible,

que l'idée lui vint de consulter son médecin. Elle allait peut-être tomber gravement malade, car il n'était pas naturel qu'elle passât en quelques heures par ces phases successives de souffrance et d'apaisement. Elle le fit donc appeler par dépêche et l'attendit.

Il arriva vers onze heures. C'était un de ces sérieux médecins mondains dont les décorations et les titres garantissent la capacité, dont le savoir-faire égale au moins le simple savoir, et qui ont surtout, pour toucher aux maux des femmes, des paroles habiles plus sûres que des remèdes.

Il entra, salua, regarda sa cliente et, avec un sourire :

— Allons, ça n'est pas grave. Avec des yeux comme les vôtres, on n'est jamais bien malade.

Elle lui fut tout de suite reconnaissante de ce début et lui conta ses faiblesses, ses énervements, ses mélancolies, puis, sans appuyer, ses mauvaises mines inquiétantes. Après qu'il l'eut écoutée avec un air d'attention, sans l'interroger d'ailleurs sur autre chose que son appétit, comme s'il connaissait bien la nature secrète de ce mal féminin, il l'ausculta, l'examina, tâta du bout du doigt la chair des épaules, soupesa les bras, ayant sans doute rencontré sa pensée, et compris avec sa finesse de praticien qui soulève tous les voiles, qu'elle le consultait pour sa beauté bien plus que pour sa santé, puis il dit :

— Oui, nous avons de l'anémie, des troubles nerveux. Ça n'est pas étonnant, puisque vous venez d'éprouver un gros chagrin. Je vais vous faire une petite ordonnance qui mettra bon ordre à cela. Mais, avant tout, il faut manger des choses fortifiantes, prendre du jus de viande, ne pas boire d'eau, mais de la bière. Je vais vous indiquer une marque excellente. Ne vous fatiguez pas à veiller, mais marchez le plus que vous pourrez. Dormez beaucoup et engraissez un peu. C'est tout ce que je peux vous conseiller, madame et belle cliente.

Elle l'avait écouté avec un intérêt ardent, cherchant à deviner tous les sous-entendus.

Elle saisit le dernier mot.

— Oui, j'ai maigri. J'étais un peu trop forte à un moment, et je me suis peut-être affaiblie en me mettant à la diète.

— Sans aucun doute. Il n'y a pas de mal à rester maigre quand on l'a toujours été, mais quand on maigrit par principe, c'est toujours aux dépens de quelque chose. Cela, heureusement, se répare vite. Adieu, madame.

Elle se sentait mieux déjà, plus alerte; et elle voulut qu'on allât chercher pour le déjeuner la bière qu'il avait indiquée, à la maison de vente principale, afin de l'avoir plus fraîche.

Elle sortait de table quand Bertin fut introduit.

— C'est encore moi, dit-il, toujours moi. Je viens vous interroger. Faites-vous quelque chose, tantôt?

— Non, rien; pourquoi?

— Et Annette?

— Rien non plus.

— Alors, pouvez-vous venir chez moi vers quatre heures?

— Oui; mais à quel propos?

— J'esquisse ma figure de la Rêverie, dont je vous ai parlé en vous demandant si votre fille pourrait me donner quelques instants de pose. Cela me rendrait un grand service si je l'avais seulement une heure aujourd'hui. Voulez-vous?

La comtesse hésitait, ennuyée sans savoir de quoi. Elle répondit cependant :

— C'est entendu, mon ami, nous serons chez vous à quatre heures.

— Merci. Vous êtes la complaisance même.

Et il s'en alla préparer sa toile et étudier son sujet pour ne point trop fatiguer le modèle.

Alors la comtesse sortit seule, à pied, afin de compléter ses achats. Elle descendit aux grandes rues centrales, puis remonta le boulevard Malesherbes à pas lents, car elle se sentait les jambes rompues. Comme elle passait devant Saint-Augustin, une envie la saisit d'entrer dans cette église et de s'y reposer. Elle poussa la porte capitonnée, soupira d'aise en goûtant l'air frais de la vaste nef, prit une chaise, et s'assit.

Elle était religieuse comme le sont beaucoup de Parisiennes. Elle croyait à Dieu sans aucun doute, ne pouvant admettre l'existence de l'Univers, sans l'existence d'un créateur. Mais associant, comme fait tout le monde, les attributs de la Divinité avec la nature de la matière créée à portée de son œil, elle personnifiait à peu près son Éternel selon ce qu'elle savait de son œuvre, sans avoir pour cela d'idées bien nettes sur ce que pouvait être, en réalité, ce mystérieux Fabricant.

Elle y croyait fermement, l'adorait théoriquement, et le redoutait très vaguement, car elle ignorait en toute conscience ses intentions et ses volontés, n'ayant qu'une confiance très limitée dans les prêtres qu'elle considérait tous comme des fils de paysans réfractaires au service des armes. Son père, bourgeois parisien, ne lui ayant imposé aucun principe de dévotion, elle avait pratiqué avec nonchalance jusqu'à son mariage. Alors, sa situation nouvelle réglant plus strictement ses obligations apparentes envers l'Église, elle s'était conformée avec ponctualité à cette légère servitude.

Elle était dame patronnesse de crèches nombreuses et très en vue, ne manquait jamais la messe d'une heure, le dimanche, faisait l'aumône pour elle, directement, et, pour le monde, par l'intermédiaire d'un abbé, vicaire de sa paroisse.

Elle avait prié souvent par devoir, comme le soldat monte la garde à la porte du général. Quelquefois elle avait prié parce que son cœur était triste, quand elle redoutait surtout les abandons d'Olivier. Sans confier au ciel, alors, la cause de sa supplication, traitant Dieu avec la même hypocrisie naïve qu'un mari, elle lui demandait de la secourir. A la mort de son père, autrefois, puis tout récemment à la mort de sa mère, elle avait eu des crises violentes de ferveur, des implorations passionnées, des élans vers Celui qui veille sur nous et qui console.

Et voilà qu'aujourd'hui, dans cette église où elle venait d'entrer par hasard, elle se sentait tout à coup un besoin profond de prier, de prier non pour quelqu'un ni pour quelque chose, mais pour elle, pour elle seule, ainsi que déjà, l'autre jour, elle avait fait sur la tombe de sa mère. Il lui fallait de l'aide de quelque part, et elle appelait Dieu maintenant comme elle avait appelé un médecin, le matin même.

Elle resta longtemps sur ses genoux, dans le silence de l'église que troublait par moments un bruit de pas. Puis, tout à coup, comme si une pendule eût sonné dans son cœur, elle eut un réveil de ses souvenirs, tira sa montre, tressaillit en voyant qu'il allait être quatre heures, et se sauva pour prendre sa fille, qu'Olivier, déjà, devait attendre.

Elles trouvèrent l'artiste dans son atelier, étudiant sur la toile la pose de sa Rêverie. Il voulait reproduire exactement ce qu'il avait vu au parc Monceau, en se promenant avec Annette : une fille pauvre, rêvant, un livre ouvert sur les genoux. Il avait beaucoup hésité s'il la ferait laide ou jolie? Laide, elle aurait plus de caractère, éveillerait plus de pensée, plus d'émotion, contiendrait plus de philosophie. Jolie, elle séduirait davantage, répandrait plus de charme, plairait mieux.

Le désir de faire une étude d'après sa petite amie le décida. La Rêveuse serait jolie, et pourrait, par suite, réaliser son rêve poétique, un jour ou l'autre, tandis que laide demeurerait condamnée au rêve sans fin et sans espoir.

Dès que les deux femmes furent entrées, Olivier dit en se frottant les mains :

— Eh bien, mademoiselle Nané, nous allons donc travailler ensemble.

La comtesse semblait soucieuse. Elle s'assit dans un fauteuil et regarda Olivier plaçant dans le jour voulu une chaise de jardin en jonc de fer. Il ouvrit ensuite sa bibliothèque pour chercher un livre, puis, après une hésitation :

— Qu'est-ce qu'elle lit, votre fille?

— Mon Dieu, ce que vous voudrez. Donnez-lui un volume de Victor Hugo.

— *La Légende des siècles?*

— Je veux bien.

Il reprit alors :

— Petite, assieds-toi là et prends ce recueil de vers. Cherche la page... la page 336, où tu trouveras une pièce intitulée : *les Pauvres Gens.* Absorbe-la comme on boirait le meilleur des vins, tout doucement, mot à mot, et laisse-toi griser, laisse-toi attendrir. Écoute ce que te dira ton cœur. Puis, ferme le bouquin, lève les yeux, pense et rêve... Moi, je vais préparer mes instruments de travail.

Il s'en alla dans un coin triturer sa palette; mais, tout en vidant sur la fine planchette les tubes de plomb d'où sortaient, en se tordant, de minces serpents de couleur, il se retournait de temps en temps pour regarder la jeune fille absorbée dans sa lecture.

Son cœur se serrait, ses doigts tremblaient, il ne savait plus ce qu'il faisait et brouillait les tons en mêlant les petits tas de pâte, tant il retrouvait soudain devant cette apparition, devant cette résurrection, dans ce même endroit, après douze ans, une irrésistible poussée d'émotion.

Maintenant elle avait fini de lire et regardait devant elle. S'étant approché, il aperçut en ses yeux deux gouttes claires qui, se détachant, coulaient sur les joues. Alors il tressaillit d'une de ces secousses qui jettent un homme hors de lui, et il murmura, en se tournant vers la comtesse :

— Dieu, qu'elle est belle!

Mais il demeura stupéfait devant le visage livide et convulsé de Mme de Guilleroy.

De ses yeux larges, pleins d'une sorte de terreur, elle les contemplait, sa fille et lui. Il s'approcha, saisi d'inquiétude, en demandant :

— Qu'avez-vous?

— Je veux vous parler.

S'étant levée, elle dit à Annette rapidement :

— Attends une minute, mon enfant, j'ai un mot à dire à M. Bertin.

Puis elle passa vite dans le petit salon voisin où il faisait souvent attendre ses visiteurs. Il la suivit, la tête brouillée, ne comprenant pas. Dès qu'ils furent seuls, elle lui saisit les deux mains et balbutia :

— Olivier, Olivier, je vous en prie, ne la faites plus poser!

Il murmura, troublé :

— Mais pourquoi?

Elle répondit d'une voix précipitée :

— Pourquoi? pourquoi? Il le demande? Vous ne le sentez donc pas, vous, pourquoi? Oh! j'aurais dû le deviner plus tôt, moi, mais je viens seulement de le découvrir tout à l'heure... Je ne peux rien vous dire maintenant... rien... Allez chercher ma fille. Racontez-lui que je me trouve souffrante, faites avancer un fiacre, et venez prendre de mes nouvelles dans une heure. Je vous recevrai seul!

— Mais enfin, qu'avez-vous?

Elle semblait prête à se rouler dans une crise de nerfs.

— Laissez-moi. Je ne peux pas parler ici. Allez chercher ma fille et faites venir un fiacre.

Il dut obéir et rentra dans l'atelier. Annette, sans soupçons, s'était remise à lire, ayant le cœur inondé de tristesse par l'histoire poétique et lamentable. Olivier lui dit :

— Ta mère est indisposée. Elle a failli se trouver mal en entrant dans le petit salon. Va la rejoindre. J'apporte de l'éther.

Il sortit, courut prendre un flacon dans sa chambre, et puis revint.

Il les trouva pleurant dans les bras l'une de l'autre. Annette, attendrie par les *Pauvres Gens*, laissait couler son émotion, et la comtesse se soulageait un peu en confondant sa peine avec ce doux chagrin, en mêlant ses larmes avec celles de sa fille.

Il attendit quelque temps, n'osant parler et les regardant, oppressé lui-même d'une incompréhensible mélancolie.

Il dit enfin :

— Eh bien. Allez-vous mieux?

La comtesse répondit :

— Oui, un peu. Ce ne sera rien. Vous avez demandé une voiture?

— Oui, vous l'aurez tout à l'heure.

— Merci, mon ami, ce n'est rien. J'ai eu trop de chagrins depuis quelque temps.

— La voiture est avancée! annonça bientôt un domestique.

Et Bertin, plein d'angoisses secrètes, soutint jusqu'à la portière son amie pâle et encore défaillante, dont il sentait battre le cœur sous le corsage.

Quand il fut seul, il se demanda : « Mais qu'a-t-elle donc? pourquoi cette crise? » Et il se mit à chercher, rôdant autour de la vérité sans se décider à la découvrir. A la fin, il s'en approcha : « Voyons, se dit-il, est-ce qu'elle croit que je fais la cour à sa fille? Non, ce serait trop fort! » Et combattant, avec des arguments ingénieux et loyaux, cette conviction supposée, il s'indigna qu'elle eût pu prêter un instant à cette affection saine, presque paternelle, une apparence quelconque de galanterie. Il s'irritait peu à peu contre la comtesse, n'admettant point qu'elle osât le soupçonner d'une pareille vilenie, d'une si inqualifiable infamie, et il se promettait, en lui répondant tout à l'heure, de ne lui point ménager les termes de sa révolte.

Il sortit bientôt pour se rendre chez elle, impatient de s'expliquer. Tout le long de la route il prépara, avec une croissante irritation, les raisonnements et les phrases qui devaient le justifier et le venger d'un pareil soupçon.

Il la trouva sur sa chaise longue, avec un visage altéré de souffrance.

— Eh bien, lui dit-il d'un ton sec, expliquez-moi donc, ma chère amie, la scène étrange de tout à l'heure.

Elle répondit, d'une voix brisée :

— Quoi, vous n'avez pas encore compris ?

— Non, je l'avoue.

— Voyons, Olivier, cherchez bien dans votre cœur.

— Dans mon cœur ?

— Oui, au fond de votre cœur.

— Je ne comprends pas ! Expliquez-vous mieux.

— Cherchez bien au fond de votre cœur s'il ne s'y trouve rien de dangereux pour vous et pour moi.

— Je vous répète que je ne comprends pas. Je devine qu'il y a quelque chose dans votre imagination, mais, dans ma conscience, je ne vois rien.

— Je ne vous parle pas de votre conscience, je vous parle de votre cœur.

— Je ne sais pas deviner les énigmes. Je vous prie d'être plus claire.

Alors, levant lentement ses deux mains, elle prit celles du peintre et les garda, puis, comme si chaque mot l'eût déchirée :

— Prenez garde, mon ami, vous allez vous éprendre de ma fille.

Il retira brusquement ses mains, et, avec une vivacité d'innocent qui se débat contre une prévention honteuse, avec des gestes vifs, une animation grandissante, il se défendit en l'accusant à son tour, elle, de l'avoir ainsi soupçonné.

Elle le laissa parler longtemps, obstinément incrédule, sûre de ce qu'elle avait dit, puis elle reprit :

— Mais je ne vous soupçonne pas, mon ami. Vous ignorez ce qui se passe en vous comme je l'ignorais moi-même ce matin. Vous me traitez comme si je vous accusais d'avoir voulu séduire Annette. Oh, non ! oh, non ! Je sais combien vous êtes loyal, digne de toute estime et de toute confiance. Je vous prie seulement, je vous supplie de regarder au fond de votre cœur si l'affection que vous commencez à avoir, malgré vous, pour ma fille, n'a pas un caractère un peu différent d'une simple amitié.

Il se fâcha, et s'agitant de plus en plus, se mit à plaider de nouveau sa loyauté, comme il avait fait, tout seul, dans la rue, en venant.

Elle attendit qu'il eût fini ses phrases ; puis, sans

colère, sans être ébranlée en sa conviction, mais affreusement pâle, elle murmura :

— Olivier, je sais bien tout ce que vous me dites, et je le pense ainsi que vous. Mais je suis sûre de ne pas me tromper. Écoutez, réfléchissez, comprenez. Ma fille me ressemble trop, elle est trop tout ce que j'étais autrefois quand vous avez commencé à m'aimer, pour que vous ne vous mettiez pas à l'aimer aussi.

— Alors, s'écria-t-il, vous osez me jeter une chose pareille à la face sur cette simple supposition et ce ridicule raisonnement : Il m'aime, ma fille me ressemble — donc il l'aimera.

Mais voyant le visage de la comtesse s'altérer de plus en plus, il continua, d'un ton plus doux :

— Voyons, ma chère Any, mais c'est justement parce que je vous retrouve en elle, que cette fillette me plaît beaucoup. C'est vous, vous seule que j'aime en la regardant.

— Oui, c'est justement ce dont je commence à tant souffrir, et ce que je redoute si fort. Vous ne démêlez point encore ce que vous sentez. Vous ne vous y tromperez plus dans quelque temps.

— Any, je vous assure que vous devenez folle.

— Voulez-vous des preuves ?

— Oui.

— Vous n'étiez pas venu à Roncières depuis trois ans, malgré mes instances. Mais vous vous êtes précipité quand on vous a proposé d'aller nous chercher.

— Ah ! par exemple ! Vous me reprochez de ne pas vous avoir laissée seule, là-bas, vous sachant malade, après la mort de votre mère.

— Soit ! Je n'insiste pas. Mais ceci : le besoin de revoir Annette est chez vous si impérieux, que vous n'avez pu laisser passer la journée d'aujourd'hui sans me demander de la conduire chez vous, sous prétexte de pose.

— Et vous ne supposez pas que c'est vous que je cherchais à voir ?

— En ce moment vous argumentez contre vous-même, vous cherchez à vous convaincre, vous ne me trompez pas. Écoutez encore. Pourquoi êtes-vous parti brusquement, avant-hier soir, quand le marquis de Farandal est entré ? Le savez-vous ?

Il hésita, fort surpris, fort inquiet, désarmé par cette observation. Puis, lentement :

— Mais... je ne sais trop... j'étais fatigué... et puis, pour être franc, cet imbécile m'énerve.

— Depuis quand ?

— Depuis toujours.

— Pardon, je vous ai entendu faire son éloge. Il vous plaisait autrefois. Soyez tout à fait sincère, Olivier.

Il réfléchit quelques instants, puis, cherchant ses mots :

— Oui, il est possible que la grande tendresse que j'ai pour vous me fasse assez aimer tous les vôtres pour modifier mon opinion sur ce niais, qu'il m'est indifférent de rencontrer, de temps en temps, mais que je serais fâché de voir chez vous presque chaque jour.

— La maison de ma fille ne sera pas la mienne. Mais cela suffit. Je connais la droiture de votre cœur. Je sais que vous réfléchirez beaucoup à ce que je viens de vous dire. Quand vous aurez réfléchi, vous comprendrez que je vous ai montré un gros danger, alors qu'il est encore temps d'y échapper. Et vous y prendrez garde. Parlons d'autre chose, voulez-vous?

Il n'insista pas, mal à l'aise maintenant, ne sachant plus trop ce qu'il devait penser, ayant, en effet, besoin de réfléchir. Et il s'en alla, après un quart d'heure d'une conversation quelconque.

IV

A petits pas, Olivier retournait chez lui, troublé comme s'il venait d'apprendre un honteux secret de famille. Il essayait de sonder son cœur, de voir clair en lui, de lire ces pages intimes du livre intérieur qui semblent collées l'une à l'autre, et que seul, parfois, un doigt étranger peut retourner en les séparant. Certes, il ne se croyait pas amoureux d'Annette! La comtesse, dont la jalousie ombrageuse ne cessait d'être en alerte, avait prévu, de loin, le péril, et l'avait signalé avant qu'il existât. Mais ce péril pouvait-il exister, demain, après-demain, dans un mois? C'est à cette question sincère qu'il essayait de répondre sincèrement. Certes, la petite remuait ses instincts de tendresse, mais ils sont si nombreux dans l'homme ces instincts-là, qu'il ne fallait pas confondre les redoutables avec les inoffensifs. Ainsi il adorait les bêtes, les chats surtout, et ne pouvait apercevoir leur fourrure soyeuse sans être saisi d'une envie irrésistible, sensuelle, de caresser leur dos onduleux et doux, de baiser leur poil électrique. L'attraction qui le poussait vers la jeune fille ressemblait un peu à ces désirs obscurs et innocents qui font partie de toutes les vibrations incessantes et inapaisables des nerfs humains. Ses yeux d'artiste et ses yeux d'homme étaient séduits par sa fraîcheur, par cette poussée de belle vie claire, par cette sève de jeunesse éclatant en elle; et son cœur, plein des souvenirs de sa longue liaison avec la comtesse, trouvant, dans l'extraordinaire ressemblance d'Annette avec sa mère, un rappel d'émotions anciennes, des émotions endormies du début de son amour, avait peut-être un peu tressailli sous la sensation d'un réveil. Un réveil? Oui? C'était cela? Cette idée l'illumina. Il se sentait réveillé après des années de sommeil. S'il avait aimé la petite sans s'en douter, il aurait éprouvé près d'elle ce rajeunissement de l'être entier, qui crée un homme différent dès que s'allume en lui la flamme d'un désir nouveau. Non, cette enfant n'avait fait que souffler sur l'ancien feu! C'était bien toujours la mère qu'il aimait, mais un peu plus qu'auparavant sans doute, à cause de sa fille, de ce recommencement d'elle-même. Et il formula cette constatation par ce sophisme rassurant : —

On n'aime qu'une fois! Le cœur peut s'émouvoir souvent à la rencontre d'un autre être, car chacun exerce sur chacun des attractions et des répulsions. Toutes ces influences font naître l'amitié, les caprices, des envies de possession, des ardeurs vives et passagères, mais non pas de l'amour véritable. Pour qu'il existe, cet amour, il faut que les deux êtres soient tellement nés l'un pour l'autre, se trouvent accrochés l'un à l'autre par tant de points, par tant de goûts pareils, par tant d'affinités de la chair, de l'esprit, du caractère, se sentent liés par tant de choses de toute nature, que cela forme un faisceau d'attaches. Ce qu'on aime, en somme, ce n'est pas tant Mme X... ou M. Z..., c'est une femme ou un homme, une créature sans nom, sortie de la Nature, cette grande femelle, avec des organes, une forme, un cœur, un esprit, une manière d'être générale qui attirent comme un aimant nos organes, nos yeux, nos lèvres, notre cœur, notre pensée, tous nos appétits sensuels et intelligents. On aime un type, c'est-à-dire la réunion, dans une seule personne, de toutes les qualités humaines qui peuvent nous séduire isolément dans les autres.

Pour lui, la comtesse de Guilleroy avait été ce type, et la durée de leur liaison, dont il ne se lassait pas, le lui prouvait d'une façon certaine. Or, Annette ressemblait physiquement à ce qu'avait été sa mère, au point de tromper les yeux. Il n'y avait donc rien d'étonnant à ce que son cœur d'homme se laissât un peu surprendre, sans se laisser entraîner. Il avait adoré une femme! Une autre femme naissait d'elle, presque pareille. Il ne pouvait vraiment se défendre de reporter sur la seconde un léger reste affectueux de l'attachement passionné qu'il avait eu pour la première. Il n'y avait là rien de mal; il n'y avait là aucun danger. Son regard et son souvenir se laissaient seuls illusionner par cette apparence de résurrection; mais son instinct ne s'égarait pas, car il n'avait jamais éprouvé pour la jeune fille le moindre trouble de désir.

Cependant la comtesse lui reprochait d'être jaloux du marquis. Était-ce vrai? Il fit de nouveau un examen de conscience sévère et constata qu'en réalité il en était un peu jaloux. Quoi d'étonnant à cela, après tout? N'est-on pas jaloux à chaque instant d'hommes qui font la cour à n'importe quelle femme? N'éprouve-t-on pas dans la rue, au restaurant, au théâtre, une petite inimitié contre le monsieur qui passe ou qui entre avec une belle fille au bras? Tout possesseur de femme est un rival. C'est un mâle satisfait, un vainqueur que les autres mâles envient. Et puis, sans entrer dans ces considérations de physiologie, s'il était normal qu'il eût pour Annette une sympathie un peu surexcitée par sa tendresse pour la mère, ne devenait-il pas naturel qu'il sentît en lui s'éveiller un peu de haine animale contre le mari futur? Il dompterait sans peine ce vilain sentiment.

Au fond de lui, cependant, demeurait une aigreur de mécontentement contre lui-même et contre la comtesse. Leurs rapports de chaque jour n'allaient-ils pas être gênés par la suspicion qu'il sentirait en elle? Ne devrait-il pas veiller, avec une attention scrupuleuse et fatigante, sur toutes ses paroles, sur tous ses actes, sur ses regards, sur ses moindres attitudes vis-à-vis de la jeune fille, car tout ce qu'il ferait, tout ce qu'il dirait, allait devenir suspect à la mère. Il rentra chez lui grincheux et se mit à fumer des cigarettes, avec une vivacité d'homme agacé qui use dix allumettes pour mettre le feu à son tabac. Il essaya en vain de travailler. Sa main, son œil et son esprit semblaient déshabitués de la peinture, comme s'ils l'eussent oubliée, comme si jamais ils n'avaient connu et pratiqué ce métier. Il avait pris, pour la finir, une petite toile commencée : — un coin de rue où chantait un aveugle, — et il la regardait avec une indifférence invincible, avec une telle impuissance à la continuer qu'il s'assit devant, sa palette à la main, et l'oublia, tout en continuant à la contempler avec une fixité attentive et distraite.

Puis, soudain, l'impatience du temps qui ne marchait pas, des interminables minutes, commença à le ronger de sa fièvre intolérable. Jusqu'à son dîner, qu'il prendrait au Cercle, que ferait-il puisqu'il ne pouvait travailler? L'idée de la rue le fatiguait d'avance, l'emplissait du dégoût des trottoirs, des passants, des voitures et des boutiques; et la pensée de faire des visites ce jour-là, une visite, à n'importe qui, fit surgir en lui la haine instantanée de toutes les gens qu'il connaissait.

Alors, que ferait-il? Il circulerait dans son atelier de long en large, en regardant à chaque retour vers la pendule l'aiguille déplacée de quelques secondes? Ah! il les connaissait ces voyages de la porte au bahut chargé de bibelots! Aux heures de verve, d'élan, d'entrain, d'exécution féconde et facile, c'étaient des récréations délicieuses, ces allées et venues à travers la grande pièce égayée, animée, échauffée par le travail; mais, aux heures d'impuissance et de nausée, aux heures misérables où rien ne lui paraissait valoir la peine d'un effort et d'un mouvement, c'était la promenade abominable du prisonnier dans son cachot. Si seulement il avait pu dormir, rien qu'une heure, sur son divan. Mais non, il ne dormirait pas, il s'agiterait jusqu'à trembler d'exaspération. D'où lui venait donc cette subite attaque d'humeur noire?

Il pensa : Je deviens rudement nerveux pour me mettre dans un pareil état sur une cause insignifiante.

Alors, il songea à prendre un livre. Le volume de la *Légende des Siècles* était demeuré sur la chaise de fer où Annette l'avait posé. Il l'ouvrit, lut deux pages de vers et ne les comprit pas. Il ne les comprit pas plus que s'ils avaient été écrits dans une langue étrangère. Il s'acharna et recommença pour constater toujours que vraiment il n'en pénétrait point le sens. « Allons, se dit-il, il paraît que je suis sorti. » Mais une inspiration soudaine le rassura sur les deux heures qu'il lui fallait émietter jusqu'au dîner. Il se fit chauffer un bain et y demeura étendu, amolli, soulagé par l'eau tiède, jusqu'au moment où son valet de chambre apportant le linge le réveilla d'un demi-sommeil. Il se rendit alors au Cercle, où étaient réunis ses compagnons ordinaires. Il fut reçu par des bras ouverts et des exclamations, car on ne l'avait point vu depuis quelques jours.

— Je reviens de la campagne, dit-il.

Tous ces hommes, à l'exception du paysagiste Maldant, professaient pour les champs un mépris profond. Rocdiane et Landa y allaient chasser, il est vrai, mais ils ne goûtaient dans les plaines et dans les bois que le plaisir de regarder tomber sous leurs plombs, pareils à des loques de plumes, les faisans, cailles ou perdrix, ou de voir les petits lapins foudroyés culbuter comme des clowns, cinq ou six fois de suite sur la tête, en montrant à chaque cabriole la mèche de poils blancs de leur queue. Hors ces plaisirs d'automne et d'hiver, ils jugeaient la campagne assommante. Rocdiane disait : « Je préfère les petites femmes aux petits pois. »

Le dîner fut ce qu'il était toujours, bruyant et jovial, agité par des discussions où rien d'imprévu ne jaillit. Bertin, pour s'animer, parla beaucoup. On le trouva drôle ; mais, dès qu'il eut bu son café et joué soixante points au billard avec le banquier Liverdy, il sortit, déambula quelque peu de la Madeleine à la rue Taitbout, passa trois fois devant le Vaudeville en se demandant s'il entrerait, faillit prendre un fiacre pour aller à l'Hippodrome, changea d'avis et se dirigea vers le Nouveau-Cirque, puis fit brusquement demi-tour, sans motif, sans projet, sans prétexte, remonta le boulevard Malesherbes et ralentit le pas en approchant de la demeure de la comtesse de Guilleroy : « Elle trouvera peut-être singulier de me voir revenir ce soir ? » pensait-il. Mais il se rassura en songeant qu'il n'y avait rien d'étonnant à ce qu'il prît une seconde fois de ses nouvelles.

Elle était seule avec Annette, dans le petit salon du fond, et travaillait toujours à la couverture pour les pauvres.

14.

Elle dit simplement, en le voyant entrer :

— Tiens, c'est vous, mon ami ?

— Oui, j'étais inquiet, j'ai voulu vous voir. Comment allez-vous ?

— Merci, assez bien...

Elle attendit quelques instants, puis ajouta, avec une intention marquée :

— Et vous ?

Il se mit à rire d'un air dégagé en répondant :

— Oh ! moi, très bien, très bien. Vos craintes n'avaient pas la moindre raison d'être.

Elle leva les yeux en cessant de tricoter et posa sur lui, lentement, un regard ardent de prière et de doute.

— Bien vrai, dit-il.

— Tant mieux, répondit-elle avec un sourire un peu forcé.

Il s'assit, et, pour la première fois en cette maison, un malaise irrésistible l'envahit, une sorte de paralysie des idées plus complète encore que celle qui l'avait saisi, dans le jour, devant sa toile.

La comtesse dit à sa fille :

— Tu peux continuer, mon enfant ; ça ne le gêne pas.

Il demanda :

— Que faisait-elle donc ?

— Elle étudiait une fantaisie.

Annette se leva pour aller au piano. Il la suivait

de l'œil, sans y songer, ainsi qu'il faisait toujours. en la trouvant jolie. Alors il sentit sur lui le regard de la mère, et brusquement il tourna la tête, comme s'il eût cherché quelque chose dans le coin sombre du salon.

La comtesse prit sur sa table à ouvrage un petit étui d'or qu'elle avait reçu de lui, elle l'ouvrit, et lui tendant des cigarettes :

— Fumez, mon ami, vous savez que j'aime ça, lorsque nous sommes seuls ici.

Il obéit, et le piano se mit à chanter. C'était une musique d'un goût ancien, gracieuse et légère, une de ces musiques qui semblent avoir été inspirées à l'artiste par un soir très doux de clair de lune, au printemps.

Olivier demanda :

— De qui est-ce donc ?

La comtesse répondit :

— De Méhul. C'est fort peu connu et charmant.

Un désir grandissait en lui de regarder Annette, et il n'osait pas. Il n'aurait eu qu'un petit mouvement à faire, un petit mouvement du cou, car il apercevait de côté les deux mèches de feu des bougies éclairant la partition, mais il devinait si bien, il lisait si clairement l'attention guetteuse de la comtesse, qu'il demeurait immobile, les yeux levés devant lui, intéressés, semblait-il, au fil de fumée grise du tabac.

Mme de Guilleroy murmura :

— C'est tout ce que vous avez à me dire ?

Il sourit :

— Il ne faut pas m'en vouloir. Vous savez que la musique m'hypnotise, elle boit mes pensées. Je parlerai dans un instant.

— Tiens, dit-elle, j'avais étudié quelque chose pour vous, avant la mort de maman. Je ne vous l'ai jamais fait entendre, et je vous le jouerai tout à l'heure, quand la petite aura fini ; vous verrez comme c'est bizarre !

Elle avait un talent réel, et une compréhension subtile de l'émotion qui court dans les sons. C'était même là une de ses plus sûres puissances sur la sensibilité du peintre.

Dès qu'Annette eut achevé la symphonie champêtre de Méhul, la comtesse se leva, prit sa place, et une mélodie étrange s'éveilla sous ses doigts, une mélodie dont toutes les phrases semblaient des plaintes, plaintes diverses, changeantes, nombreuses, qu'interrompait une note unique, revenue sans cesse, tombant au milieu des chants, les coupant, les scandant, les brisant, comme un cri monotone incessant, persécuteur, l'appel inapaisable d'une obsession.

Mais Olivier regardait Annette qui venait de s'asseoir en face de lui, et il n'entendait rien, il ne comprenait pas

Il la regardait, sans penser, se rassasiant de sa vue comme d'une chose habituelle et bonne dont il venait d'être privé, la buvant sainement comme on boit de l'eau, quand on a soif.

— Eh bien! dit la comtesse, est-ce beau?

Il s'écria réveillé :

— Admirable, superbe, de qui?

— Vous ne le savez pas?

— Non.

— Comment, vous ne le savez pas, vous?

— Mais non.

— De Schubert.

Il dit avec un air de conviction profonde :

— Cela ne m'étonne point. C'est superbe! vous seriez exquise en recommençant.

Elle recommença, et lui, tournant la tête, se remit à contempler Annette, mais en écoutant aussi la musique, afin de goûter en même temps deux plaisirs.

Puis, quand Mme de Guilleroy fut revenue prendre sa place, il obéit simplement à la naturelle duplicité de l'homme et ne laissa plus se fixer ses yeux sur le blond profil de la jeune fille qui tricotait en face de sa mère, de l'autre côté de la lampe.

Mais s'il ne la voyait pas, il goûtait la douceur de sa présence, comme on sent le voisinage d'un foyer chaud; et l'envie de glisser sur elle des regards rapides, aussitôt ramenés sur la comtesse, le harcelait, une envie de collégien qui se hisse à la fenêtre de la rue dès que le maître tourne le dos.

Il s'en alla tôt, car il avait la parole aussi paralysée que l'esprit, et son silence persistant pouvait être interprété.

Dès qu'il fut dans la rue, un besoin d'errer le prit, car toute musique entendue continuait en lui longtemps, le jetait en des songeries qui semblaient la suite rêvée et plus précise des mélodies. Le chant des notes revenait, intermittent et fugitif, apportant des mesures isolées, affaiblies, lointaines comme un écho, puis se taisait, semblait laisser la pensée donner un sens aux motifs et voyager à la recherche d'une sorte d'idéal harmonieux et tendre. Il tourna sur la gauche au boulevard extérieur, en apercevant l'éclairage de féerie du parc Monceau, et il entra dans l'allée centrale arrondie sous les lunes électriques. Un gardien rôdait à pas lents; parfois un fiacre attardé passait; un homme lisait un journal assis sur un banc dans un bain bleuâtre de clarté vive, au pied du mât de bronze qui portait un globe éclatant. D'autres foyers sur les pelouses, au milieu des arbres, répandaient dans les feuillages et sur les gazons leur lumière froide et puissante, animaient d'une vie pâle ce grand jardin de ville.

Bertin, les mains derrière le dos, allait le long

du trottoir, et il se souvenait de sa promenade avec Annette, en ce même parc, quand il avait reconnu dans sa bouche la voix de sa mère.

Il se laissa tomber sur un banc, et aspirant la sueur fraîche des pelouses arrosées, il se sentit assailli par toutes les attentes passionnées qui font de l'âme des adolescents le canevas incohérent d'un infini roman d'amour. Autrefois il avait connu ces soirs-là, ces soirs de fantaisie vagabonde où il laissait errer son caprice dans les aventures imaginaires, et il s'étonna de trouver en lui ce retour de sensations qui n'étaient plus de son âge.

Mais, comme la note obstinée de la mélodie de Schubert, la pensée d'Annette, la vision de son visage penché sous la lampe, et le soupçon bizarre de la comtesse, le ressaisissaient à tout instant. Il continuait malgré lui à occuper son cœur de cette question, à sonder les fonds impénétrables où germent, avant de naître, les sentiments humains. Cette recherche obstinée l'agitait; cette préoccupation constante de la jeune fille semblait ouvrir à son âme une route de rêveries tendres; il ne pouvait plus la chasser de sa mémoire; il portait en lui une sorte d'évocation d'elle, comme autrefois il gardait, quand la comtesse l'avait quitté, l'étrange sensation de sa présence dans les murs de son atelier.

Tout à coup, impatienté de cette domination d'un souvenir, il murmura en se levant :

— Any est stupide de m'avoir dit ça. Elle va me faire penser à la petite à présent.

Il rentra chez lui, inquiet sur lui-même. Quand il se fut mis au lit, il sentit que le sommeil ne viendrait point, car une fièvre courait en ses veines, une sève de rêve fermentait en son cœur. Redoutant l'insomnie, une de ces insomnies énervantes que provoque l'agitation de l'âme, il voulut essayer de prendre un livre. Combien de fois une courte lecture lui avait servi de narcotique ! Il se leva donc et passa dans sa bibliothèque, afin de choisir un ouvrage bien fait et soporifique ; mais son esprit éveillé malgré lui, avide d'une émotion quelconque cherchait sur les rayons un nom d'écrivain qui répondît à son état d'exaltation et d'attente. Balzac, qu'il adorait, ne lui dit rien ; il dédaigna Hugo, méprisa Lamartine qui pourtant le laissait toujours attendri et il tomba avidement sur Musset, le poète des tout jeunes gens. Il en prit un volume et l'emporta pour lire au hasard des feuilles.

Quand il se fut recouché, il se mit à boire, avec une soif d'ivrogne, ces vers faciles d'inspiré qui chanta, comme un oiseau, l'aurore de l'existence et, n'ayant d'haleine que pour le matin, se tut devant le jour brutal, ces vers d'un poète qui fut surtout un homme enivré de la vie, lâchant son ivresse en fanfares d'amours éclatantes et naïves, écho de tous les jeunes cœurs éperdus de désirs.

Jamais Bertin n'avait compris ainsi le charme physique de ces poèmes qui émeuvent les sens et remuent à peine l'intelligence. Les yeux sur ces vers vibrants, il se sentait une âme de vingt ans, soulevée d'espérances, et il lut le volume presque entier dans une griserie juvénile. Trois heures sonnèrent, jetant en lui l'étonnement de n'avoir pas encore sommeil. Il se leva pour fermer sa fenêtre restée ouverte et pour porter le livre sur la table, au milieu de la chambre ; mais au contact de l'air frais de la nuit, une douleur, mal assoupie par les saisons d'Aix, lui courut le long des reins comme un rappel, comme un avis, et il rejeta le poète avec un geste d'impatience en murmurant : « Vieux fou, va ! » Puis il se recoucha et souffla sa lumière.

Il n'alla pas le lendemain chez la comtesse, et il prit même la résolution énergique de n'y point retourner avant deux jours. Mais quoi qu'il fît, soit qu'il essayât de peindre, soit qu'il voulût se promener, soit qu'il traînât de maison en maison sa mélancolie, il était partout harcelé par la préoccupation inapaisable de ces deux femmes.

S'étant interdit d'aller les voir, il se soulageait en pensant à elles, et il laissait à sa pensée, il laissait son cœur se rassasier de leur souvenir. Il arrivait alors souvent que, dans cette sorte d'hallucination où il berçait son isolement, les deux figures se rapprochaient, différentes, telles qu'il les connaissait, puis passaient l'une devant l'autre, se mêlaient, fondues ensemble, ne faisaient plus qu'un visage, un peu confus, qui n'était plus celui de la mère, pas tout à fait celui de la fille, mais celui d'une femme aimée éperdument, autrefois, encore, toujours.

Alors, il avait des remords de s'abandonner ainsi sur la pente de ces attendrissements qu'il sentait puissants et dangereux. Pour leur échapper, les rejeter, se délivrer de ce songe captivant et doux, il dirigeait son esprit vers toutes les idées imaginables, vers tous les sujets de réflexion et de méditation possibles. Vains efforts! Toutes les routes de distraction qu'il prenait le ramenaient au même point, où il rencontrait une jeune figure blonde qui semblait embusquée pour l'attendre. C'était une vague et inévitable obsession flottant sur lui, tournant autour de lui et l'arrêtant, quel que fût le détour qu'il avait essayé pour fuir.

La confusion de ces deux êtres, qui l'avait si fort troublé le soir de leur promenade dans le parc de Roncières, recommençait en sa mémoire dès que, cessant de réfléchir et de raisonner, il les évoquait et s'efforçait de comprendre quelle émotion bizarre remuait sa chair. Il se disait : « Voyons, ai-je pour Annette plus de tendresse qu'il ne convient? » Alors, fouillant son cœur, il le sentait brûlant d'affection pour une femme toute jeune, qui avait tous les traits d'Annette, mais qui n'était pas elle. Et il se rassurait lâchement en songeant : « Non, je n'aime pas la petite, je suis la victime de sa ressemblance. »

Cependant, les deux jours passés à Roncières restaient en son âme comme une source de chaleur, de bonheur, d'enivrement; et les moindres détails lui revenaient un à un, précis, plus savoureux qu'à l'heure même. Tout à coup, en suivant le cours de ses ressouvenirs, il revit le chemin qu'ils suivaient en sortant du cimetière, les cueillettes de fleurs de la jeune fille, et il se rappela brusquement lui avoir promis un bluet en saphirs dès leur retour à Paris.

Toutes ses résolutions s'envolèrent, et, sans plus lutter, il prit son chapeau et sortit, tout ému par la pensée du plaisir qu'il lui ferait.

Le valet de pied des Guilleroy lui répondit, quand il se présenta :

— Madame est sortie, mais Mademoiselle est ici.

Il ressentit une joie vive.

— Prévenez-la que je voudrais lui parler.

Puis il glissa dans le salon, à pas légers, comme s'il eût craint d'être entendu.

Annette apparut presque aussitôt.

— Bonjour, cher maître, dit-elle avec gravité.

Il se mit à rire, lui serra la main, et, s'asseyant auprès d'elle :

— Devine pourquoi je suis venu?

Elle chercha quelques secondes.

— Je ne sais pas.

— Pour t'emmener avec ta mère chez le bijoutier, choisir le bluet en saphirs que je t'ai promis à Roncières.

La figure de la jeune fille fut illuminée de bonheur.

— Oh! dit-elle, et maman qui est sortie. Mais elle va rentrer. Vous l'attendrez, n'est-ce pas?

— Oui, si ce n'est pas trop long.

— Oh! quel insolent, trop long, avec moi. Vous me traitez en gamine.

— Non, dit-il, pas tant que tu crois.

Il se sentait au cœur une envie de plaire, d'être galant et spirituel, comme aux jours les plus fringants de sa jeunesse, une de ces envies instinctives qui surexcitent toutes les facultés de séduction, qui font faire la roue aux paons et des vers aux poètes. Les phrases lui venaient aux lèvres, pressées, alertes, et il parla comme il savait parler en ses bonnes heures. La petite, animée par cette verve, lui répondit avec toute la malice, avec toute la finesse espiègle qui germaient en elle.

Tout à coup, comme il discutait une opinion, il s'écria :

— Mais vous m'avez déjà dit cela souvent, et je vous ai répondu...

Elle l'interrompit en éclatant de rire :

— Tiens, vous ne me tutoyez plus ! Vous me prenez pour maman.

Il rougit, se tut, puis balbutia :

— C'est que ta mère m'a déjà soutenu cent fois cette idée-là.

Son éloquence s'était éteinte; il ne savait plus que dire, et il avait peur maintenant, une peur incompréhensible de cette fillette.

— Voici maman, dit-elle.

Elle avait entendu s'ouvrir la porte du premier salon, et Olivier, troublé comme si on l'eût pris en faute, expliqua comment il s'était souvenu tout à coup de la promesse faite, et comment il était venu les prendre l'une et l'autre pour aller chez le bijoutier.

— J'ai un coupé, dit-il. Je me mettrai sur le strapontin.

Ils partirent, et quelques minutes plus tard ils entraient chez Montara.

Ayant passé toute sa vie dans l'intimité, l'observation, l'étude et l'affection des femmes, s'étant toujours occupé d'elles, ayant dû sonder et découvrir leurs goûts, connaître comme elles la toilette, les questions de mode, tous les menus détails de leur existence privée, il était arrivé à partager souvent certaines de leurs sensations, et il éprouvait toujours, en entrant dans un de ces magasins où l'on vend les accessoires charmants et délicats de leur beauté, une émotion de plaisir presque égale à celle dont elles vibraient elles-mêmes. Il s'intéressait comme elles à tous les riens coquets dont elles se parent; les étoffes plaisaient à ses yeux; les dentelles attiraient ses mains; les plus insignifiants bibelots élégants retenaient son attention. Dans les magasins de bijouterie, il ressentait pour les vitrines une nuance de respect religieux, comme devant les sanctuaires de la séduction opulente; et le bureau de drap foncé, où les doigts souples de l'orfèvre font rouler les pierres aux reflets précieux, lui imposait une certaine estime.

Quand il eut fait asseoir la comtesse et sa fille devant ce meuble sévère où l'une et l'autre posèrent une main par un mouvement naturel, il indiqua ce qu'il voulait; et on lui fit voir des modèles de fleurettes.

Puis on répandit devant eux des saphirs, dont il fallut choisir quatre. Ce fut long. Les deux femmes, du bout de l'ongle, les retournaient sur le drap, puis les prenaient avec précaution, regardaient le jour à travers, les étudiaient avec une attention savante et passionnée. Quand on eut mis de côté ceux qu'elles avaient distingués, il fallut trois émeraudes pour faire les feuilles, puis un tout petit brillant qui tremblerait au centre comme une goutte de rosée.

Alors Olivier, que la joie de donner grisait, dit à la comtesse :

— Voulez-vous me faire le plaisir de choisir deux bagues ?

— Moi ?

— Oui. Une pour vous, une pour Annette ! Laissez-moi vous faire ces petits cadeaux en souvenir des deux jours passés à Roncières.

Elle refusa. Il insista. Une longue discussion suivit, une lutte de paroles et d'arguments où il finit, non sans peine, par triompher.

On apporta les bagues, les unes, les plus rares, seules en des écrins spéciaux, les autres enrégimentées par genres en de grandes boîtes carrées, où elles alignaient sur le velours toutes les fantaisies de leurs chatons. Le peintre s'était assis entre les deux femmes et il se mit, comme elles, avec la même ardeur curieuse, à cueillir un à un les anneaux d'or dans les fentes minces qui les retenaient. Il les déposait ensuite devant lui, sur le drap du bureau où ils s'amassaient en deux groupes, celui qu'on rejetait à première vue et celui dans lequel on choisirait.

Le temps passait, insensible et doux, dans ce joli travail de sélection plus captivant que tous les plaisirs du monde, distrayant et varié comme un spectacle, émouvant aussi, presque sensuel, jouissance exquise pour un cœur de femme.

Puis on compara, on s'anima, et le choix des trois juges, après quelque hésitation, s'arrêta sur un petit serpent d'or qui tenait un beau rubis entre sa gueule mince et sa queue tordue.

Olivier, radieux, se leva.

— Je vous laisse ma voiture, dit-il. J'ai des courses à faire ; je m'en vais.

Mais Annette pria sa mère de rentrer à pied, par ce beau temps. La comtesse y consentit, et, ayant remercié Bertin, s'en alla par les rues, avec sa fille.

Elles marchèrent quelque temps en silence, dans la joie savourée des cadeaux reçus ; puis elles se mirent à parler de tous les bijoux qu'elles avaient vus et maniés. Il leur en restait à l'esprit une sorte de miroitement, une sorte de cliquetis, une sorte de gaîté. Elles allaient vite, à travers la foule de cinq heures qui suit les trottoirs, un soir d'été. Des hommes se retournaient pour regarder Annette et murmuraient en passant de vagues paroles d'admiration. C'était la première fois, depuis son deuil, depuis que le noir donnait à sa fille ce vif éclat de beauté, que la comtesse sortait avec elle dans Paris ; et la sensation de ce succès de rue, de cette attention soulevée, de ces compliments chuchotés, de ce petit remous d'émotion flatteuse que laisse dans une foule d'hommes la traversée d'une jolie femme, lui serrait le cœur peu à peu, le comprimait sous la même oppression pénible que l'autre soir, dans son salon, quand on comparait la petite avec son propre portrait. Malgré elle, elle guettait ces regards attirés par Annette, elle les sentait venir de loin, frôler son visage sans s'y fixer, puis s'attacher soudain sur la figure blonde qui marchait à côté d'elle. Elle devinait, elle voyait dans les yeux les rapides et muets hommages à cette jeunesse épanouie, au charme attirant de cette fraîcheur, et elle pensa : « J'étais aussi bien qu'elle, sinon mieux. » Soudain le souvenir d'Olivier la traversa et elle fut saisie, comme à Roncières, par une impérieuse envie de fuir.

Elle ne voulait plus se sentir dans cette clarté, dans ce courant de monde, vue par tous ces hommes qui ne la regardaient pas. Ils étaient loin les jours, proches pourtant, où elle cherchait, où elle provoquait un parallèle avec sa fille. Qui donc aujourd'hui, parmi ces passants, songeait à les comparer? Un seul y avait pensé peut-être, tout à l'heure, dans cette boutique d'orfèvre? Lui? Oh! quelle souffrance! Se pouvait-il qu'il n'eût pas sans cesse à l'esprit l'obsession de cette comparaison! Certes il ne pouvait les voir ensemble sans y songer et sans se souvenir du temps où si fraîche, si jolie, elle entrait chez lui, sûre d'être aimée!

— Je me sens mal, dit-elle, nous allons prendre un fiacre, mon enfant.

Annette, inquiète, demanda :

— Qu'est-ce que tu as, maman ?

— Ce n'est rien, tu sais que, depuis la mort de ta grand'mère, j'ai souvent de ces faiblesses-là !

V

Les idées fixes ont la ténacité rongeuse des maladies incurables. Une fois entrées en une âme, elles la dévorent, ne lui laissent plus la liberté de songer à rien, de s'intéresser à rien, de prendre goût à la moindre chose. La comtesse, quoi qu'elle fît, chez elle ou ailleurs, seule ou entourée de monde, ne pouvait plus rejeter d'elle cette réflexion qui l'avait saisie en revenant côte à côte avec sa fille : « Était-il possible qu'Olivier, en les revoyant presque chaque jour, n'eût pas sans cesse à l'esprit l'obsession de les comparer ? »

Certes il devait le faire malgré lui, sans cesse, hanté lui-même par cette ressemblance inoubliable un seul instant, qu'accentuait encore l'imitation naguère cherchée des gestes et de la parole. Chaque fois qu'il entrait, elle songeait aussitôt à ce rapprochement, elle le lisait dans son regard, le devinait, et le commentait dans son cœur et dans sa tête. Alors elle était torturée par le besoin de se cacher, de disparaître, de ne plus se montrer à lui près de sa fille.

Elle souffrait d'ailleurs de toutes les façons, ne se sentant plus chez elle dans sa maison. Ce froissement de dépossession qu'elle avait eu, un soir, quand tous les yeux regardaient Annette sous son portrait, continuait, s'accentuait, l'exaspérait parfois. Elle se reprochait sans cesse ce besoin intime de délivrance, cette envie inavouable de faire sortir sa fille de chez elle, comme un hôte gênant et tenace, et elle y travaillait avec une adresse inconsciente, ressaisie par le besoin de lutter pour garder encore, malgré tout, l'homme qu'elle aimait.

Ne pouvant trop hâter le mariage d'Annette que leur deuil récent retardait encore un peu, elle avait peur, une peur confuse et forte, qu'un événement quelconque fît tomber ce projet, et elle cherchait, presque malgré elle, à faire naître dans le cœur de sa fille de la tendresse pour le marquis.

Toute la diplomatie rusée qu'elle avait employée depuis si longtemps afin de conserver Olivier prenait chez elle une forme nouvelle, plus affinée, plus secrète, et s'exerçait à faire se plaire les deux jeunes gens, sans que les deux hommes se rencontrassent.

Comme le peintre, tenu par des habitudes de

travail, ne déjeunait jamais dehors et ne donnait d'ordinaire que ses soirées à ses amis, elle invita souvent le marquis à déjeuner. Il arrivait, répandant autour de lui l'animation d'une promenade à cheval, une sorte de souffle d'air matinal. Et il parlait avec gaieté de toutes les choses mondaines qui semblent flotter chaque jour sur le réveil automnal du Paris hippique et brillant dans les allées du bois. Annette s'amusait à l'écouter, prenait goût à ces préoccupations du jour qu'il lui apportait ainsi, toutes fraîches et comme vernies de chic. Une intimité juvénile s'établissait entre eux, une affectueuse camaraderie qu'un goût commun et passionné pour les chevaux resserrait naturellement. Quand il était parti, la comtesse et le comte faisaient adroitement son éloge, disaient de lui ce qu'il fallait dire pour que la jeune fille comprît qu'il dépendait uniquement d'elle de l'épouser s'il lui plaisait.

Elle l'avait compris très vite d'ailleurs, et, raisonnant avec candeur, jugeait tout simple de prendre pour mari ce beau garçon qui lui donnerait, entre autres satisfactions, celle qu'elle préférait à toutes de galoper chaque matin à côté de lui, sur un pur sang.

Ils se trouvèrent fiancés un jour, tout naturellement, après une poignée de main et un sourire, et on parla de ce mariage comme d'une chose dépuis longtemps décidée. Alors le marquis commença à apporter des cadeaux. La duchesse traitait Annette comme sa propre fille. Donc toute cette affaire avait été chauffée par un accord commun sur un petit feu d'intimité, pendant les heures calmes du jour, et le marquis, ayant en outre beaucoup d'autres occupations, de relations, de servitudes et de devoirs, venait rarement dans la soirée.

C'était le tour d'Olivier. Il dînait régulièrement chaque semaine chez ses amis, et continuait aussi à apparaître à l'improviste pour leur demander une tasse de thé entre dix heures et minuit.

Dès son entrée, la comtesse l'épiait, mordue par le désir de savoir ce qui se passait dans son cœur. Il n'avait pas un regard, pas un geste qu'elle n'interprétât aussitôt, et elle était torturée par cette pensée : « Il est impossible qu'il ne l'aime pas en nous voyant l'une auprès de l'autre. »

Lui aussi, il apportait des cadeaux. Il ne se passait point de semaine sans qu'il apparût portant à la main deux petits paquets, dont il offrait l'un à la mère, l'autre à la fille; et la comtesse, ouvrant les boîtes qui contenaient souvent des objets précieux, avait des serrements de cœur. Elle la connaissait bien, cette envie de donner que, femme, elle n'avait jamais pu satisfaire, cette envie d'apporter quelque chose, de faire plaisir, d'acheter pour quelqu'un, de trouver chez les marchands le bibelot qui plaira.

Jadis déjà le peintre avait traversé cette crise et elle l'avait vu bien des fois entrer, avec ce même sourire, ce même geste, un petit paquet dans la main. Puis cela s'était calmé, et maintenant cela recommençait. Pour qui? Elle n'avait point de doute! Ce n'était pas pour elle!

Il semblait fatigué, maigri. Elle en conclut qu'il souffrait. Elle comparait ses entrées, ses airs, ses allures avec l'attitude du marquis que la grâce d'Annette commençait à émouvoir aussi. Ce n'était point la même chose : M. de Farandal était épris, Olivier Bertin aimait! Elle le croyait du moins pendant ses heures de torture, puis, pendant ses minutes d'apaisement, elle espérait encore s'être trompée.

Oh! souvent elle faillit l'interroger quand elle se trouvait seule avec lui, le prier, le supplier de lui parler, d'avouer tout, de ne lui rien cacher. Elle préférait savoir et pleurer sous la certitude, plutôt que de souffrir ainsi sous le doute, et de ne pouvoir lire en ce cœur fermé où elle sentait grandir un autre amour.

Ce cœur auquel elle tenait plus qu'à sa vie, qu'elle avait surveillé, réchauffé, animé de sa tendresse depuis douze ans, dont elle se croyait sûre, qu'elle avait espéré définitivement acquis, conquis, soumis, passionnément dévoué pour jusqu'à la fin de leurs jours, voilà qu'il lui échappait par une inconcevable, horrible et monstrueuse fatalité. Oui, il s'était refermé tout d'un coup, avec un secret dedans. Elle ne pouvait plus y pénétrer par un mot familier, y pelotonner son affection comme en une retraite fidèle, ouverte pour elle seule. A quoi sert d'aimer, de se donner sans réserve si, brusquement, celui à qui on a offert son être entier et son existence entière, tout, tout ce qu'on avait en ce monde, vous échappe ainsi parce qu'un autre visage lui a plu, et devient alors, en quelques jours, presque un étranger!

Un étranger! Lui, Olivier? Il lui parlait comme auparavant avec les mêmes mots, la même voix, le même ton. Et pourtant il y avait quelque chose entre eux, quelque chose d'inexplicable, d'insaisissable, d'invincible, presque rien, ce presque rien qui fait s'éloigner une voile quand le vent tourne.

Il s'éloignait, en effet, il s'éloignait d'elle, un peu plus chaque jour, par tous les regards qu'il jetait sur Annette. Lui-même ne cherchait pas à voir clair en son cœur. Il sentait bien cette fermentation d'amour, cette irrésistible attraction, mais il ne voulait pas comprendre, il se confiait aux événements, aux hasards imprévus de la vie.

Il n'avait plus d'autre souci que celui des dîners et des soirs entre ces deux femmes séparées par leur deuil de tout mouvement mondain. Ne rencontrant chez elles que des figures indifférentes, celle des Corbelle et de Musadieu le plus souvent, il se croyait presque seul avec elles dans le monde, et, comme il ne voyait plus guère la duchesse et le marquis à qui on réservait les matins et le milieu des jours, il les voulait oublier, soupçonnant le mariage remis à une époque indéterminée.

Annette d'ailleurs ne parlait jamais devant lui de M. de Farandal. Était-ce par une sorte de pudeur instinctive, ou peut-être par une de ses secrètes intuitions des cœurs féminins qui leur fait pressentir ce qu'ils ignorent?

Les semaines suivaient les semaines sans rien changer à cette vie, et l'automne était venu, amenant la rentrée des Chambres plus tôt que de coutume en raison des dangers de la politique.

Le jour de la réouverture, le comte de Guilleroy devait emmener à la séance du Parlement Mme de Mortemain, le marquis et Annette après un déjeuner chez lui. Seule la comtesse, isolée dans son chagrin toujours grandissant, avait déclaré qu'elle resterait au logis.

On était sorti de table, on buvait le café dans le grand salon, on était gai. Le comte, heureux de cette reprise des travaux parlementaires, son seul plaisir, parlait presque avec esprit de la situation présente et des embarras de la République ; le marquis, décidément amoureux, lui répondait avec entrain, en regardant Annette; et la duchesse était contente presque également de l'émotion de son neveu et de la détresse du gouvernement. L'air du salon était chaud de cette première chaleur concentrée des calorifères rallumés, chaleur d'étoffes, de tapis, de murs, où s'évapore hâtivement le parfum des fleurs asphyxiées. Il y avait, dans cette pièce close où le café aussi répandait son arome, quelque chose d'intime, de familial et de satisfait, quand la porte en fut ouverte devant Olivier Bertin.

Il s'arrêta sur le seuil tellement surpris qu'il hésitait à entrer, surpris comme un mari trompé qui voit le crime de sa femme. Une colère confuse et une telle émotion le suffoquaient qu'il reconnut son cœur vermoulu d'amour. Tout ce qu'on lui avait caché et tout ce qu'il s'était caché lui-même lui apparut en apercevant le marquis installé dans la maison, comme un fiancé!

Il pénétra, dans un sursaut d'exaspération, tout ce qu'il ne voulait pas savoir et tout ce qu'on n'osait point lui dire. Il ne se demanda point pourquoi on lui avait dissimulé tous ces apprêts du mariage? Il le devina; et ses yeux, devenus durs, rencontrèrent ceux de la comtesse qui rougissait. Ils se comprirent.

Quand il se fut assis, on se tut quelques instants, sa présence inattendue ayant paralysé l'essor des esprits, puis la duchesse se mit à lui parler; et il répondit d'une voix brève, d'un timbre étrange, changé subitement.

Il regardait autour de lui ces gens qui se remettaient à causer et il se disait : « Ils m'ont joué. Ils me le paieront. » Il en voulait surtout à la comtesse et à Annette, dont il pénétrait soudain l'innocente dissimulation.

Le comte, regardant alors la pendule, s'écria :

— Oh! oh! il est temps de partir.

Puis se tournant vers le peintre :

— Nous allons à l'ouverture de la session parlementaire. Ma femme seule reste ici. Voulez-vous nous accompagner; vous me feriez grand plaisir?

Olivier répondit sèchement :

— Non, merci. Votre Chambre ne me tente pas.

Annette alors s'approcha de lui, et prenant son air enjoué :

— Oh! venez donc, cher maître. Je suis sûr que vous nous amuserez beaucoup plus que les députés.

— Non, vraiment. Vous vous amuserez bien sans moi.

Le devinant mécontent et chagrin, elle insista, pour se montrer gentille.

— Si, venez, monsieur le peintre. Je vous assure que, moi, je ne peux pas me passer de vous.

Quelques mots lui échappèrent si vivement qu'il ne put ni les arrêter dans sa bouche ni modifier leur accent.

— Bah! Vous vous passez de moi comme tout le monde.

Elle s'exclama, un peu surprise du ton :

— Allons, bon! Voilà qu'il recommence à ne plus me tutoyer.

Il eut sur les lèvres un de ces sourires crispés qui montrent tout le mal d'une âme et avec un petit salut :

— Il faudra bien que j'en prenne l'habitude, un jour ou l'autre.

— Pourquoi ça?

— Parce que vous vous marierez et que votre mari, quel qu'il soit, aurait le droit de trouver déplacé ce tutoiement dans ma bouche.

La comtesse s'empressa de dire :

— Il sera temps alors d'y songer. Mais j'espère qu'Annette n'épousera pas un homme assez susceptible pour se formaliser de cette familiarité de vieil ami.

Le comte criait :

— Allons, allons, en route! Nous allons nous mettre en retard!

Et ceux qui devaient l'accompagner, s'étant levés, sortirent avec lui après les poignées de main d'usage et les baisers que la duchesse, la comtesse et sa fille échangeaient à toute rencontre comme à toute séparation.

Ils restèrent seuls, Elle et Lui, debout derrière les tentures de la porte refermée.

— Asseyez-vous, mon ami, dit-elle doucement.

Mais lui, presque violent :

— Non, merci, je m'en vais aussi.

Elle murmura, suppliante :

— Oh ! pourquoi ?

— Parce que ce n'est pas mon heure, paraît-il. Je vous demande pardon d'être venu sans prévenir.

— Olivier, qu'avez-vous ?

— Rien. Je regrette seulement d'avoir troublé une partie de plaisir organisée.

Elle lui saisit la main.

— Que voulez-vous dire ? C'était le moment de leur départ puisqu'ils assistent à l'ouverture de la session. Moi, je restais. Vous avez été, au contraire, tout à fait inspiré en venant aujourd'hui où je suis seule.

Il ricana.

— Inspiré, oui, j'ai été inspiré !

Elle lui prit les deux poignets, et, le regardant au fond des yeux, elle murmura à voix très basse :

— Avouez-moi que vous l'aimez ?

Il dégagea ses mains, ne pouvant plus maîtriser son impatience.

— Mais vous êtes folle avec cette idée !

Elle le ressaisit par les bras, et, les doigts crispés sur ses manches, le suppliant :

— Olivier ! avouez ! avouez ! j'aime mieux savoir, j'en suis certaine, mais j'aime mieux savoir ! J'aime mieux !... Oh ! vous ne comprenez pas ce qu'est devenue ma vie !

Il haussa les épaules.

— Que voulez-vous que j'y fasse ? Est-ce ma faute si vous perdez la tête ?

Elle le tenait, l'attirant vers l'autre salon, celui du fond, où on ne les entendrait pas. Elle le traînait par l'étoffe de sa jaquette, cramponnée à lui, haletante. Quand elle l'eut amené jusqu'au petit divan rond, elle le força à s'y laisser tomber, et puis s'assit auprès de lui.

— Olivier, mon ami, mon seul ami, je vous en prie, dites-moi que vous l'aimez. Je le sais, je le sens à tout ce que vous faites, je n'en puis douter, j'en meurs, mais je veux le savoir de votre bouche !

Comme il se débattait encore, elle s'affaissa à genoux contre ses pieds. Sa voix râlait.

— Oh ! mon ami, mon ami, mon seul ami, est-ce vrai que vous l'aimez ?

Il s'écria, en essayant de la relever :

— Mais non, mais non ! Je vous jure que non !

Elle tendit la main vers sa bouche et la colla dessus pour la fermer, balbutiant :

— Oh ! ne mentez pas. Je souffre trop !

Puis laissant tomber sa tête sur les genoux de cet homme, elle sanglota.

Il ne voyait plus que sa nuque, un gros tas de cheveux blonds où se mêlaient beaucoup de cheveux blancs, et il fut traversé par une immense pitié, par une immense douleur.

Saisissant à pleins doigts cette lourde chevelure, il la redressa violemment, relevant vers lui deux yeux éperdus dont les larmes ruisselaient. Et puis sur ces yeux pleins d'eau, il jeta ses lèvres coup sur coup en répétant :

— Any! Any! ma chère, ma chère Any!

Alors, elle, essayant de sourire, et parlant avec cette voix hésitante des enfants que le chagrin suffoque :

— Oh! mon ami, dites-moi seulement que vous m'aimez encore un peu, moi?

Il se remit à l'embrasser.

— Oui, je vous aime, ma chère Any!

Elle se releva, se rassit auprès de lui, reprit ses mains, le regarda, et tendrement :

— Voilà si longtemps que nous nous aimons. Ça ne devrait pas finir ainsi.

Il demanda, en la serrant contre lui :

— Pourquoi cela finirait-il?

— Parce que je suis vieille et qu'Annette ressemble trop à ce que j'étais quand vous m'avez connue?

Ce fut lui alors qui ferma du bout de sa main cette bouche douloureuse, en disant :

— Encore! Je vous en prie, n'en parlez plus. Je vous jure que vous vous trompez!

Elle répéta :

— Pourvu que vous m'aimiez un peu seulement, moi!

Il redit :

— Oui, je vous aime!

Puis ils demeurèrent longtemps sans parler, les mains dans les mains, très émus et très tristes.

Enfin, elle interrompit ce silence en murmurant :

— Oh! les heures qui me restent à vivre ne seront pas gaies.

— Je m'efforcerai de vous les rendre douces.

L'ombre de ces ciels nuageux qui précède de deux heures le crépuscule se répandait dans le salon, les ensevelissait peu à peu sous le gris brumeux des soirs d'automne.

La pendule sonna.

— Il y a déjà longtemps que nous sommes ici, dit-elle. Vous devriez vous en aller, car on pourrait venir, et nous ne sommes pas calmes!

Il se leva, l'étreignit, baisant comme autrefois sa bouche entr'ouverte, puis ils retraversèrent les deux salons en se tenant le bras, comme des époux.

— Adieu, mon ami.

— Adieu, mon amie.

Et la portière retomba sur lui !

Il descendit l'escalier, tourna vers la Madeleine, se mit à marcher sans savoir ce qu'il faisait, étourdi comme après un coup, les jambes faibles, le cœur chaud et palpitant ainsi qu'une loque brûlante secouée en sa poitrine. Pendant deux heures, ou trois heures, ou peut-être quatre, il alla devant lui, dans une sorte d'hébétement moral et d'anéantissement physique qui lui laissaient tout juste la force de mettre un pied devant l'autre. Puis il rentra chez lui pour réfléchir.

Donc il aimait cette petite fille ! Il comprenait maintenant tout ce qu'il avait éprouvé près d'elle depuis la promenade au parc Monceau quand il retrouva dans sa bouche l'appel d'une voix à peine reconnue, de la voix qui jadis avait éveillé son cœur, puis tout ce recommencement lent, irrésistible, d'un amour mal éteint, pas encore refroidi, qu'il s'obstinait à ne point s'avouer.

Qu'allait-il faire ? Mais que pouvait-il faire ? Lorsqu'elle serait mariée, il éviterait de la voir souvent, voilà tout. En attendant, il continuerait à retourner dans la maison, afin qu'on ne se doutât de rien, et il cacherait son secret à tout le monde.

Il dîna chez lui, ce qui ne lui arrivait jamais. Puis il fit chauffer le grand poêle de son atelier, car la nuit s'annonçait glaciale. Il ordonna même d'allumer le lustre comme s'il eût redouté les coins obscurs, et il s'enferma. Quelle émotion bizarre, profonde, physique, affreusement triste l'étreignait! Il la sentait dans sa gorge, dans sa poitrine, dans tous ses muscles amollis, autant que dans son âme défaillante. Les murs de l'appartement l'oppressaient; toute sa vie tenait là dedans, sa vie d'artiste et sa vie d'homme. Chaque étude peinte accrochée lui rappelait un succès, chaque meuble lui disait un souvenir. Mais succès et souvenirs étaient des choses passées! Sa vie? Comme elle lui sembla courte, vide et remplie. Il avait fait des tableaux, encore des tableaux, toujours des tableaux et aimé une femme. Il se rappelait les soirs d'exaltation, après les rendez-vous, dans ce même atelier. Il avait marché des nuits entières, avec de la fièvre plein son être. La joie de l'amour heureux, la joie du succès mondain, l'ivresse unique de la gloire, lui avaient fait savourer des heures inoubliables de triomphe intime.

Il avait aimé une femme, et cette femme l'avait aimé. Par elle il avait reçu ce baptême qui révèle à l'homme le monde mystérieux des émotions et des tendresses. Elle avait ouvert son cœur presque de force, et maintenant il ne le pouvait plus refermer. Un autre amour entrait, malgré lui, par cette brèche! un autre ou plutôt le même surchauffé par un nouveau visage, le même accru de toute la force que prend, en vieillissant, ce besoin d'adorer. Donc il aimait cette petite fille ! Il n'y avait plus à lutter, à résister, à nier, il l'aimait avec le désespoir de savoir qu'il n'aurait même pas d'elle un peu de pitié, qu'elle ignorerait toujours son atroce tourment, et qu'un autre l'épouserait. A cette pensée sans cesse reparue, impossible à chasser, il était saisi par une envie animale de hurler à la façon des chiens attachés, car il se sentait impuissant, asservi, enchaîné comme eux. De plus en plus nerveux, à mesure qu'il songeait, il allait toujours à grands pas à travers la vaste pièce éclairée comme pour une fête. Ne pouvant enfin tolérer davantage la douleur de cette plaie avivée, il voulut essayer de la calmer par le souvenir de son ancienne tendresse, de la noyer dans l'évocation de sa première et grande passion. Dans le placard où il la gardait, il alla prendre la copie qu'il avait faite autrefois pour lui du portrait de la comtesse, puis il la posa sur son chevalet, et, s'étant assis en face, la contempla. Il essayait de la revoir, de la retrouver vivante, telle qu'il l'avait aimée jadis. Mais c'était toujours Annette qui surgissait sur la toile. La mère avait disparu, s'était évanouie laissant à sa place cette autre figure qui lui ressemblait étrangement. C'était la petite avec ses cheveux un peu plus clairs, son sourire un peu plus gamin, son air un peu plus moqueur, et il sentait bien qu'il appartenait corps et âme à ce jeune être-là, comme il n'avait jamais appartenu à l'autre, comme une barque qui coule appartient aux vagues !

Alors il se releva, et, pour ne plus voir cette apparition, il retourna la peinture ; puis comme il se sentait trempé de tristesse, il alla prendre dans sa chambre, pour le rapporter dans l'atelier, le tiroir de son secrétaire où dormaient toutes les lettres de sa maîtresse. Elles étaient là comme en un lit, les unes sur les autres, formant une couche épaisse de petits papiers minces. Il enfonça ses mains dedans, dans toute cette prose qui parlait d'eux, dans ce bain de leur longue liaison. Il regardait cet étroit cercueil de planches où gisait cette masse d'enveloppes entassées, sur qui son nom, son nom seul, était toujours écrit. Il songeait qu'un amour, que le tendre attachement de deux êtres l'un pour l'autre, que l'histoire de deux cœurs, étaient racontés là dedans, dans ce flot jauni de papiers que tachaient des cachets rouges, et il aspirait, en se penchant dessus, un souffle vieux, l'odeur mélancolique des lettres enfermées.

Il les voulut relire et, fouillant au fond du tiroir, prit une poignée des plus anciennes. A mesure qu'il les ouvrait, des souvenirs en sortaient, précis, qui remuaient son âme. Il en reconnaissait beaucoup qu'il avait portées sur lui pendant des semaines entières, et il retrouvait, tout le long de la petite écriture qui lui disait des phases si douces, les émotions oubliées d'autrefois. Tout à coup il rencontra sous ses doigts un fin mouchoir brodé. Qu'était-ce? Il chercha quelques instants, puis se souvint! Un jour, chez lui, elle avait sangloté parce qu'elle était un peu jalouse, et il lui vola, pour le garder, son mouchoir trempé de larmes!

Ah! les tristes choses! les tristes choses! La pauvre femme!

Du fond de ce tiroir, du fond de son passé, toutes ces réminiscences montaient comme une vapeur : ce n'était plus que la vapeur impalpable de la réalité tarie. Il en souffrait pourtant et pleurait sur ces lettres, comme on pleure sur les morts parce qu'ils ne sont plus.

Mais tout cet ancien amour remué faisait fermenter en lui une ardeur jeune et nouvelle, une sève de tendresse irrésistible qui rappelait dans son souvenir le visage radieux d'Annette. Il avait aimé la mère, dans un élan passionné de servitude volontaire, il commençait à aimer cette petite fille comme un esclave, comme un vieil esclave tremblant à qui on rive des fers qu'il ne brisera plus.

Cela, il le sentait dans le fond de son être, et il en était terrifié.

Il essayait de comprendre comment et pourquoi elle le possédait ainsi? Il la connaissait si peu! Elle était à peine une femme dont le cœur et l'âme dormaient encore du sommeil de la jeunesse.

Lui, maintenant, il était presque au bout de sa vie! Comment donc cette enfant l'avait-elle pris avec quelques sourires et des mèches de cheveux! Ah! les sourires, les cheveux de cette petite fillette blonde lui donnaient des envies de tomber à genoux et de se frapper le front par terre!

Sait-on, sait-on jamais pourquoi une figure de femme a tout à coup sur nous la puissance d'un poison? Il semble qu'on l'a bue avec les yeux, qu'elle est devenue notre pensée et notre chair! On en est ivre, on en est fou, on vit de cette image absorbée et on voudrait en mourir!

Comme on souffre parfois de ce pouvoir féroce et incompréhensible d'une forme de visage sur le cœur d'un homme!

Olivier Bertin s'était remis à marcher; la nuit s'avançait; son poêle s'était éteint. A travers les vitrages, le froid du dehors entrait. Alors il gagna son lit où il continua jusqu'au jour à songer et à souffrir.

Il fut debout de bonne heure, sans savoir pourquoi, ni ce qu'il allait faire, agité par ses nerfs, irrésolu comme une girouette qui tourne.

A force de chercher une distraction pour son esprit, une occupation pour son corps, il se souvint que, ce jour-là même, quelques membres de son cercle se retrouvaient, chaque semaine, au Bain

Maure où ils déjeunaient après le massage. Il s'habilla donc rapidement, espérant que l'étuve et la douche le calmeraient, et il sortit.

Dès qu'il eut mis le pied dehors, un froid vif le saisit, ce premier froid crispant de la première gelée qui détruit, en une seule nuit, les derniers restes de l'été.

Tout le long des boulevards, c'était une pluie épaisse de larges feuilles jaunes qui tombaient avec un bruit sec et menu. Elles tombaient, à perte de vue, d'un bout à l'autre des larges avenues entre les façades des maisons, comme si toutes les tiges venaient d'être séparées des branches par le tranchant d'une fine lame de glace. Les chaussées et les trottoirs en étaient déjà couverts, ressemblaient, pour quelques heures, aux allées des forêts au début de l'hiver. Tout ce feuillage mort crépitait sous les pas et s'amassait, par moments, en vagues légères, sous les poussées du vent.

C'était un de ces jours de transition qui sont la fin d'une saison et le commencement d'une autre, qui ont une saveur ou une tristesse spéciale, tristesse d'agonie ou saveur de sève qui renaît.

En franchissant le seuil du Bain Turc, la pensée de la chaleur dont il allait pénétrer sa chair après ce passage dans l'air glacé des rues fit tressaillir le cœur triste d'Olivier d'un frisson de satisfaction. Il se dévêtit avec prestesse, roula autour de sa taille l'écharpe légère qu'un garçon lui tendait et disparut derrière la porte capitonnée ouverte devant lui.

Un souffle chaud, oppressant, qui semblait venir d'un foyer lointain, le fit respirer comme s'il eût manqué d'air en traversant une galerie mauresque, éclairée par deux lanternes orientales. Puis un nègre crépu, vêtu seulement d'une ceinture, le torse luisant, les membres musculeux, s'élança devant lui pour soulever une portière à l'autre extrémité, et Bertin pénétra dans la grande étuve, ronde, élevée, silencieuse, presque mystique comme un temple. Le jour tombait d'en haut, par la coupole et par des trèfles en verres colorés, dans l'immense salle circulaire et dallée, aux murs couverts de faïences décorées à la mode arabe.

Des hommes de tout âge, presque nus, marchaient lentement, à pas graves, sans parler ; d'autres étaient assis sur des banquettes de marbre, les bras croisés ; d'autres causaient à voix basse.

L'air brûlant faisait haleter dès l'entrée. Il y avait là dedans, dans ce cirque étouffant et décoratif, où l'on chauffait de la chair humaine, où circulaient des masseurs noirs et maures aux jambes cuivrées, quelque chose d'antique et de mystérieux.

La première figure aperçue par le peintre fut celle du comte de Landa. Il circulait comme un lutteur romain, fier de son énorme poitrine et de ses gros bras croisés dessus. Habitué des étuves, il s'y croyait sur la scène comme un acteur applaudi, et il y jugeait en expert la musculature discutée de tous les hommes forts de Paris.

— Bonjour, Bertin, dit-il.

Ils se serrèrent la main; puis Landa reprit :

— Hein, bon temps pour la sudation.

— Oui, magnifique.

— Vous avez vu Rocdiane? Il est là-bas. J'ai été le prendre au saut du lit. Oh! regardez-moi cette anatomie!

Un petit monsieur passait, aux jambes cagneuses, aux bras grêles, au flanc maigre, qui fit sourire de dédain ces deux vieux modèles de la vigueur humaine.

Rocdiane venait vers eux, ayant aperçu le peintre.

Ils s'assirent sur une longue table de marbre et se mirent à causer comme dans un salon. Des garçons de service circulaient, offrant à boire. On entendait retentir les claques des masseurs sur la chair nue et le jet subit des douches. Un clapotis d'eau continu, parti de tous les coins du grand amphithéâtre, l'emplissait aussi d'un bruit léger de pluie.

A tout moment un nouveau venu saluait les trois amis, ou s'approchait pour leur serrer la main.

C'étaient le gros duc d'Harisson, le petit prince Epilati, le baron Flach et d'autres.

Rocdiane dit tout à coup :

— Tiens, Farandal!

Le marquis entrait, les mains sur les hanches, marchant avec cette aisance des hommes très bien faits que rien ne gêne.

Landa murmura :

— C'est un gladiateur, ce gaillard-là!

Rocdiane reprit, se tournant vers Bertin :

— Est-ce vrai qu'il épouse la fille de vos amis?

— Je le pense, dit le peintre.

Mais cette question, en face de cet homme, en ce moment, en cet endroit, fit passer dans le cœur d'Olivier une affreuse secousse de désespoir et de révolte. L'horreur de toutes les réalités entrevues lui apparut en une seconde avec une telle acuité, qu'il lutta pendant quelques instants contre une envie animale de se jeter sur le marquis.

Puis il se leva.

— Je suis fatigué, dit-il. Je vais tout de suite au massage.

Un Arabe passait.

— Ahmed, es-tu libre?

— Oui, monsieur Bertin.

Et il partit à pas pressés afin d'éviter la poignée de main de Farandal qui venait lentement en faisant le tour du Hammam.

A peine resta-t-il un quart d'heure dans la grande salle de repos si calme en sa ceinture de cellules où sont les lits, autour d'un parterre de plantes africaines et d'un jet d'eau qui s'égrène au milieu. Il avait l'impression d'être suivi, menacé, que le marquis allait le rejoindre et qu'il devrait, la main tendue, le traiter en ami avec le désir de le tuer.

Et il se retrouva bientôt sur le boulevard couvert de feuilles mortes. Elles ne tombaient plus, les dernières ayant été détachées par une longue rafale. Leur tapis rouge et jaune frémissait, remuait, ondulait d'un trottoir à l'autre sous les poussées plus vives de la brise grandissante.

Tout à coup une sorte de mugissement glissa sur les toits, ce cri de bête de la tempête qui passe, et, en même temps, un souffle furieux de vent qui semblait venir de la Madeleine s'engouffra dans le boulevard.

Les feuilles, toutes les feuilles tombées qui paraissaient l'attendre, se soulevèrent à son approche. Elles couraient devant lui, s'amassant et tourbillonnant, s'enlevant en spirales jusqu'au faîte des maisons. Il les chassait comme un troupeau, un troupeau fou qui s'envolait, qui s'en allait, fuyant vers les barrières de Paris, vers le ciel libre de la banlieue. Et quand le gros nuage de feuilles et de poussière eut disparu sur les hauteurs du quartier Malesherbes, les chaussées et les trottoirs demeurèrent nus, étrangement propres et balayés.

Bertin songeait : « Que vais-je devenir ? Que vais-je faire ? Où vais-je aller ? » Et il retournait chez lui, ne pouvant rien imaginer.

Un kiosque à journaux attira son œil. Il en acheta sept ou huit, espérant qu'il y trouverait à lire peut-être pendant une heure ou deux.

— Je déjeune ici, dit-il en rentrant. Et il monta dans son atelier.

Mais il sentit en s'asseyant qu'il n'y pourrait pas rester, car il avait en tout son corps une agitation de bête enragée.

Les journaux parcourus ne purent distraire une minute son âme, et les faits qu'il lisait lui restaient dans les yeux sans aller jusqu'à sa pensée. Au milieu d'un article qu'il ne cherchait point à comprendre, le mot Guilleroy le fit tressaillir. Il s'agissait de la séance de la Chambre, où le comte avait prononcé quelques paroles.

Son attention, éveillée par cet appel, rencontra ensuite le nom du célèbre ténor Montrosé qui devait donner, vers la fin de décembre, une représentation unique au grand Opéra. Ce serait, disait le journal, une magnifique solennité musicale, car le ténor Montrosé, qui avait quitté Paris depuis six ans, venait de remporter, dans toute l'Europe et en Amérique, des succès sans précédents, et il serait, en outre, accompagné de l'illustre cantatrice suédoise Helsson, qu'on n'avait pas entendue non plus à Paris depuis cinq ans!

Tout à coup Olivier eut l'idée, qui sembla naître au fond de son cœur, de donner à Annette le plaisir de ce spectacle. Puis il songea que le deuil de la comtesse mettrait obstacle à ce projet, et il chercha des combinaisons pour le réaliser quand même. Une seule se présenta. Il fallait prendre une loge sur la scène où l'on était presque invisible, et, si la comtesse néanmoins n'y voulait pas venir, faire accompagner Annette par son père et par la duchesse. En ce cas, c'est à la duchesse qu'il faudrait offrir cette loge. Mais il devrait alors inviter le marquis!

Il hésita et réfléchit longtemps.

Certes, le mariage était décidé, même fixé sans aucun doute. Il devinait la hâte de son amie à terminer cela, il comprenait que, dans les limites les plus courtes, elle donnerait sa fille à Farandal. Il n'y pouvait rien. Il ne pouvait ni empêcher, ni modifier, ni retarder cette affreuse chose! Puisqu'il fallait la subir, ne valait-il pas mieux essayer de dompter son âme, de cacher sa souffrance, de paraître content, de ne plus se laisser entraîner, comme tout à l'heure, par son emportement.

Oui, il inviterait le marquis, apaisant par là les

soupçons de la comtesse et se gardant une porte amie dans l'intérieur du jeune ménage.

Dès qu'il eut déjeuné, il descendit à l'Opéra pour s'assurer la possession d'une des loges cachées derrière le rideau. Elle lui fut promise. Alors il courut chez les Guilleroy.

La comtesse parut presque aussitôt, et, encore tout émue de leur attendrissement de la veille :

— Comme c'est gentil de revenir aujourd'hui! dit-elle.

Il balbutia.

— Je vous apporte quelque chose.

— Quoi donc?

— Une loge sur la scène de l'Opéra pour une représentation unique de Helsson et de Montrosé.

— Oh! mon ami, quel chagrin! Et mon deuil?

— Votre deuil est vieux de quatre mois bientôt.

— Je vous assure que je ne peux pas.

— Et Annette? Songez qu'une occasion pareille ne se représentera peut-être jamais.

— Avec qui irait-elle?

— Avec son père et la duchesse que je vais inviter. J'ai l'intention aussi d'offrir une place au marquis.

Elle le regarda au fond des yeux tandis qu'une envie folle de l'embrasser lui montait aux lèvres. Elle répéta, ne pouvant en croire ses oreilles :

— Au marquis?

— Mais oui!

Et elle consentit tout de suite à cet arrangement.

Il reprit d'un air indifférent.

— Avez-vous fixé l'époque de leur mariage?

— Mon Dieu oui, à peu près. Nous avons des raisons pour le presser beaucoup, d'autant plus qu'il était déjà décidé avant la mort de maman. Vous vous le rappelez?

— Oui, parfaitement. Et pour quand?

— Mais, pour le commencement de janvier. Je vous demande pardon de ne vous l'avoir pas annoncé plus tôt.

Annette entrait. Il sentit son cœur sauter dans sa poitrine avec une force de ressort, et toute la tendresse qui le jetait vers elle s'aigrit soudain et fit naître en lui cette sorte de bizarre animosité passionnée que devient l'amour quand la jalousie le fouette.

— Je vous apporte quelque chose, dit-il.

Elle répondit:

— Alors nous en sommes décidément au « vous ».

Il prit un air paternel.

— Écoutez, mon enfant. Je suis au courant de l'événement qui se prépare. Je vous assure que cela sera indispensable dans quelque temps. Vaut mieux tout de suite que plus tard.

Elle haussa les épaules d'un air mécontent, tandis que la comtesse se taisait, le regard au loin et la pensée tendue.

Annette demanda :

— Que m'apportez-vous?

Il annonça la représentation et les invitations qu'il comptait faire. Elle fut ravie, et, lui sautant au cou avec un élan de gamine, l'embrassa sur les deux joues.

Il se sentit défaillir et comprit, sous le double effleurement léger de cette petite bouche au souffle frais, qu'il ne se guérirait jamais.

La comtesse, crispée, dit à sa fille :

— Tu sais que ton père t'attend.

— Oui, maman, j'y vais.

Elle se sauva, en envoyant encore des baisers du bout des doigts.

Dès qu'elle fut sortie, Olivier demanda :

— Vont-ils voyager?

— Oui, pendant trois mois.

Et il murmura, malgré lui :

— Tant mieux!

— Nous reprendrons notre ancienne vie, dit la comtesse.

Il balbutia :

— Je l'espère bien.

— En attendant, ne me négligez point.

— Non, mon amie.

L'élan qu'il avait eu la veille en la voyant pleurer, et l'idée qu'il venait d'exprimer d'inviter le marquis à cette représentation de l'Opéra, redonnaient à la comtesse un peu d'espoir.

Il fut court. Une semaine ne s'était point passée qu'elle suivait de nouveau sur la figure de cet homme, avec une attention torturante et jalouse, toutes les étapes de son supplice. Elle n'en pouvait rien ignorer, passant elle-même par toutes les douleurs qu'elle devinait chez lui, et la constante présence d'Annette lui rappelait, à tous les moments du jour, l'impuissance de ses efforts.

Tout l'accablait en même temps, les années et le deuil. Sa coquetterie active, savante, ingénieuse qui, durant toute sa vie, l'avait fait triompher pour lui, se trouvait paralysée par cet uniforme noir qui soulignait sa pâleur et l'altération de ses traits, de même qu'il rendait éblouissante l'adolescence de son enfant. Elle était loin déjà l'époque, si proche cependant, du retour d'Annette à Paris, où elle recherchait avec orgueil des similitudes de toilette qui lui étaient alors favorables. Maintenant, elle avait des envies furieuses d'arracher de son corps ces vêtements de mort qui l'enlaidissaient et la torturaient.

Si elle avait senti à son service toutes les ressources de l'élégance, si elle avait pu choisir et employer des étoffes aux nuances délicates, en harmonie avec son teint, qui auraient donné à son charme agonisant une puissance étudiée, aussi captivante que la grâce inerte de sa fille, elle aurait su, sans doute, demeurer encore la plus séduisante.

Elle connaissait si bien l'action des toilettes enfiévrantes du soir et des molles toilettes sensuelles du matin, du déshabillé troublant gardé pour déjeuner avec les amis intimes et qui laisse à la femme, jusqu'au milieu du jour, une sorte de saveur de son lever, l'impression matérielle et chaude du lit quitté et de la chambre parfumée !

Mais que pouvait-elle tenter sous cette robe sépulcrale, sous cette tenue de forçat, qui la couvrirait pendant une année entière ! Un an ! Elle resterait un an emprisonnée dans ce noir, inactive et vaincue ! Pendant un an, elle se sentirait vieillir jour par jour, heure par heure, minute par minute, sous cette gaine de crêpe ! Que serait-elle dans un an si sa pauvre chair malade continuait à s'altérer ainsi sous les angoisses de son âme ?

Ces idées ne la quittaient plus, lui gâtaient tout ce qu'elle aurait savouré, lui faisaient une douleur de tout ce qui aurait été une joie, ne lui laissaient plus une jouissance intacte, un contentement ni une gaîté. Sans cesse elle frémissait d'un besoin exaspéré de secouer ce poids de misère qui l'écrasait, car sans cette obsession harcelante elle aurait été si heureuse encore, alerte et bien portante !

Elle se sentait une âme vivace et fraîche, un cœur toujours jeune, l'ardeur d'un être qui commence à vivre, un appétit de bonheur insatiable, plus vorace même qu'autrefois, et un besoin d'aimer dévorant.

Et voilà que toutes les bonnes choses, toutes les choses douces, délicieuses, poétiques, qui embellissent et font chérir l'existence, se retiraient d'elle, parce qu'elle avait vieilli! C'était fini! Elle retrouvait pourtant encore en elle ses attendrissements de jeune fille et ses élans passionnés de jeune femme. Rien n'avait vieilli que sa chair, sa misérable peau, cette étoffe des os, peu à peu fanée, rongée comme le drap sur le bois d'un meuble. La hantise de cette décadence était attachée à elle, devenue presque une souffrance physique. L'idée fixe avait fait naître une sensation d'épiderme, la sensation du vieillissement, continue et perceptible comme celle du froid ou de la chaleur. Elle croyait, en effet, sentir, ainsi qu'une vague démangeaison, la marche lente des rides sur son front, l'affaissement du tissu des joues et de la gorge, et la multiplication de ces innombrables petits traits qui fripent la peau fatiguée. Comme un être atteint d'un mal dévorant qu'un constant prurit contraint à se gratter, la perception et la terreur de ce travail abominable et menu du temps rapide lui mirent dans l'âme l'irrésistible besoin de le constater dans les glaces. Elles l'appelaient, l'attiraient, la forçaient à venir, les yeux fixes, voir, revoir, reconnaître sans cesse, toucher du doigt, comme pour s'en mieux assurer, l'usure ineffaçable des ans. Ce fut d'abord une pensée intermittente reparue chaque fois qu'elle apercevait, soit chez elle, soit ailleurs, la surface polie du cristal redoutable. Elle s'arrêtait sur les trottoirs pour se regarder aux devantures des boutiques, accrochée comme par une main à toutes les plaques de verre dont les marchands ornent leurs façades. Cela devint une maladie, une possession. Elle portait dans sa poche une mignonne boîte à poudre de riz en ivoire, grosse comme une noix, dont le couvercle intérieur enfermait un imperceptible miroir, et souvent, tout en marchant, elle la tenait ouverte dans sa main et la levait vers ses yeux.

Quand elle s'asseyait pour lire ou pour écrire, dans le salon aux tapisseries, sa pensée, un instant distraite par cette besogne nouvelle, revenait bientôt à son obsession. Elle luttait, essayait de se distraire, d'avoir d'autres idées, de continuer son travail. C'était en vain; la piqûre du désir la harcelait, et bientôt sa main, lâchant le livre ou la plume, se tendait par un mouvement irrésistible vers la petite glace à manche de vieil argent qui traînait sur son bureau. Dans le cadre ovale et ciselé son visage entier s'enfermait comme une figure d'autrefois, comme un portrait du dernier siècle, comme un pastel jadis frais que le soleil avait terni. Puis, lorsqu'elle s'était longtemps contemplée, elle reposait, d'un mouvement las, le petit objet sur le meuble et s'efforçait de se remettre à l'œuvre, mais elle n'avait pas lu deux pages ou écrit vingt lignes, que le besoin de se regarder renaissait en elle, invincible et torturant; et elle tendait de nouveau le bras pour reprendre le miroir.

Elle le maniait maintenant comme un bibelot irritant et familier que la main ne peut quitter, s'en servait à tout moment en recevant ses amis, et s'énervait jusqu'à crier, le haïssait comme un être en le retournant dans ses doigts.

Un jour, exaspérée par cette lutte entre elle et ce morceau de verre, elle le lança contre le mur où il se fendit et s'émietta.

Mais au bout de quelque temps son mari, qui l'avait fait réparer, le lui remit plus clair que jamais. Elle dut le prendre et remercier, résignée à le garder.

Chaque soir aussi et chaque matin enfermée en sa chambre, elle recommençait malgré elle cet examen minutieux et patient de l'odieux et tranquille ravage.

Couchée, elle ne pouvait dormir, rallumait une bougie et demeurait, les yeux ouverts, à songer que les insomnies et le chagrin hâtaient irrémédiablement la besogne horrible du temps qui court. Elle écoutait dans le silence de la nuit le balancier de sa pendule qui semblait murmurer de son tic-tac, monotone et régulier — « ça va, ça va, ça va », et son cœur se crispait dans une telle souffrance que, son drap sur sa bouche, elle gémissait de désespoir.

Autrefois, comme tout le monde, elle avait eu la notion des années qui passent et des changements qu'elles apportent. Comme tout le monde, elle avait dit, elle s'était dit, chaque hiver, chaque printemps ou chaque été : « J'ai beaucoup changé depuis l'an dernier. » Mais toujours belle, d'une beauté un peu différente, elle ne s'en inquiétait pas. Aujourd'hui, tout à coup, au lieu de constater encore paisiblement la marche lente des saisons, elle venait de découvrir et de comprendre la fuite formidable des instants. Elle avait eu la révélation subite de ce glissement de l'heure, de cette course imperceptible, affolante quand on y songe, de ce défilé infini des petites secondes pressées qui grignotent le corps et la vie des hommes.

Après ces nuits misérables, elle trouvait de longues somnolences plus tranquilles, dans la tiédeur des draps, lorsque sa femme de chambre avait ouvert ses rideaux et fait flamber le feu matinal. Elle demeurait lasse, assoupie, ni éveillée ni endormie, dans un engourdissement de pensée qui laissait renaître en elle l'espoir instinctif et providentiel dont s'éclairent et dont vivent jusqu'à leurs derniers jours le cœur et le sourire des hommes.

Chaque matin maintenant, dès qu'elle avait quitté son lit, elle se sentait dominée par un désir puissant de prier Dieu, d'obtenir de lui un peu de soulagement et de consolation.

Elle s'agenouillait alors devant un grand Christ de chêne, cadeau d'Olivier, œuvre rare découverte par lui, et les lèvres closes, implorant avec cette voix de l'âme dont on se parle à soi-même, elle poussait vers le martyr divin une douloureuse supplication. Affolée par le besoin d'être entendue et secourue, naïve en sa détresse comme tous les fidèles à genoux, elle ne pouvait douter qu'il l'écoutât, qu'il fût attentif à sa requête et peut-être touché pour sa peine. Elle ne lui demandait pas de faire pour elle ce que jamais il n'a fait pour personne, de lui laisser jusqu'à sa mort le charme, la fraîcheur et la grâce, elle lui demandait seulement un peu de repos et de répit. Il fallait bien qu'elle vieillît, comme il fallait qu'elle mourût! Mais pourquoi si vite? Des femmes restaient belles si tard? Ne pouvait-il lui accorder d'être une de celles-là? Comme il serait bon, Celui qui avait aussi tant souffert, s'il lui abandonnait seulement pendant deux ou trois ans encore le reste de séduction qu'il lui fallait pour plaire!

Elle ne lui disait point ces choses, mais elle les gémissait vers Lui, dans la plainte confuse de son âme.

Puis, s'étant relevée, elle s'asseyait devant sa toilette, et, avec une tension de pensée aussi ardente que pour la prière, elle maniait les poudres, les pâtes, les crayons, les houppes et les brosses qui lui refaisaient une beauté de plâtre, quotidienne et fragile.

VI

Sur le boulevard deux noms sonnaient dans toutes les bouches : « Emma Helsson » et « Montrosé ». Plus on approchait de l'Opéra, plus on les entendait répéter. D'immenses affiches, d'ailleurs, collées sur les colonnes Morris, les lançaient aux yeux des passants, et il y avait dans l'air du soir l'émotion d'un événement.

Le lourd monument, qu'on appelle « l'Académie nationale de Musique », accroupi sous le ciel noir, montrait au public amassé devant lui sa façade pompeuse et blanchâtre et la colonnade de marbre de sa galerie, que d'invisibles foyers électriques illuminaient comme un décor.

Sur la place, les gardes républicains à cheval dirigeaient la circulation, et d'innombrables voitures arrivaient de tous les coins de Paris, laissant entrevoir, derrière leurs glaces baissées, une crème d'étoffes claires et des têtes pâles.

Les coupés et les landaus s'engageaient à la file dans les arcades réservées et, s'arrêtant quelques instants, laissaient descendre, sous leurs pelisses de soirée garnies de fourrures, de plumes ou de dentelles inestimables, les femmes du monde et les autres, chair précieuse, divinement parée.

Tout le long du célèbre escalier c'était une ascension de féerie, une montée ininterrompue de dames vêtues comme des reines, dont la gorge et les oreilles jetaient des éclairs de diamants et dont la longue robe traînait sur les marches.

La salle se peuplait de bonne heure, car on ne voulait pas perdre une note des deux illustres artistes; et c'était, par tout le vaste amphithéâtre, sous l'éclatante lumière électrique tombée du lustre, une houle de gens qui s'installaient et une grande rumeur de voix.

De la loge sur la scène qu'occupaient déjà la duchesse, Annette, le comte, le marquis, Bertin et M. de Musadieu, on ne voyait rien que les coulisses où des hommes causaient, couraient, criaient: des machinistes en blouse, des messieurs en habit, des acteurs en costume. Mais derrière l'immense rideau baissé on entendait le bruit profond de la foule, on sentait la présence d'une masse d'êtres remuants et surexcités, dont l'agitation semblait traverser la toile pour se répandre jusqu'aux décors.

On allait jouer *Faust*.

Musadieu racontait des anecdotes sur les premières représentations de cette œuvre à l'Opéra-Comique, sur le demi-four d'alors suivi d'un éclatant triomphe, sur les interprètes du début, sur leur manière de chanter chaque morceau. Annette, à demi tournée vers lui, l'écoutait avec cette curiosité avide et jeune dont elle enveloppait le monde entier, et, par moments, elle jetait sur son fiancé, qui serait son mari dans quelques jours, un coup d'œil plein de tendresse. Elle l'aimait, maintenant, comme aiment les cœurs naïfs, c'est-à-dire qu'elle aimait en lui toutes les espérances du lendemain. L'ivresse des premières fêtes de la vie et l'ardent besoin d'être heureuse la faisaient frémir d'allégresse et d'attente.

Et Olivier, qui voyait tout, qui savait tout, qui avait descendu tous les degrés de l'amour secret, impuissant et jaloux, jusqu'au foyer de la souffrance humaine où le cœur semble crépiter comme de la chair sur des charbons, restait debout au fond de la loge en les couvrant l'un et l'autre d'un regard de supplicié.

Les trois coups furent frappés, et soudain le petit tapotement sec d'un archet sur le pupitre du chef d'orchestre arrêta net tous les mouvements, les toux et les murmures; puis, après un court et profond silence, les premières mesures de l'introduction s'élevèrent, emplirent la salle de l'invisible et irrésistible mystère de la musique qui s'épand à travers les corps, affole les nerfs et les âmes d'une fièvre poétique et matérielle, en mêlant à l'air limpide qu'on respire une onde sonore qu'on écoute.

Olivier s'assit au fond de la loge, douloureusement ému comme si les plaies de son cœur eussent été touchées par ces accents.

Mais le rideau s'étant levé, il se dressa de nouveau et il vit, dans un décor représentant le cabinet d'un alchimiste, le docteur Faust méditant.

Vingt fois déjà il avait entendu cet opéra qu'il connaissait presque par cœur, et son attention, quittant aussitôt la pièce, se porta sur la salle. Il n'en découvrait qu'un petit angle derrière l'encadrement de la scène qui cachait sa loge, mais cet angle, s'étendant de l'orchestre au paradis, lui montrait toute une fraction du public, où il reconnaissait bien des têtes. A l'orchestre, les hommes en cravate blanche, alignés côte à côte, semblaient un musée de figures familières, de mondains, d'artistes, de journalistes, toutes les catégories de ceux qui ne manquent jamais d'être où tout le monde va. Au balcon, dans les loges, il se nommait, il pointait mentalement les femmes aperçues. La comtesse de Lochrist, dans une avant-scène, était vraiment ravissante, tandis qu'un peu plus loin une nouvelle mariée, la marquise d'Ebelin, soulevait déjà les lorgnettes. « Joli début », se dit Bertin.

On écoutait avec une grande attention, avec une sympathie évidente, le ténor Montrosé qui se lamentait sur la vie.

Olivier pensait : « Quelle bonne blague! Voilà Faust, le mystérieux et sublime Faust, qui chante l'horrible dégoût et le néant de tout; et cette foule se demande avec inquiétude si la voix de Montrosé n'a pas changé. » — Alors, il écouta, comme les autres, et derrière les paroles banales du livret, à travers la musique qui éveille au fond des âmes des perceptions profondes, il eut une sorte de révélation de la façon dont Gœthe rêva le cœur de Faust.

Il avait lu autrefois le poème qu'il estimait très beau, sans en avoir été fort ému, et voilà que, soudain, il en pressentit l'insondable profondeur, car il lui semblait que, ce soir-là, il devenait lui-même un Faust.

Un peu penchée sur le devant de la loge, Annette écoutait de toutes ses oreilles; et des murmures de satisfaction commençaient à passer dans le public, car la voix de Montrosé était mieux posée et plus nourrie qu'autrefois!

Bertin avait fermé les yeux. Depuis un mois,

tout ce qu'il voyait, tout ce qu'il éprouvait, tout ce qu'il rencontrait en sa vie, il en faisait immédiatement une sorte d'accessoire de sa passion. Il jetait le monde et lui-même en pâture à cette idée fixe. Tout ce qu'il apercevait de beau, de rare, tout ce qu'il imaginait de charmant, il l'offrait aussitôt, mentalement, à sa petite amie, et il n'avait plus une idée qu'il ne rapportât à son amour.

Maintenant, il écoutait au fond de lui-même l'écho des lamentations de Faust; et le désir de la mort surgissait en lui, le désir d'en finir aussi avec ses chagrins, avec toute la misère de sa tendresse sans issue. Il regardait le fin profil d'Annette et il voyait le marquis de Farandal, assis derrière elle, qui la contemplait aussi. Il se sentait vieux, fini, perdu! Ah! ne plus rien attendre, ne plus rien espérer, n'avoir plus même le droit de désirer, se sentir déclassé, à la retraite de la vie, comme un fonctionnaire hors d'âge dont la carrière est terminée, quelle intolérable torture!

Des applaudissements éclatèrent, Montrosé triomphait déjà. Et Méphisto-Labarrière jaillit du sol.

Olivier, qui ne l'avait jamais entendu dans ce rôle, eut une reprise d'attention. Le souvenir d'Obin, si dramatique avec sa voix de basse, puis de Faure, si séduisant avec sa voix de baryton, vint le distraire quelques instants.

Mais soudain, une phrase chantée par Montrosé,

avec une irrésistible puissance, l'émut jusqu'au cœur. Faust disait à Satan :

> Je veux un trésor qui les contient tous,
> Je veux la jeunesse.

Et le ténor apparut en pourpoint de soie, l'épée au côté, une toque à plumes sur la tête, élégant, jeune et beau de sa beauté maniérée de chanteur.

Un murmure s'éleva. Il était fort bien et plaisait aux femmes. Olivier, au contraire, eut un frisson de désappointement, car l'évocation poignante du poème dramatique de Gœthe disparaissait dans cette métamorphose. Il n'avait désormais devant les yeux qu'une féerie pleine de jolis morceaux chantés, et des acteurs de talent dont il n'écoutait plus que la voix. Cet homme en pourpoint, ce joli garçon à roulades, qui montrait ses cuisses et ses notes, lui déplaisait. Ce n'était point le vrai, l'irrésistible et sinistre chevalier Faust, celui qui allait séduire Marguerite.

Il se rassit, et la phrase qu'il venait d'entendre lui revint à la mémoire :

> Je veux un trésor qui les contient tous,
> Je veux la jeunesse.

Il la murmurait entre ses dents, la chantait douloureusement au fond de son âme, et, les yeux toujours fixés sur la nuque blonde d'Annette qui surgissait dans la baie carrée de la loge, il sentait en lui toute l'amertume de cet irréalisable désir.

Mais Montrosé venait de finir le premier acte avec une telle perfection que l'enthousiasme éclata. Pendant plusieurs minutes, le bruit des applaudissements, des pieds et des bravos, roula dans la salle comme un orage. On voyait dans toutes les loges les femmes battre leurs gants l'un contre l'autre, tandis que les hommes, debout derrière elles, criaient en claquant des mains.

La toile tomba, et se releva deux fois de suite sans que l'élan se ralentit. Puis quand le rideau fut baissé pour la troisième fois, séparant du public la scène et les loges intérieures, la duchesse et Annette continuèrent encore à applaudir quelques instants, et furent remerciées spécialement par un petit salut discret que leur envoya le ténor.

— Oh! il nous a vues, dit Annette.

— Quel admirable artiste! s'écria la duchesse.

Et Bertin, qui s'était penché en avant, regardait avec un sentiment confus d'irritation et de dédain l'acteur acclamé disparaître entre deux portants, en se dandinant un peu, la jambe tendue, la main sur la hanche, dans la pose gardée d'un héros de théâtre.

On se mit à parler de lui. Ses succès faisaient autant de bruit que son talent. Il avait passé dans toutes les capitales, au milieu de l'extase des femmes qui, le sachant d'avance irrésistible, avaient des battements de cœur en le voyant entrer en scène. Il semblait peu se soucier d'ailleurs, disait-on, de ce délire sentimental, et se contentait de triomphes musicaux. Musadieu racontait, à mots très couverts à cause d'Annette, l'existence de ce beau chanteur, et la duchesse, emballée, comprenait et approuvait toutes les folies qu'il avait pu faire naître, tant elle le trouvait séduisant, élégant, distingué et musicien exceptionnel. Et elle concluait, en riant :

— D'ailleurs, comment résister à cette voix-là !

Olivier se fâcha et fut amer. Il ne comprenait pas, vraiment, qu'on eût du goût pour un cabotin, pour cette perpétuelle représentation de types humains qui n'est jamais, pour cette illusoire personnification des hommes rêvés, pour ce mannequin nocturne et fardé qui joue tous les rôles à tant par soir.

— Vous êtes jaloux d'eux, dit la duchesse. Vous autres, hommes du monde et artistes, vous en voulez tous aux acteurs, parce qu'ils ont plus de succès que vous.

Puis se tournant vers Annette :

— Voyons, petite, toi qui entres dans la vie et qui regardes avec des yeux sains, comment le trouves-tu, ce ténor ?

Annette répondit d'un air convaincu :

— Mais je le trouve très bien, moi.

On frappait les trois coups pour le second acte, et le rideau se leva sur la Kermesse.

Le passage de Helsson fut superbe. Elle aussi semblait avoir plus de voix qu'autrefois et la manier avec une sûreté plus complète. Elle était vraiment devenue la grande, l'excellente, l'exquise cantatrice dont la renommée par le monde égalait celles de M. de Bismarck et de M. de Lesseps.

Quand Faust s'élança vers elle, quand il lui dit de sa voix ensorcelante la phrase si pleine de charme :

> Ne permettrez-vous pas, ma belle demoiselle,
> Qu'on vous offre le bras, pour faire le chemin..

Et lorsque la blonde et si jolie et si émouvante Marguerite lui répondit :

> Non, monsieur, je ne suis demoiselle ni belle,
> Et je n'ai pas besoin qu'on me donne la main.

la salle entière fut soulevée par un immense frisson de plaisir.

Les acclamations, quand le rideau tomba, furent formidables, et Annette applaudit si longtemps que Bertin eut envie de lui saisir les mains pour la faire cesser. Son cœur était tordu par un nouveau tourment. Il ne parla point, pendant l'entr'acte, car il poursuivait dans les coulisses, de sa pensée fixe derenue haineuse, il poursuivait jusque dans sa loge où il le voyait remettre du blanc sur ses joues, l'odieux chanteur qui surexcitait ainsi cette enfant.

Puis, la toile se leva sur l'acte du « Jardin ».

Ce fut tout de suite une sorte de fièvre d'amour qui se répandit dans la salle, car jamais cette musique, qui semble n'être qu'un souffle de baisers, n'avait rencontré deux pareils interprètes. Ce n'étaient plus deux acteurs illustres, Montrosé et la Helsson, c'étaient deux êtres du monde idéal, à peine deux êtres, mais deux voix : la voix éternelle de l'homme qui aime, la voix éternelle de la femme qui cède ; et elles soupiraient ensemble toute la poésie de la tendresse humaine.

Quand Faust chanta :

> Laisse-moi, laisse-moi contempler ton visage,

il y eut dans les notes envolées de sa bouche un tel accent d'adoration, de transport et de supplication que, vraiment, le désir d'aimer souleva un instant tous les cœurs.

Olivier se rappela qu'il l'avait murmurée lui-même, cette phrase, dans le parc de Roncières, sous les fenêtres du château. Jusqu'alors, il l'avait jugée un peu banale, et maintenant elle lui venait à la bouche comme un dernier cri de passion, une dernière prière, le dernier espoir et la dernière faveur qu'il pût attendre en cette vie.

Puis il n'écouta plus rien, il n'entendit plus rien. Une crise de jalousie suraiguë le déchira, car il venait de voir Annette porter son mouchoir à ses yeux.

Elle pleurait! Donc son cœur s'éveillait, s'animait, s'agitait, son petit cœur de femme qui ne savait rien encore. Là, tout près de lui, sans qu'elle songeât à lui, elle avait la révélation de la façon dont l'amour peut bouleverser l'être humain, et cette révélation, cette initiation lui étaient venues de ce misérable cabotin chantant.

Ah! il n'en voulait plus guère au marquis de Farandal, à ce sot qui ne voyait rien, qui ne savait pas, qui ne comprenait pas! Mais comme il exécrait l'homme au maillot collant qui illuminait cette âme de jeune fille!

Il avait envie de se jeter sur elle comme on se jette sur quelqu'un que va écraser un cheval emporté, de la saisir par le bras, de l'emmener, de l'entraîner, de lui dire : « Allons-nous-en! allons-nous-en, je vous en supplie! »

Comme elle écoutait, comme elle palpitait! et comme il souffrait, lui! Il avait déjà souffert ainsi, mais moins cruellement! Il se le rappela, car toutes les douleurs jalouses renaissent ainsi que des blessures rouvertes. C'était d'abord à Roncières, en revenant du cimetière, quand il sentit pour la première fois qu'elle lui échappait, qu'il ne pouvait rien sur elle, sur cette fillette indépendante comme un jeune animal. Mais là-bas, quand elle l'irritait en le quittant pour cueillir des fleurs, il éprouvait surtout l'envie brutale d'arrêter ses élans, de retenir son corps près de lui ; aujourd'hui, c'était son âme elle-même qui fuyait, insaisissable. Ah! cette irritation rongeuse qu'il venait de reconnaître, il l'avait éprouvée bien souvent encore par toutes les petites meurtrissures inavouables qui semblent faire des bleus incessants aux cœurs amoureux. Il se rappelait toutes les impressions pénibles de menue jalousie tombant sur lui, à petits coups, le long des jours. Chaque fois qu'elle avait remarqué, admiré, aimé, désiré quelque chose, il en avait été jaloux : jaloux de tout d'une façon imperceptible et continue, de tout ce qui absorbait le temps, les regards, l'attention, la gaîté, l'étonnement, l'affection d'Annette, car tout cela la lui prenait un peu. Il avait été jaloux de tout ce qu'elle faisait sans lui, de tout ce qu'il ne savait pas, de ses sorties, de ses lectures, de tout ce qui semblait lui plaire, jaloux d'un officier blessé héroïquement en Afrique et dont Paris s'occupa huit jours durant, de l'auteur d'un roman très louangé, d'un jeune poète inconnu qu'elle n'avait point vu mais dont Musadieu récitait les vers, de tous les hommes enfin qu'on vantait devant elle, même banalement, car, lorsqu'on aime une femme, on ne peut tolérer sans angoisse qu'elle songe même à quelqu'un avec une apparence d'intérêt. On a au cœur l'impérieux besoin d'être seul au monde devant ses yeux. On veut qu'elle ne voie, qu'elle ne connaisse, qu'elle n'apprécie personne autre. Sitôt qu'elle a l'air de se retourner pour considérer ou reconnaître quelqu'un, on se jette devant son regard, et si on ne peut le détourner ou l'absorber tout entier, on souffre jusqu'au fond de l'âme.

Olivier souffrait ainsi en face de ce chanteur qui semblait répandre et cueillir de l'amour dans cette salle d'opéra, et il en voulait à tout le monde du triomphe de ce ténor, aux femmes qu'il voyait exaltées dans les loges, aux hommes, ces niais faisant une apothéose à ce fat.

Un artiste! Ils l'appelaient un artiste, un grand artiste! Et il avait des succès, ce pitre, interprète d'une pensée étrangère, comme jamais créateur n'en avait connu! Ah! c'était bien cela la justice et l'intelligence des gens du monde, de ces amateurs ignorants et prétentieux pour qui travaillent jusqu'à la mort les maîtres de l'art humain. Il les regardait applaudir, crier, s'extasier; et cette hostilité ancienne qui avait toujours fermenté au fond de son cœur orgueilleux et fier de parvenu s'exaspérait, devenait une rage furieuse contre ces imbéciles tout puissants de par le seul droit de la naissance et de l'argent.

Jusqu'à la fin de la représentation, il demeura silencieux, dévoré par ses idées, puis, quand l'ouragan de l'enthousiasme final fut apaisé, il offrit son bras à la duchesse pendant que le marquis prenait celui d'Annette. Ils redescendirent le grand escalier au milieu d'un flot de femmes et d'hommes, dans une sorte de cascade magnifique et lente d'épaules nues, de robes somptueuses et d'habits noirs. Puis la duchesse, la jeune fille, son père et le marquis montèrent dans le même landau, et Olivier Bertin resta seul avec Musadieu sur la place de l'Opéra.

Tout à coup il eut au cœur une sorte d'affection pour cet homme ou plutôt cette attraction naturelle qu'on éprouve pour un compatriote rencontré dans un pays lointain, car il se sentait maintenant perdu dans cette cohue étrangère, indifférente, tandis qu'avec Musadieu il pouvait encore parler d'elle.

Il lui prit donc le bras.

— Vous ne rentrez pas tout de suite, dit-il. Le temps est beau, faisons un tour.

— Volontiers.

Ils s'en allèrent vers la Madeleine, au milieu de la foule noctambule, dans cette agitation courte et violente de minuit qui secoue les boulevards à la sortie des théâtres.

Musadieu avait dans la tête mille choses, tous ses sujets de conversation du moment que Bertin nommait son « menu du jour », et il fit couler sa faconde sur les deux ou trois motifs qui l'intéressaient le plus. Le peintre le laissait aller sans l'écouter, en le tenant par le bras, sûr de l'amener tout à l'heure à parler d'elle, et il marchait sans rien voir autour de lui, emprisonné dans son amour. Il marchait, épuisé par cette crise jalouse qui l'avait meurtri comme une chute, accablé par la certitude qu'il n'avait plus rien à faire au monde.

Il souffrirait ainsi, de plus en plus, sans rien attendre. Il traverserait des jours vides, l'un après l'autre, en la regardant de loin vivre, être heureuse, être aimée, aimer aussi sans doute. Un amant! Elle aurait un amant peut-être, comme sa mère en avait eu un. Il sentait en lui des sources de souffrances si nombreuses, diverses et compliquées, un tel afflux de malheurs, tant de déchirements inévitables, il se sentait tellement perdu, tellement entré, dès maintenant, dans une agonie inimaginable, qu'il ne pouvait supposer que personne eût souffert comme lui. Et il songea soudain à la puérilité des poètes qui ont inventé l'inutile labeur de Sisyphe, la soif matérielle de Tantale, le cœur dévoré de Prométhée! Oh! s'ils avaient prévu, s'ils avaient fouillé l'amour éperdu d'un vieil homme pour une jeune fille, comment auraient-ils exprimé l'effort abominable et secret d'un être qu'on ne peut plus aimer, les tortures du désir stérile, et, plus terrible que le bec d'un vautour, une petite figure blonde dépeçant un vieux cœur.

Musadieu parlait toujours et Bertin l'interrompit en murmurant presque malgré lui, sous la puissance de l'idée fixe.

— Annette était charmante, ce soir.

— Oui, délicieuse...

Le peintre ajouta, pour empêcher Musadieu de reprendre le fil coupé de ses idées :

— Elle est plus jolie que n'a été sa mère.

L'autre approuva d'une façon distraite en répétant plusieurs fois de suite : « Oui... oui... oui... », sans que son esprit se fixât encore à cette pensée nouvelle.

Olivier s'efforçait de l'y maintenir, et, rusant pour l'y attacher par une des préoccupations favorites de Musadieu, il reprit :

— Elle aura un des premiers salons de Paris, après son mariage.

Cela suffit, et l'homme du monde convaincu qu'était l'inspecteur des Beaux-Arts se mit à apprécier savamment la situtation qu'occuperait, dans la société française, la marquise de Farandal.

Bertin l'écoutait, et il entrevoyait Annette dans un grand salon plein de lumières, entourée de femmes et d'hommes. Cette vision, encore, le rendit jaloux.

Ils montaient maintenant le boulevard Malesherbes. Quand ils passèrent devant la maison des Guilleroy, le peintre leva les yeux. Des lumières semblaient briller aux fenêtres, derrière des fentes de rideaux. Le soupçon lui vint que la duchesse et son neveu avaient été peut-être invités à venir boire une tasse de thé. Et une rage le crispa qui le fit souffrir atrocement.

Il serrait toujours le bras de Musadieu, et il activait parfois d'une contradiction ses opinions sur la jeune future marquise. Cette voix banale qui parlait d'elle faisait voltiger son image dans la nuit autour d'eux.

Quand ils arrivèrent, avenue de Villiers, devant la porte du peintre :

— Entrez-vous? demanda Bertin.

— Non, merci. Il est tard, je vais me coucher.

— Voyons, montez une demi-heure, nous allons encore bavarder.

— Non. Vrai. Il est trop tard !

La pensée de rester seul, après les secousses qu'il venait encore de supporter, emplit d'horreur l'âme d'Olivier. Il tenait quelqu'un, il le garderait.

— Montez donc, je vais vous faire choisir une étude que je veux vous offrir depuis longtemps.

L'autre sachant que les peintres n'ont pas toujours l'humeur donnante, et que la mémoire des promesses est courte, se jeta sur l'occasion. En sa qualité d'Inspecteur des Beaux-Arts, il possédait une galerie collectionnée avec adresse.

— Je vous suis, dit-il.

Ils entrèrent.

Le valet de chambre réveillé apporta des grogs; et la conversation se traîna sur la peinture pendant quelque temps. Bertin montrait des études en priant Musadieu de prendre celle qui lui plairait le mieux; et Musadieu hésitait, troublé par la lumière du gaz qui le trompait sur les tonalités. A la fin il choisit un groupe de petites filles dansant à la corde sur un trottoir; et presque tout de suite il voulut s'en aller en emportant son cadeau.

— Je le ferai déposer chez vous, disait le peintre.

— Non, j'aime mieux l'avoir ce soir même pour l'admirer avant de me mettre au lit.

Rien ne put le retenir, et Olivier Bertin se retrouva seul encore une fois dans son hôtel, cette prison de ses souvenirs et de sa douloureuse agitation.

Quand le domestique entra, le lendemain matin, en apportant le thé et les journaux, il trouva son maître assis dans son lit, si pâle qu'il eut peur.

— Monsieur est indisposé? dit-il.

— Ce n'est rien, un peu de migraine.

— Monsieur ne veut pas que j'aille chercher quelque chose?

— Non. Quel temps fait-il?

— Il pleut, monsieur.
— Bien. Cela suffit.

L'homme, ayant déposé sur la petite table ordinaire le service à thé et les feuilles publiques, s'en alla.

Olivier prit le *Figaro* et l'ouvrit. L'article de tête était intitulé : « *Peinture moderne.* » C'était un éloge dithyrambique de quatre ou cinq jeunes peintres qui, doués de réelles qualités de coloristes et les exagérant pour l'effet, avaient la prétention d'être des révolutionnaires et des rénovateurs de génie.

Comme tous les aînés, Bertin se fâchait contre ces nouveaux venus, s'irritait de leur ostracisme, contestait leurs doctrines. Il se mit donc à lire cet article avec le commencement de colère dont tressaille vite un cœur énervé, puis, en jetant les yeux plus bas, il aperçut son nom ; et ces quelques mots, à la fin d'une phrase, le frappèrent comme un coup de poing en pleine poitrine : « l'Art démodé d'Olivier Bertin… »

Il avait toujours été sensible à la critique et sensible aux éloges, mais au fond de sa conscience, malgré sa vanité légitime, il souffrait plus d'être contesté qu'il ne jouissait d'être loué, par suite de l'inquiétude sur lui-même que ses hésitations avaient toujours nourrie. Autrefois pourtant, au temps de ses triomphes, les coups d'encensoir avaient été si nombreux, qu'ils lui faisaient oublier les coups d'épingle. Aujourd'hui, devant la poussée incessante des nouveaux artistes et des nouveaux admirateurs, les félicitations devenaient plus rares et le dénigrement plus accusé. Il se sentait enrégimenté dans le bataillon des vieux peintres de talent que les jeunes ne traitent point en maîtres ; et, comme il était aussi intelligent que perspicace, il souffrait à présent des moindres insinuations autant que des attaques directes.

Jamais pourtant aucune blessure à son orgueil d'artiste ne l'avait fait ainsi saigner. Il demeurait haletant et relisait l'article, pour le comprendre en ces moindres nuances. Ils étaient jetés au panier, quelques confrères et lui, avec une outrageante désinvolture ; et il se leva en murmurant ces mots, qui lui restaient sur les lèvres : « l'Art démodé d'Olivier Bertin. »

Jamais pareille tristesse, pareil découragement pareille sensation de la fin de tout, de la fin de son être physique et son être pensant, ne l'avaient jeté dans une détresse d'âme aussi désespérée. Il resta jusqu'à deux heures dans un fauteuil, devant la cheminée, les jambes allongées vers le feu, n'ayant plus la force de remuer, de faire quoi que ce soit. Puis le besoin d'être consolé se leva en lui, le besoin de serrer des mains dévouées, de voir des yeux fidèles, d'être plaint, secouru, caressé par des paroles amies. Il alla donc, comme toujours, chez la comtesse.

Quand il entra, Annette était seule au salon, debout, le dos tourné, écrivant vivement l'adresse d'une lettre. Sur la table, à côté d'elle était déployé le *Figaro*. Bertin vit le journal en même temps que la jeune fille et demeura éperdu, n'osant plus avancer ! Oh ! si elle l'avait lu ! Elle se retourna et préoccupée, pressée, l'esprit hanté par des soucis de femme, elle lui dit :

— Ah ! bonjour, monsieur le peintre. Vous m'excuserez si je vous quitte. J'ai la couturière en haut qui me réclame. Vous comprenez, la couturière, au moment d'un mariage, c'est important. Je vais vous prêter maman qui discute et raisonne avec mon artiste. Si j'ai besoin d'elle, je vous la ferai redemander pendant quelques minutes.

Et elle se sauva, en courant un peu, pour bien montrer sa hâte.

Ce départ brusque, sans un mot d'affection, sans un regard attendri pour lui, qui l'aimait tant... tant... le laissa bouleversé. Son œil alors s'arrêta de nouveau sur le *Figaro;* et il pensa : « Elle l'a lu ! On me blague, on me nie. Elle ne croit plus en moi. Je ne suis plus rien pour elle. »

Il fit deux pas vers le journal, comme on marche vers un homme pour le souffleter. Puis il se dit : « Peut-être ne l'a-t-elle pas lu tout de même.

Elle est si préoccupée aujourd'hui. Mais on en parlera devant elle, ce soir, au dîner, sans aucun doute, et on lui donnera envie de le lire ! »

Par un mouvement spontané, presque irréfléchi il avait pris le numéro, l'avait fermé, plié, et glissé dans sa poche avec une prestesse de voleur.

La comtesse entrait. Dès qu'elle vit la figure livide et convulsée d'Olivier, elle devina qu'il touchait aux limites de la souffrance.

Elle eut un élan vers lui, un élan de toute sa pauvre âme si déchirée aussi, de tout son pauvre corps si meurtri lui-même. Lui jetant ses mains sur les épaules, et son regard au fond des yeux, elle lui dit :

— Oh ! que vous êtes malheureux !

Il ne nia plus, cette fois, et la gorge secouée de spasmes, il balbutia :

— Oui... oui... oui !

Elle sentit qu'il allait pleurer, et l'entraîna dans le coin le plus sombre du salon, vers deux fauteuils cachés par un petit paravent de soie ancienne. Ils s'y assirent derrière cette fine muraille brodée, voilés aussi par l'ombre grise d'un jour de pluie.

Elle reprit, le plaignant surtout, navrée par cette douleur :

— Mon pauvre Olivier, comme vous souffrez !

Il appuya sa tête blanche sur l'épaule de son amie.

— Plus que vous ne croyez! dit-il.

Elle murmura, si tristement :

— Oh! je le savais. J'ai tout senti. J'ai vu cela naître et grandir !

Il répondit, comme si elle l'eût accusé :

— Ce n'est pas ma faute, Any.

— Je le sais bien... Je ne vous reproche rien...

Et doucement, en se tournant un peu, elle mit sa bouche sur un des yeux d'Olivier, où elle trouva une larme amère.

Elle tressaillit, comme si elle venait de boire une goutte de désespoir, et elle répéta plusieurs fois :

—Ah! pauvre ami... pauvre ami... pauvre ami!...

Puis après un moment de silence, elle ajouta :

— C'est la faute de nos cœurs qui n'ont pas vieilli. Je sens le mien si vivant !

Il essaya de parler et ne put pas, car des sanglots maintenant l'étranglaient. Elle écoutait, contre elle, les suffocations dans sa poitrine. Alors ressaisie par l'angoisse égoïste d'amour qui, depuis si longtemps, la rongeait, elle dit avec l'accent déchirant dont on constate un horrible malheur :

— Dieu ! comme vous l'aimez!

Il avoua encore une fois :

— Ah ! oui, je l'aime !

Elle songea quelques instants, et reprit :

— Vous ne m'avez jamais aimée ainsi, moi ?

Il ne nia point, car il traversait une de ces heures où on dit toute la vérité, et il murmura :

— Non, j'étais trop jeune, alors !

Elle fut surprise.

— Trop jeune ? Pourquoi ?

— Parce que la vie était trop douce. C'est à nos âges seulement qu'on aime en désespérés.

Elle demanda :

— Ce que vous éprouvez près d'elle ressemble-t-il à ce que vous éprouviez près de moi ?

— Oui et non... et c'est pourtant presque la même chose. Je vous ai aimée autant qu'on peut aimer une femme. Elle, je l'aime comme vous, puisque c'est vous ; mais cet amour est devenu quelque chose d'irrésistible, de destructeur, de plus fort que la mort. Je suis à lui comme une maison qui brûle est au feu !

Elle sentit sa pitié séchée sous un souffle de jalousie, et prenant une voix consolante :

— Mon pauvre ami ! Dans quelques jours elle sera mariée et partira. En ne la voyant plus, vous vous guérirez, sans doute.

Il remua la tête.

— Oh ! je suis bien perdu, perdu !

— Mais non, mais non ! Vous serez trois mois sans la voir. Cela suffira. Il vous a bien suffi de trois mois pour l'aimer plus que moi, que vous connaissez depuis douze ans.

Alors il l'implora dans son infinie détresse.

— Any, ne m'abandonnez pas?

— Que puis-je faire, mon ami?

— Ne me laissez pas seul.

— J'irai vous voir autant que vous voudrez.

— Non. Gardez-moi ici, le plus possible.

— Vous seriez près d'elle.

— Et près de vous.

— Il ne faut plus que vous la voyiez avant son mariage.

— Oh! Any!

— On, du moins, très peu.

— Puis-je rester ici, ce soir?

— Non, pas dans l'état où vous êtes. Il faut vous distraire, aller au cercle, au théâtre, n'importe où, mais pas rester ici.

— Je vous en prie.

— Non, Olivier, c'est impossible. Et puis j'ai à dîner des gens dont la présence vous agiterait encore.

— La duchesse? et... lui?...

— Oui.

— Mais j'ai passé la soirée d'hier avec eux.

— Parlez-en! Vous vous en trouvez bien, aujourd'hui.

— Je vous promets d'être calme.

— Non, c'est impossible.

— Alors, je m'en vais.

— Qui vous presse tant?

— J'ai besoin de marcher.

— C'est cela, marchez beaucoup, marchez jusqu'à la nuit, tuez-vous de fatigue et puis couchez-vous!

Il s'était levé.

— Adieu, Any.

— Adieu, cher ami. J'irai vous voir demain matin. Voulez-vous que je fasse une grosse imprudence, comme autrefois, que je feigne de déjeuner ici, à midi, et que je déjeune avec vous à une heure un quart.

— Oui, je veux bien. Vous êtes bonne!

— C'est que je vous aime.

— Moi aussi, je vous aime.

— Oh! ne parlez plus de cela.

— Adieu, Any.

— Adieu, cher ami. A demain.

— Adieu.

Il lui baisait les mains, coup sur coup, puis il lui baisa les tempes, puis le coin des lèvres. Il avait maintenant les yeux secs, l'air résolu. Au moment de sortir, il la saisit, l'enveloppa tout entière dans ses bras et, appuyant la bouche sur son front, il semblait boire, aspirer en elle tout l'amour qu'elle avait pour lui.

Et il s'en alla très vite, sans se retourner.

Quand elle fut seule, elle se laissa tomber sur un

siège et sanglota. Elle serait restée ainsi jusqu'à la nuit, si Annette, soudain, n'était venue la chercher. La comtesse, pour avoir le temps d'essuyer ses yeux rouges, lui répondit :

— J'ai un tout petit mot à écrire, mon enfant. Remonte, et je te suis dans une seconde.

Jusqu'au soir, elle dut s'occuper de la grande question du trousseau.

La duchesse et son neveu dînaient chez les Guilleroy, en famille.

On venait de se mettre à table et on parlait encore de la représentation de la veille, quand le maître d'hôtel entra, apportant trois énormes bouquets.

Mme de Mortemain s'étonna.

— Mon Dieu, qu'est-ce que cela?

Annette s'écria :

— Oh! qu'ils sont beaux! qui est-ce qui peut nous les envoyer?

Sa mère répondit :

— Olivier Bertin, sans doute.

Depuis son départ, elle pensait à lui. Il lui avait paru si sombre, si tragique, elle voyait si clairement son malheur sans issue, elle ressentait si atrocement le contre-coup de cette douleur, elle l'aimait tant, si tendrement, si complètement, qu'elle avait le cœur écrasé sous des pressentiments lugubres.

Dans les trois bouquets, en effet, on trouva trois cartes du peintre. Il avait écrit sur chacune, au crayon, les noms de la comtesse, de la duchesse et d'Annette.

Mme de Mortemain demanda :

— Est-ce qu'il est malade, votre ami Bertin? Je lui ai trouvé hier bien mauvaise mine.

Et Mme de Guilleroy reprit :

— Oui, il m'inquiète un peu, bien qu'il ne se plaigne pas.

Son mari ajouta :

— Oh! il fait comme nous, il vieillit. Il vieillit même ferme en ce moment. Je crois d'ailleurs que les célibataires tombent tout d'un coup. Ils ont des chutes plus brusques que les autres. Il a, en effet, beaucoup changé.

La comtesse soupira :

— Oh oui!

Farandal cessa soudain de chuchoter avec Annette pour dire :

— Il y avait un article bien désagréable pour lui dans le *Figaro* de ce matin.

Toute attaque, toute critique, toute allusion défavorable au talent de son ami, jetaient la comtesse hors d'elle.

— Oh! dit-elle, les hommes de la valeur de Bertin n'ont pas à s'occuper de pareilles grossièretés.

Guilleroy s'étonnait :

— Tiens, un article désagréable pour Olivier ; mais je ne l'ai pas lu. A quelle page ?

Le marquis le renseigna.

— A la première, en tête, avec ce titre : « Peinture moderne. »

Et le député cessa de s'étonner.

— Parfaitement. Je ne l'ai pas lu, parce qu'il s'agissait de peinture.

On sourit, tout le monde sachant qu'en dehors de la politique et de l'agriculture, M. de Guilleroy ne s'intéressait pas à grand'chose.

Puis la conversation s'envola sur d'autres sujets, jusqu'à ce qu'on entrât au salon pour prendre le café. La comtesse n'écoutait pas, répondait à peine, poursuivie par le souci de ce que pouvait faire Olivier. Où était-il ? Où avait-il dîné ? Où traînait-il en ce moment son inguérissable cœur ? Elle sentait maintenant un regret cuisant de l'avoir laissé partir, de ne l'avoir point gardé ; et elle le devinait rôdant par les rues, si triste, vagabond, solitaire, fuyant sous le chagrin.

Jusqu'à l'heure du départ de la duchesse et de son neveu, elle ne parla guère, fouettée par des craintes vagues et superstitieuses, puis elle se mit au lit, et y resta, les yeux ouverts dans l'ombre, pensant à lui !

Un temps très long s'était écoulé quand elle crut entendre sonner le timbre de l'appartement. Elle tressaillit, s'assit, écouta. Pour la seconde fois, le tintement vibrant éclata dans la nuit.

Elle sauta hors du lit, et de toute sa force pressa le bouton électrique qui devait réveiller sa femme de chambre. Puis, une bougie à la main, elle courut au vestibule.

A travers la porte elle demanda :

— Qui est là?

Une voix inconnue répondit :

— C'est une lettre.

— Une lettre, de qui?

— D'un médecin.

— Quel médecin?

— Je ne sais pas, c'est pour un accident.

N'hésitant plus, elle ouvrit, et se trouva en face d'un cocher de fiacre au chapeau ciré. Il tenait à la main un papier qu'il lui présenta. Elle lut :

« Très urgent — Monsieur le comte de Guilleroy — ».

L'écriture était inconnue.

— Entrez, mon ami, dit-elle; asseyez-vous, et attendez-moi.

Devant la chambre de son mari, son cœur se mit à battre si fort qu'elle ne pouvait l'appeler. Elle heurta le bois avec le métal de son bougeoir. Le comte dormait et n'entendait pas.

Alors, impatiente, énervée, elle lança des coups de pied et elle entendit une voix pleine de sommeil qui demandait :

— Qui est là ? quelle heure est-il ?

Elle répondit :

— C'est moi. J'ai à vous remettre une lettre urgente apportée par un cocher. Il y a un accident.

Il balbutia du fond de ses rideaux :

— Attendez, je me lève. J'arrive.

Et, au bout d'une minute, il se montra en robe de chambre. En même temps que lui, deux domestiques accouraient, réveillés par les sonneries. Ils étaient effarés, ahuris, ayant aperçu dans la salle à manger un étranger assis sur une chaise.

Le comte avait pris la lettre et la retournait dans ses doigts en murmurant :

— Qu'est-ce que cela ? Je ne devine pas.

Elle dit fiévreuse :

— Mais lisez donc !

Il déchira l'enveloppe, déplia le papier, poussa une exclamation de stupeur, puis regarda sa femme avec des yeux effarés.

— Mon Dieu, qu'y a-t-il ? dit-elle.

Il balbutia, pouvant à peine parler, tant son émotion était vive.

— Oh ! un grand malheur !... un grand malheur !... Bertin est tombé sous une voiture.

Elle cria :

— Mort !

— Non, non, dit-il, voyez vous-même.

Elle lui arracha des mains la lettre qu'il lui tendait, et elle lut :

« Monsieur, un grand malheur vient d'arriver. Notre ami, l'éminent artiste, M. Olivier Bertin, a été renversé par un omnibus, dont la roue lui passa sur le corps. Je ne puis encore me prononcer sur les suites probables de cet accident, qui peut n'être pas grave comme il peut avoir un dénouement fatal immédiat. M. Bertin vous prie instamment et supplie Mme la comtesse de Guilleroy de venir le voir sur l'heure. J'espère, Monsieur, que Mme la comtesse et vous, vous voudrez bien vous rendre au désir de notre ami commun, qui peut avoir cessé de vivre avant le jour.

« D^r DE RIVIL. »

La comtesse regardait son mari avec des yeux larges, fixes, pleins d'épouvante. Puis soudain elle reçut, comme un choc électrique, une secousse de ce courage des femmes qui les fait parfois, aux heures terribles, les plus vaillants des êtres.

Se tournant vers sa domestique :

— Vite, je vais m'habiller !

La femme de chambre demanda :

— Qu'est-ce que Madame veut mettre ?

— Peu m'importe. Ce que vous voudrez.

— Jacques, reprit-elle ensuite, soyez prêt dans cinq minutes.

En retournant chez elle, l'âme bouleversée, elle aperçut le cocher, qui attendait toujours, et lui dit :

— Vous avez votre voiture ?

— Oui, Madame ?

— C'est bien, nous la prendrons.

Puis elle courut vers sa chambre.

Follement, avec des mouvements précipités, elle jetait sur elle, accrochait, agrafait, nouait, attachait au hasard ses vêtements, puis, devant sa glace, elle releva et tordit ses cheveux à la diable, en regardant, sans y songer cette fois, son visage pâle et ses yeux hagards dans le miroir.

Quand elle eut son manteau sur les épaules, elle se précipita vers l'appartement de son mari, qui n'était pas encore prêt. Elle l'entraîna :

— Allons, disait-elle, songez donc qu'il peut mourir.

Le comte, effaré, la suivit en trébuchant, tâtant de ses pieds l'escalier obscur, cherchant à distinguer les marches pour ne point tomber.

Le trajet fut court et silencieux. La comtesse tremblait si fort que ses dents s'entre-choquaient, et elle voyait par la portière fuir les becs de gaz voilés de pluie. Les trottoirs luisaient, le boulevard était désert, la nuit sinistre. Ils trouvèrent, en arrivant, la porte du peintre demeurée ouverte, la loge du concierge éclairée et vide.

Sur le haut de l'escalier le médecin, le docteur de Rivil, un petit homme grisonnant, court, rond, très soigné, très poli, vint à leur rencontre. Il fit à la comtesse un grand salut, puis tendit la main au comte.

Elle lui demanda en haletant comme si la montée des marches eût épuisé tout le souffle de sa gorge :

— Eh bien, docteur?

— Eh bien, Madame, j'espère que ce sera moins grave que je n'avais cru au premier moment.

Elle s'écria :

— Il ne mourra point?

— Non. Du moins je le crois pas.

— En répondez-vous?

— Non. Je dis seulement que j'espère me trouver en présence d'une simple contusion abdominale sans lésions internes.

— Qu'appelez-vous des lésions?

— Des déchirures.

— Comment savez-vous qu'il n'en a pas?

— Je le suppose.

— Et s'il en avait?

— Oh! alors, ce serait grave!

— Il en pourrait mourir?

— Oui.

— Très vite?

— Très vite. En quelques minutes ou même en quelques secondes. Mais, rassurez-vous, Madame, je suis convaincu qu'il sera guéri dans **quinze jours**.

Elle avait écouté, avec une attention profonde, pour tout savoir, pour tout comprendre.

Elle reprit :

— Quelle déchirure pourrait-il avoir?

— Une déchirure du foie par exemple.

— Ce serait très dangereux?

— Oui..... mais je serais surpris s'il survenait une complication maintenant. Entrons près de lui. Cela lui fera du bien, car il vous attend avec une grande impatience.

Ce qu'elle vit d'abord, en pénétrant dans la chambre, ce fut une tête blême sur un oreiller blanc. Quelques bougies et le feu du foyer l'éclairaient, dessinaient le profil, accusaient les ombres; et, dans cette face livide, la comtesse aperçut deux yeux qui la regardaient venir.

Tout son courage, toute son énergie, toute sa résolution tombèrent, tant cette figure creuse et décomposée était celle d'un moribond. Lui, qu'elle avait vu tout à l'heure, il était devenu cette chose, ce spectre! Elle murmura entre ses lèvres: « Oh! mon Dieu! » et elle se mit à marcher vers lui, palpitante d'horreur.

Il essayait de sourire, pour la rassurer, et la grimace de cette tentative était effrayante.

Quand elle fut tout près du lit, elle posa ses

deux mains, doucement, sur celle d'Olivier allongée près du corps, et elle balbutia :

— Oh! mon pauvre ami.

— Ce n'est rien, — dit-il tout bas, sans remuer la tête.

Elle le contemplait maintenant, éperdue de ce changement. Il était si pâle qu'il semblait ne plus avoir une goutte de sang sous la peau. Ses joues caves paraissaient aspirées à l'intérieur du visage, et ses yeux aussi étaient rentrés comme si quelque fil les tirait en dedans.

Il vit bien la terreur de son amie et soupira :

— Me voici dans un bel état.

Elle dit, en le regardant toujours fixement :

— Comment cela est-il arrivé?

Il faisait, pour parler, de grands efforts, et toute sa figure, par moments, tressaillait de secousses nerveuses.

— Je n'ai pas regardé autour de moi... je pensais à autre chose... à toute autre chose... oh! oui... et un omnibus m'a renversé et passé sur le ventre...

En l'écoutant, elle voyait l'accident, et elle dit, soulevée d'épouvante :

— Est-ce que vous avez saigné?

— Non. Je suis seulement un peu meurtri... un peu écrasé.

Elle demanda :

— Où cela a-t-il eu lieu?

Il répondit tout bas :

— Je ne sais pas trop. C'était fort loin.

Le médecin roulait un fauteuil où la comtesse s'affaissa. Le comte restait debout au pied du lit, répétant entre ses dents :

— Oh! mon pauvre ami... mon pauvre ami... quel affreux malheur!

Et il éprouvait vraiment un grand chagrin, car il aimait beaucoup Olivier.

La comtesse reprit :

— Mais, où cela est-il arrivé?

Le médecin répondit :

— Je n'en sais trop rien moi-même, ou plutôt je n'y comprends rien. C'est aux Gobelins, presque hors Paris! Du moins, le cocher de fiacre, qui l'a ramené, m'a affirmé l'avoir pris dans une pharmacie de ce quartier-là, où on l'avait porté, à neuf heures du soir!

Puis se penchant vers Olivier :

— Est-ce vrai que l'accident a eu lieu près des Gobelins?

Bertin ferma les yeux, comme pour se souvenir, puis murmura :

— Je ne sais pas.

— Mais où alliez-vous?

— Je ne me rappelle plus. J'allais devant moi!

Un gémissement qu'elle ne put retenir sortit

des lèvres de la comtesse; puis, après une suffocation qui la laissa quelques secondes sans haleine, elle tira son mouchoir de sa poche, s'en couvrit les yeux et se mit à pleurer affreusement.

Elle savait; elle devinait! Quelque chose d'intolérable, d'accablant, venait de tomber sur son cœur : le remords de n'avoir pas gardé Olivier chez elle, de l'avoir chassé, jeté à la rue où il avait roulé, ivre de chagrin, sous cette voiture.

Il lui dit de cette voix sans timbre qu'il avait à présent :

— Ne pleurez pas. Ça me déchire.

Par une tension formidable de volonté, elle cessa de sangloter, découvrit ses yeux et les tint sur lui tout grands, sans qu'une crispation remuât son visage, où des larmes continuaient à couler, lentement.

Ils se regardaient, immobiles tous deux, les mains unies sur le drap du lit. Ils se regardaient, ne sachant plus qu'il y avait là d'autres personnes, et leur regard portait d'un cœur à l'autre une émotion surhumaine.

C'était entre eux, rapide, muette et terrible, l'évocation de tous leurs souvenirs, de toute leur tendresse écrasée aussi, de tout ce qu'ils avaient senti ensemble, de tout ce qu'ils avaient uni et confondu en leur vie, dans cet entraînement qui les donna l'un à l'autre.

Ils se regardaient, et le besoin de se parler, d'entendre ces mille choses intimes, si tristes, qu'ils avaient encore à se dire, leur montait aux lèvres, irrésistible. Elle sentit qu'il lui fallait, à tout prix, éloigner ces deux hommes qu'elle avait derrière elle, qu'elle devait trouver un moyen, une ruse, une inspiration, elle, la femme féconde en ressources. Et elle se mit à y songer, les yeux toujours fixés sur Olivier.

Son mari et le docteur causaient à voix basse. Il était question des soins à donner.

Tournant la tête, elle dit au médecin :

— Avez-vous amené une garde?

— Non. Je préfère envoyer un interne qui pourra mieux surveiller la situation.

— Envoyez l'un et l'autre. On ne prend jamais trop de soins. Pouvez-vous les avoir cette nuit même, car je ne pense pas que vous restiez jusqu'au matin?

— En effet, je vais rentrer. Je suis ici depuis quatre heures déjà.

— Mais, en rentrant, vous nous enverrez la garde et l'interne?

— C'est assez difficile, au milieu de la nuit. Enfin, je vais essayer.

— Il le faut.

— Ils vont peut-être promettre, mais viendront-ils?

— Mon mari vous accompagnera et les ramènera de gré ou de force.

— Vous ne pouvez rester seule ici, vous, Madame.

— Moi!... fit-elle avec une sorte de cri, de défi, de protestation indignée contre toute résistance à sa volonté. Puis elle exposa, avec cette autorité de parole à laquelle on ne réplique point, les nécessités de la situation. Il fallait qu'on eût, avant une heure, l'interne et la garde, afin de prévenir tous les accidents. Pour les avoir, il fallait que quelqu'un les prît au lit et les amenât. Son mari seul pouvait faire cela. Pendant ce temps, elle resterait auprès du malade, elle, dont c'était le devoir et le droit. Elle remplissait simplement son rôle d'amie, son rôle de femme. D'ailleurs, elle le voulait ainsi et personne ne l'en pourrait dissuader.

Son raisonnement était sensé. Il en fallait bien convenir, et on se décida à le suivre.

Elle s'était levée, tout entière à cette pensée de leur départ, ayant hâte de les sentir loin et de rester seule. Maintenant, afin de ne point commettre de maladresse pendant leur absence, elle écoutait, en cherchant à bien comprendre, à tout retenir, à ne rien oublier, les recommandations du médecin. Le valet de chambre du peintre, debout à côté d'elle, écoutait aussi, et, derrière lui, sa femme, la cuisinière, qui avait aidé pendant les premiers pansements, indiquait par des signes de tête qu'elle avait également compris. Quand la comtesse eût récité comme une leçon toutes ces instructions, elle pressa les deux hommes de s'en aller, en répétant à son mari :

— Revenez vite, surtout, revenez vite.

— Je vous emmène dans mon coupé, disait le docteur au comte. Il vous ramènera plus rapidement. Vous serez ici dans une heure.

Avant de partir, le médecin examina de nouveau longuement le blessé, afin de s'assurer que son état demeurait satisfaisant.

Guilleroy hésitait encore. Il disait :

— Vous ne trouvez pas imprudent ce que nous faisons là?

— Non. Il n'y a pas de danger. Il n'a besoin que de repos et de calme. Madame de Guilleroy voudra bien ne pas le laisser parler et lui parler le moins possible.

La comtesse fut atterrée, et reprit :

— Alors il ne faut pas lui parler?

— Oh! non, Madame. Prenez un fauteuil et demeurez près de lui. Il ne se sentira pas seul et s'en trouvera bien ; mais pas de fatigue, pas de fatigue de parole ou même de pensée. Je serai ici vers neuf heures du matin. Adieu, Madame, je vous présente mes respects.

Il s'en alla en saluant profondément, suivi par le comte qui répétait :

— Ne vous tourmentez pas, ma chère. Avant une heure je serai de retour et vous pourrez rentrer chez nous.

Lorsqu'ils furent partis, elle écouta le bruit de la porte d'en bas qu'on refermait, puis le roulement du coupé s'éloignant dans la rue.

Le domestique et la cuisinière étaient demeurés dans la chambre, attendant des ordres. La comtesse les congédia.

— Retirez-vous, leur dit-elle, je sonnerai si j'ai besoin de quelque chose.

Ils s'en allèrent aussi et elle demeura seule auprès de lui.

Elle était revenue tout contre le lit, et, posant ses mains sur les deux bords de l'oreiller, des deux côtés de cette tête chérie, elle se pencha pour la contempler. Puis elle demanda, si près du visage qu'elle semblait lui souffler les mots sur la peau :

— C'est vous qui vous êtes jeté sous cette voiture ?

Il répondit en essayant toujours de sourire :

— Non, c'est elle qui s'est jetée sur moi.

— Ce n'est pas vrai, c'est vous.

— Non, je vous affirme que c'est elle.

Après quelques instants de silence, de ces instants où les âmes semblent s'enlacer dans les regards, elle murmura :

— Oh! mon cher, cher Olivier! dire que je vous ai laissé partir, que je ne vous ai pas gardé!

Il répondit avec conviction :

— Cela me serait arrivé tout de même, un jour ou l'autre.

Ils se regardèrent encore, cherchant à voir leurs plus secrètes pensées. Il reprit :

— Je ne crois pas que j'en revienne. Je souffre trop.

Elle balbutia :

— Vous souffrez beaucoup?

— Oh! oui.

Se penchant un peu plus, elle affleura son front, puis ses yeux, puis ses joues de baisers lents, légers, délicats comme des soins. Elle le touchait à peine du bout des lèvres, avec ce petit bruit de souffle que font les enfants qui embrassent. Et cela dura longtemps, très longtemps. Il laissait tomber sur lui cette pluie de douces et menues caresses qui semblait l'apaiser, la rafraîchir, car son visage contracté tressaillait moins qu'auparavant.

Puis il dit :

— Any?

Elle cessa de le baiser pour entendre.

— Quoi! mon ami.

— Il faut que vous me fassiez une promesse.

— Je vous promets tout ce que vous voudrez.

— Si je ne suis pas mort avant le jour, jurez-moi que vous m'amènerez Annette, une fois, rien qu'une fois! Je voudrais tant ne pas mourir sans l'avoir revue... Songez que... demain... à cette heure-ci... j'aurai peut-être... j'aurai sans doute fermé les yeux pour toujours... et que je ne vous verrai plus jamais... moi... ni vous... ni elle...

Elle l'arrêta, le cœur déchiré :

— Oh! taisez-vous... taisez-vous... oui, je vous promets de l'amener.

— Vous le jurez?

— Je le jure, mon ami... Mais, taisez-vous, ne parlez plus. Vous me faites un mal affreux... taisez-vous.

Il eut une convulsion rapide de tous les traits; puis, quand elle fut passée, il dit :

— Si nous n'avons plus que quelques moments à rester ensemble, ne les perdons point, profitons-en pour nous dire adieu. Je vous ai tant aimée...

Elle soupira :

— Et moi... comme je vous aime toujours!

Il dit encore :

— Je n'ai eu de bonheur que par vous. Les derniers jours seuls ont été durs... Ce n'est point votre faute... Ah! ma pauvre Any... comme la vie parfois est triste... et comme il est difficile de mourir !...

— Taisez-vous, Olivier. Je vous en supplie...

Il continuait, sans l'écouter :

— J'aurais été un homme si heureux, si vous n'aviez pas eu votre fille.....

— Taisez-vous... mon Dieu !... Taisez-vous...

Il semblait songer, plutôt que lui parler.

— Ah ! celui qui a inventé cette existence et fait les hommes a été bien aveugle, ou bien méchant....

— Olivier, je vous en supplie... si vous m'avez jamais aimée, taisez-vous... ne parlez plus ainsi.

Il la contempla, penchée sur lui, si livide elle-même qu'elle avait l'air aussi d'une mourante, et il se tut.

Elle s'assit alors sur le fauteuil, tout contre sa couche, et reprit sa main étendue sur le drap :

— Maintenant, je vous défends de parler, dit-elle. Ne remuez plus, et pensez à moi comme je pense à vous.

Ils recommencèrent à se regarder, immobiles, joints l'un à l'autre par le contact brûlant de leurs chairs. Elle serrait, par petites secousses, cette main fiévreuse qu'elle tenait, et il répondait à ces appels en fermant un peu les doigts. Chacune de ces pressions leur disait quelque chose, évoquait une parcelle de leur passé fini, remuait dans leur mémoire les souvenirs stagnants de leur tendresse. Chacune d'elles était une question secrète, chacune d'elles était une réponse mystérieuse, tristes questions et tristes réponses, ces « vous en souvient-il ? » d'un vieil amour.

Leurs esprits, en ce rendez-vous d'agonie, qui serait peut-être le dernier, remontaient à travers les ans toute l'histoire de leur passion; et on n'entendait plus dans la chambre que le crépitement du feu.

Il dit tout à coup, comme au sortir d'un rêve, avec un sursaut de terreur :

— Vos lettres !

Elle demanda :

— Quoi ? mes lettres ?

— J'aurais pu mourir sans les avoir détruites.

Elle s'écria :

— Eh! que m'importe. Il s'agit bien de cela. Qu'on les trouve et qu'on les lise, je m'en moque!

Il répondit :

— Moi, je ne veux pas. Levez-vous, Any. Ouvrez le tiroir du bas de mon secrétaire, le grand, elles y sont toutes, toutes. Il faut les prendre et les jeter au feu.

Elle ne bougeait point et restait crispée, comme s'il lui eût conseillé une lâcheté.

Il reprit :

— Any, je vous en supplie. Si vous ne le faites pas, vous allez me tourmenter, m'énerver, m'affoler. Songez qu'elles tomberaient entre les mains

de n'importe qui, d'un notaire, d'un domestique...
ou même de votre mari... Je ne veux pas...

Elle se leva, hésitant encore et répétant :

— Non, c'est trop dur, c'est trop cruel. Il me semble que vous allez me faire brûler nos deux cœurs.

Il suppliait, le visage décomposé par l'angoisse.

Le voyant souffrir ainsi, elle se résigna, et marcha vers le meuble. En ouvrant le tiroir, elle l'aperçut plein jusqu'aux bords d'une couche épaisse de lettres entassées les unes sur les autres ; et elle reconnut sur toutes les enveloppes les deux lignes de l'adresse qu'elle avait si souvent écrites. Elle les savait, ces deux lignes — un nom d'homme, un nom de rue — autant que son propre nom, autant qu'on peut savoir les quelques mots qui vous ont représenté dans la vie toute l'espérance et tout le bonheur. Elle regardait cela, ces petites choses carrées qui contenaient tout ce qu'elle avait su dire de son amour, tout ce qu'elle avait pu en arracher d'elle pour le lui donner, avec un peu d'encre, sur du papier blanc.

Il avait essayé de tourner sa tête sur l'oreiller afin de la regarder, et il dit encore une fois :

— Brûlez-les bien vite.

Alors, elle en prit deux poignées et les garda quelques instants dans ses mains. Cela lui semblait lourd, douloureux, vivant et mort, tant il y avait des choses diverses là dedans, en ce moment, de choses finies, si douces, senties, rêvées. C'était l'âme de son âme, le cœur de son cœur, l'essence de son être aimant qu'elle tenait là; et elle se rappelait avec quel délire elle en avait griffonné quelques-unes, avec quelle exaltation, quelle ivresse de vivre, d'adorer quelqu'un, et de le dire.

Olivier répéta :

— Brûlez, brûlez-les, Any.

D'un même geste de ses deux mains, elle lança dans le foyer les deux paquets de papiers qui s'éparpillèrent en tombant sur le bois. Puis, elle en saisit d'autres dans le secrétaire et les jeta par-dessus, puis d'autres encore, avec des mouvements rapides, en se baissant et se relevant promptement pour vite achever cette affreuse besogne.

Quand la cheminée fut pleine et le tiroir vide, elle demeura debout, attendant, regardant la flamme presque étouffée ramper sur les côtés de cette montagne d'enveloppes. Elle les attaquait par les bords, rongeait les coins, courait sur la frange du papier, s'éteignait, reprenait, grandissait. Ce fut bientôt, tout autour de la pyramide blanche, une vive ceinture de feu clair qui emplit la chambre de lumière; et cette lumière illuminant cette femme debout et cet homme couché, c'était leur amour brûlant, c'était leur amour qui se changeait en cendres.

La comtesse se retourna, et, dans la lueur éclatante de cette flambée, elle aperçut son ami, penché, hagard, au bord du lit.

Il demandait :

— Tout y est?

— Oui, tout.

Mais avant de retourner à lui, elle jeta vers cette destruction un dernier regard et, sur l'amas de papiers à moitié consumés déjà, qui se tordaient et devenaient noirs, elle vit couler quelque chose de rouge. On eût dit des gouttes de sang. Elles semblaient sortir du cœur même des lettres, de chaque lettre, comme d'une blessure, et elles glissaient doucement vers la flamme en laissant une traînée de pourpre.

La comtesse reçut dans l'âme le choc d'un effroi surnaturel et elle recula comme si elle eût regardé assassiner quelqu'un, puis elle comprit, elle comprit tout à coup qu'elle venait de voir simplement la cire des cachets qui fondait.

Alors, elle retourna vers le blessé et, soulevant doucement sa tête, la remit avec précaution au centre de l'oreiller. Mais il avait remué, et les douleurs s'accrurent. Il haletait maintenant, le visage tiraillé par d'atroces souffrances, et il ne semblait plus savoir qu'elle était là.

Elle attendait qu'il se calmât un peu, qu'il levât son regard obstinément fermé, qu'il pût lui dire encore une parole.

Elle demanda, enfin :

— Vous souffrez beaucoup ?

Il ne répondit pas.

Elle se pencha vers lui et posa un doigt sur son front pour le forcer à la regarder. Il ouvrit, en effet, les yeux, des yeux éperdus, des yeux fous.

Elle répéta terrifiée :

— Vous souffrez ?... Olivier ! Répondez-moi ! Voulez-vous que j'appelle... faites un effort, dites-moi quelque chose !...

Elle crut entendre qu'il balbutiait :

— Amenez-la... vous me l'avez juré...

Puis il s'agita sous ses draps, le corps tordu, la figure convulsée et grimaçante.

Elle répétait :

— Olivier, mon Dieu ! Olivier, qu'avez-vous ? voulez-vous que j'appelle...

Il l'avait entendue, cette fois, car il répondit :

— Non... ce n'est rien.

Il parut en effet s'apaiser, souffrir moins, retomber tout à coup dans une sorte d'hébétement somnolent. Espérant qu'il allait dormir, elle se rassit auprès du lit, reprit sa main, et attendit. Il ne remuait plus, le menton sur la poitrine, la bouche entr'ouverte par sa respiration courte qui semblait lui racler la gorge en passant. Seuls, ses doigts s'agitaient par moments, malgré lui, avaient des secousses légères, que la comtesse percevait jusqu'à la racine de ses cheveux, dont elle vibrait à crier. Ce n'étaient plus les petites pressions volontaires qui racontaient, à la place des lèvres fatiguées, toutes les tristesses de leurs cœurs, c'étaient d'inapaisables spasmes qui disaient seulement les tortures du corps.

Maintenant elle avait peur, une peur affreuse, et une envie folle de s'en aller, de sonner, d'appeler, mais elle n'osait plus remuer, pour ne pas troubler son repos.

Le bruit lointain des voitures dans les rues entrait à travers les murailles; et elle écoutait si le roulement des roues ne s'arrêtait point devant la porte, si son mari ne revenait pas la délivrer, l'arracher enfin à ce sinistre tête-à-tête.

Comme elle essayait de dégager sa main de celle d'Olivier, il la serra en poussant un grand soupir! Alors elle se résigna à attendre afin de ne point l'agiter.

Le feu agonisait dans le foyer, sous la cendre noire des lettres; deux bougies s'éteignirent; un meuble craqua.

Dans l'hôtel tout était muet, tout semblait mort, sauf la haute horloge flamande de l'escalier qui, régulièrement, carillonnait l'heure, la demie et les quarts, chantait dans la nuit la marche du Temps, en la modulant sur ses timbres divers.

La comtesse immobile sentait grandir en son

âme une intolérable terreur. Des cauchemars l'assaillaient ; des idées effrayantes lui troublaient l'esprit ; et elle crut s'apercevoir que les doigts d'Olivier se refroidissaient dans les siens. Était-ce vrai ? Non, sans doute ! D'où lui était venue cependant la sensation d'un contact inexprimable et glacé ? Elle se souleva, éperdue d'épouvante, pour regarder son visage. — Il était détendu, impassible, inanimé, indifférent à toute misère, apaisé soudain par l'Éternel Oubli.

LIBRAIRIE PAUL OLLENDORFF

28 bis, Rue de Richelieu, Paris

Collection grand in-18 à 3 fr. 50 le volume.

ALLARD (Léon). — Les Vies muettes. (*Ouvrage couronné par l'Académie française.*)

BASTARD (George). — Sanglants Combats. — Un jour de Bataille. — La Défense de Bazeilles. — En Croisière.

BAUQUENNE (Alain). — L'Écuyère. — Amours cocasses. — La Belle Madame Le Vassart.

BERGERAT (Emile). — Le Faublas malgré lui. — Le Viol. — Le Petit Moreau.

BERLEUX (Jean). — Les Passions étranges.

BLAVET (Emile) (*Parisis*). — La Vie Parisienne (1885, 1886, 1887, 1888).

CAHU (Théodore). — Chez les Allemands. — Petits Potins militaires.

CARETTE (Mme A.). — Souvenirs intimes de la Cour des Tuileries.

CATULLE MENDES. — Les Boudoirs de Verre. — Pour les Belles Personnes. — L'Envers des Feuilles.

CLAVEAU (A.). — Contre le flot. (*Ouvrage couronné par l'Académie française.*)

COQUELIN CADET. — Le Rire.

CUREL (Fr. de). — Le Sauvetage du Grand Duc.

DELAIR (Paul). — Louchon. — Les Contes d'à présent.

DARIMON (Alfred) — Notes pour servir à l'histoire de la Guerre de 1870.

DELPIT (Albert). — Le Fils de Coralie. — Le Mariage d'Odette. — La Marquise. — Le Père de Martial. — Les Amours cruelles. — Solange de Croix-Saint-Luc. — Mlle de Bressier. — Thérésine. — Disparu. — Passionnément.

GAGNIÈRE (A.). — Les Confessions d'une Abbesse du XVIe siècle.

GANDILLOT (Léon). — Les Filles de Jean-de-Nivelle.

GAULOT (Paul). Mlle de Poncin. — Le Mariage de Jules Lavernat. — L'Illustre Casaubon. — Un Complot sous la Terreur. Rêve d'Empire.

GOUDEAU (Émile). — Le Froc.

HERISSON (Cte d'). — Le Journal d'un Officier d'ordonnance. — Le Journal d'un Interprète en Chine. — Le Cabinet noir. — La Légende de Metz. — Autour d'une Révolution. — Nouveau Journal d'un Officier d'ordonnance.

KERATRY (Comte E. de). — A Travers le Passé.

LAUNAY (de). — Les Demoiselles Séellec. — Discipline. (*Ouvrage couronné par l'Académie française.*)

LEROUX (Jules). — Les Propos d'un Bourgeois de Paris — Hommes et Femmes. — Les Reflets.

LOCKROY (Ed.). — Ahmed le Boucher.

MAIZEROY (René). — Bébé Million. — La Belle.

MARNI (J.). — La Femme de Silva. — Amour coupable.

MAUPASSANT (Guy de). — Les Sœurs Rondoli. — Monsieur Parent. — Le Horla. — Pierre et Jean. — Clair de Lune. — La Main gauche. — Fort comme la Mort.

MIRBEAU (Octave). — Le Calvaire. — L'Abbé Jules.

MORELL-MACKENSIE. — La Dernière Maladie de Frédéric le Noble.

NISARD (Charles), de l'Institut. — Guillaume du Tillot : Un Valet Ministre et Secrétaire d'État.

NORMAND (Jacques). — La Madone.

OHNET (Georges). — Serge Panine. — (*Ouvrage couronné par l'Académie française.*) Le Maître de Forges. — La Comtesse Sarah. — Lise Fleuron. — La Grande Marnière. — Les Dames de Croix-Mort. — Noir et Rose. — Volonté. Le Docteur Rameau.

OSWALD (Fr.). — Le Trésor des Bacquancourt. — Jeu mortel.

PÈNE (Henry de). — Trop belle. (*Ouvrage couronné par l'Académie française.* — Née Michon. — Demi-Crimes.

PERRET (Paul). — Sœur Sainte-Agnès

PERRIN (Jules). — Le Canon.

PORADOWSKA (Marguerite). — Yaga.

PRADEL (G.). — La Faute de Mme Bucières. — Les Baisers du Monstre.

QUATRELLES. — A Outrance.

RENNELL RODD. — Frédéric III

SAINT-CERE (J.). — L'Allemagne qu'elle est.

SARCEY. — Le Mot et la Chose. — Souvenirs de Jeunesse.

SILVESTRE (Armand). — Les Farces de mon ami Jacques. — Les Malheurs du Commandant Laripète. — Les Veillées de Saint-Pantaléon.

THEURIET (André). — La Maison des Deux Barbeaux. — Les Mauvais Ménages. — Sauvageonne. — Michel Verneuil. — Eusèbe Lombard. — Au Paradis des Enfants.

VALLADY (Mat.). — Filles d'Allemagne. — France et Allemagne : les Deux Races

VAST-RICOUARD. — Claire Aubertin. — Séraphin et Cie. — La Vieille Garde. — La Jeune Garde. — Madame Lavernon.

VILLEHERVÉ (Robert de la) — Le Gars Perrier.

Paris. — Typ. G. Chamerot, 19, rue des Saints-Pères. — 24235.

ompliance

www.ingramcontent.com/pod-product-compliance
Lightning Source LLC
Chambersburg PA
CBHW070456170426
43201CB00010B/1369